Mesopotamia Mythology

美索不達米亞神話

西方諸神的原鄉·大洪水·挪亞方舟·伊甸園的創世源頭

席路德

著

序　古代美索不達米亞的歷史與神話

在乾旱少雨，地貌主要為山區、高原和沙漠的西亞，有一塊得天獨厚的肥沃之地，幼發拉底河（Euphrates）與底格里斯河（Tigris）從這裡緩緩流過。每年春季，兩條大河因為雨水和來自札格羅斯山脈的冰雪融水而氾濫，南部的平原地區被水淹沒。經過數千年的泥沙沉積，終於，當洪水無法將土地淹沒時，這裡形成了適合農耕的沃野。因此，從極古時代起，人類就居住在這片古老的土地進行開拓。

古希臘人稱此地為「美索不達米亞」（Mesopotamia），意為「兩河之間」，今天習慣上也稱之為兩河流域，其地理範圍約在現在的伊拉克。兩河流域的東部是伊朗高原，西部與阿拉伯沙漠和敘利亞草原接壤，北近亞美尼亞山地，南臨波斯灣。兩河流域可分為南北兩部分，北部為亞述，南部為巴比倫尼亞。巴比倫尼亞又可分為兩個地區：北部為阿卡德，南部為蘇美。

富饒的兩河流域是世界已知最早進入文明社會的地區，它的歷史比埃及還要悠久，成就也毫不遜色。它擁有人類最古老的文字、城市和文明，對周邊的埃蘭、腓尼基、迦南、猶太、西臺以及地中海邊的希臘均產生了深刻的影響，從而對世界歷史發展做出了不可估量的貢獻。法國學者讓．波特羅（Jean Botero）不無欽佩地指出：「西方文明直接發源於基督教，而後者處於兩大文明的江流上，即《聖經》與希臘化。我們文化的所有方面都是兩河文明形成的。」

然而肥沃的土地，尤其是南方的巴比倫尼亞吸引了無數入侵者，主要是游牧民族，他們一次又一次成為這片土地的主人。這是一張很長的名單：阿摩利人、亞述人、迦勒底人、埃蘭人、米底人、波斯人、馬其頓人、帕提亞人、薩珊人、阿拉伯人……金戈鐵馬、狼煙四起，在這片多事的土地上，諸多民族此消彼長地上演繹著興衰起落。但令人驚奇的是，在征服之後，征服者卻最終為兩河文明同化——雖然也不可避免地留下了自己民族文化的印記。兩河古文明雖歷經浩劫，卻仍被傳承下來。

我們今天所說的巴比倫，狹義上可分為古巴比倫王國和新巴比倫王國兩個時期，中間隔著亞述帝國的統治。但巴比倫文明實際上是由許多民族共同創造的，其源頭可一直追溯到西元前四千多年前人類文明的幼年時期。這是一個連續不斷的文明歷程。

巴比倫文明的源頭：蘇美

大約六千多年前，人類文明在一片新月形的土地上發展起來。最早的文明是西元前四千三百年的歐貝德文化，它是兩河流域遠古時代的原住民文化。當時還沒有發明文字，傳說大多停留口頭上。

大約西元前三千五百年左右，蘇美人進入兩河流域南部。他們帶來更為先進的文明，很快同化了當地原住民，創造出美索不達米亞的新文明。從西元前二千九百年起，兩河歷史進入城邦發展、爭雄和衰落的早王朝時期。早王朝的前期（止於西元前二七五〇年）即為蘇美神話中的洪水時代。大洪水的故事最早記錄於泥板史詩《洪水》上，考古學家發現的同一時期的淤泥層證實了史詩的內容。

蘇美人創造了整個美索不達米亞同時也是全世界最早的城市文明。他們在農業、藝術、建築、社會組織、宗教思想和宗教生活乃至文化教育等方面都取得了驚人的成就。現代生活中仍能看到蘇美人對人類文明的貢獻，例如我們把一小時分為六十分鐘，一分鐘分為六十秒；將一年分為十二個月，一週分為七日；將圓周分為三百六十度；甚至一些迷信，比如出門時看到黑貓象徵著不吉利之類的說法，都是蘇美文明留下的印記。

蘇美人還發明了人類歷史上最早的文字，並創辦了世界上最早的學校，學校成為其文明傳播的有力工具。蘇美文明留存了許多文字資料，特別是一些城邦編輯的王表、神話和史詩等。巴比倫時代的許多神話傳說在蘇美時代就產生了，後人將其譯為阿卡德語後加以擴展潤色，比如留存至今的最早的史詩《吉爾迦美什》（*Epic of Gilgamesh*）。

蘇美的神話體系已相當完整。一般而言，每個城市都有一位保護神，最重要的三位神是：天神安（An）、風神恩利爾（Enlil）和智慧水神恩基（Enki），他們分別是烏魯克（Uruk）、尼普爾（Nippur）和埃利都（Eridu）三座城邦的保護神，其中安為諸神之王。太陽神烏圖（Utu）和月神南那（Nanna）——又叫蘇恩（Suen），阿卡德語中為辛（Sina），也普遍受到崇拜。隨著後世城邦地位的變動，神明們在神譜中的地位也跟著波動起伏，所以安、恩利爾和恩基三位神都當過主神。

司掌愛情、豐饒與勝利的女神伊南娜（Inanna）是蘇美神話中最重要的女神。她的地位無可替代，她是愛與美的象徵，豐饒的代表。沒有她，一切不生，一切不長。正是她用妙計灌醉智慧水神恩基，趁機從他那裡騙取種種文明成果贈送給人類，才使人類擺脫了蒙昧無知的狀態。關於她最著名的傳說是「伊南娜下冥府」，為爭奪姐姐艾莉什基伽勒（Ereshkigal）的地下世界統治權，伊南娜前往地獄與之一較高下，結果不幸失敗身亡。後來在恩基的干預下，她得以重返人間，但必須有一個替身取代其位置，結果她選中了自己的丈夫杜牧茲（Dumuzid）。後來她有所悔悟，想辦法讓丈夫每隔半年能重返人間，這便是季節更替的由來。這則傳說後來被巴比倫人吸收，改編成伊什塔爾（Ishtar）（巴比倫神話中的愛神）入地獄的故事。

諸神的重命名時代：阿卡德王國

和肥沃的巴比倫尼亞相比，兩河流域北部的阿卡德地區邁進文明門檻較晚，但早在早王朝時期，阿卡德人就逐步接受了蘇美人的文化、宗教和習俗。西元前二三四七年，阿卡德的薩爾貢大帝稱王後，率領軍隊南征北戰，攻取了烏魯克、烏爾、拉戈什等諸多城邦，統一了巴比倫尼亞。兩河流域第一次處於一個統一的阿卡德王國統治之下。

阿卡德人原本的神系較為簡單，最初的信仰似乎主要基於三個神祇：月亮、太陽和金星。在吸收了更為複雜的蘇美神學體系後，阿卡德人依然保持了對這三個星體的崇拜，但將大多數蘇美神祇納入了阿卡德的神譜，神名以阿卡德語命名，其地位和神職則大致不變。天神安變成安努（Anu），水神改名埃阿（Ea），風神恩利爾發音變化不大，太陽神叫沙瑪什（Shamash），月神是辛，愛神伊南娜為伊什塔爾。

當時，烏爾城是最重要的城市之一，城市保護神——月神辛也躍升為主神。薩爾貢自稱「普天下之王」，同時也不忘把一個女兒獻給月神作為新娘（實為月神廟的女祭司，此風俗起源於早王朝時期）。薩爾貢還宣稱說，他雖然出身低微，父親是農民，自己當過園丁，可是月神之女、愛神伊什塔爾在他做園丁時愛戀他，於是他就成了國王。可見女神伊什塔爾的魅力和威力真是非比尋常，難怪後世國王登基和出征時往往都會宣稱得到她的垂青。

不過薩爾貢的阿卡德王朝統治基礎並不穩固，各城邦頻繁發生暴動，北部的外來民族也對王國構成威脅。西元前二一九一年，來自波斯的游牧民族庫提人入侵巴比倫尼亞，敲響了阿卡德王國滅亡的喪鐘。

蘇美最後的輝煌：烏爾第三王朝

庫提人的統治維持了約一個世紀，統治者們也接受了蘇美的宗教。此時各城邦紛紛復興，其中拉戈什最為強大，據稱控制了尼普爾和烏魯克。最後烏魯克人恢復實力並擊敗了庫提人。不過螳螂捕蟬，黃雀在後，烏魯克城試圖干預烏爾城和拉戈什城之間的衝突，反被烏爾國王烏爾那姆所滅，後者被稱為第三王朝開創者（第二王朝存在於早王朝時期）。

烏爾第三王朝又稱「蘇美復興」時期，蘇美文明趨於極盛。此時出現了世界上第一部法典《烏爾那姆法典》。宗教上繼續以月神辛為主神。國王的神化日益加深，在一年一度的慶祝新年儀式上，由國王飾演神靈，而由女祭司扮演女神。國王從女祭司手中接過象徵王權的神器，並與女祭司完婚，藉以祈求五穀豐登，這就是著名的「聖婚」儀式，常常伴以宴會、狂歡等活動。

但好景不常，到第五位國王伊比辛（約前二〇二九～前二〇〇六）在位時期，國家日趨衰落。西元前二〇〇六年，阿摩利人從西北部入侵烏爾王國，埃蘭人則從東南進攻，於西元前二〇〇六年俘虜伊比辛。烏爾第三王朝宣告滅亡。

滅亡了烏爾王國的埃蘭人為以辛城的軍隊所逐，退回札格羅斯山脈，而阿摩利人則逐漸定居兩河流域。他們接受當地文化，先後建立一些國家，如南方的拉爾薩、底格里斯河中游的埃什努那等，他們與其他獨立王國如馬里、亞述等為爭奪霸權而展開長期戰爭。

瑪律杜克與漢摩拉比法典：古巴比倫王國

在群雄逐鹿兩河流域之時，巴比倫王國悄然崛起。這座城市位於幼發拉底河中游，地扼貿易要衝，早在烏爾第三王朝時期已成為重要城市。約西元前一八九四年，阿摩利人蘇穆阿布姆在此建國，即古巴比倫王國。漢摩拉比（Hammurabi）（前一七九二～前一七五〇）繼位初期，巴比倫仍依附於亞述和拉爾薩，西元前一七六三年，巴比倫開始向外擴張。漢摩拉比採取各個擊破的戰略，先後滅亡以辛、烏魯克、拉爾薩、馬里諸國，於西元前一七五八年完成對除北方的亞述和埃什那努外的整個兩河流域的大統一。

巴比倫人在各方面均受惠於蘇美人，神話上所受影響更是巨大。巴比倫的神系基本上沿襲了蘇美－阿卡德神系。古巴比倫人從不間斷地抄寫古蘇美文獻，往往附有阿卡德文譯文，同時不斷編纂新的蘇美文獻。

不過，統一國家的建立使神譜發生了重大變化。倒不是說舊神統統都被推翻，天神安努、水神埃阿、風神恩利爾還是主要神靈。月神辛、太陽神沙瑪什和愛神伊什塔爾也很受重視。但由於巴比倫城成為王國首都，為表現王國的統一，巴比倫守護神瑪律杜克（Marduk）取代天神安努躍居眾神之首。

這時候出現了許多表現瑪律杜克和反映帝王功業的頌歌。被命名為《埃努瑪．埃利什》（Enuma Erish）的泥板上詳細記述了創世神話史詩（埃努瑪．埃利什為長詩的起首句），其中最重要的部分描繪了一場驚心動魄的鬥爭，這場鬥爭發生在世界之母提亞瑪特（Tiamat）和主神瑪律杜克之間。

創世之前，天地間一片黑暗，除了海洋之外什麼都沒有。但正是在這一片空洞之中，悄然醞釀著巨大的變化。一股名叫提亞瑪特的鹹水和一股名叫阿普蘇（Apsu）的淡水（一說是甜水）在汪洋中不斷交匯，生出幾位神祇。到安沙爾和基莎爾時，他們又生出天神安努，雨神安圖等神，於是宇宙出現了最初的幾代神靈。

隨著神靈逐漸增多，提亞瑪特和阿普蘇日益感到自己的勢力在縮減。阿普蘇決心將眾神趕盡殺絕。雖然提亞瑪特不同意他的計畫，阿普蘇仍一意孤行。但消息不慎洩露，於是水神埃阿設計誘殺了阿普蘇。埃阿因此成了眾神之首，並在阿普蘇的身體上建立起自己的宮殿。

阿普蘇的兒子為報父仇向眾神挑戰，狂怒的提亞瑪特也化身巨龍前來助陣。眾神一時手足無措。這時新生代的戰神，埃阿之子瑪律杜克毛遂自薦為眾神之首，率領眾神迎戰帶領怪物軍團的提亞瑪特。他不負眾望，一舉殲滅來犯者，並親手切斷提亞瑪特的腰身，用她的身軀創造天地。爾後他又殺死了提亞瑪特麾下一名叛神欽古（Qingu），用他的血造出了人類，並規定人的天職便是侍奉眾神。這樣瑪律杜克終於建立起巴比倫王國，成為地上的國王、天國之主、眾神之王。

這則神話是巴比倫文學中較有代表性的作品，它表現了巴比倫人對創世、人類起源問題的關心，對自然的崇拜。每年春天，在為慶祝新年而舉行的慶典的第四個夜晚，人們都會誦讀這篇創世神話長詩。不過與其說它是在敘述創世的經過，毋寧說它在讚美和抬高瑪律杜克的功績，也反映了巴比倫王國在兩河流域不斷統一強大，宗教由多神崇拜向一神崇拜的轉變，以及巴比倫社會從母權制向父權制過渡，原始社會向奴隸制社會轉變的歷史進程。

平靜時代：加西特巴比倫

漢摩拉比去世後，古巴比倫王國的國力開始衰落。此時國內階級矛盾重重，周邊國家日趨興起。約西元前一五九五年，小亞細亞的強國西臺占領巴比倫城，古巴比倫亡國。此後，來自札格羅斯山脈的加西特人進入巴比倫尼亞，建立加西特王朝的巴比倫國（約西元前一五三〇~前一一五五年）。

加西特巴比倫時期國泰民安，戰事不多。國王第一次使用了「巴比倫尼亞之王」的稱號，這說明城邦制度進一步衰弱，王權致力於建立統一國家。為加強王朝的政治合法性，加西特王朝仍在全國推行巴比倫神系。據傳說，國王阿加姆二世重塑了瑪律杜克神像，使後者成為兩河流域的最高神。在王室的影響下，加西特貴族很快就巴比倫化了，王室銘文均用蘇美文或阿卡德文，國王的名字和宮殿建築也是巴比倫式的。一些歷史名城和神廟得到重建，巴比倫文化繼續興盛。文學活動似乎具有「復古」和維護傳統的傾向。它們表現出了繼承和發揚蘇美淵源的雙重性，是古代美索不達米亞文學的第三個繁榮期，也是巴比倫文學的第二個和最後一個繁榮期時期。

不幸的是，加西特王朝的四鄰皆為強國，如亞述、西臺和埃蘭。由於雙方力量的消長，加西特人和亞述人、埃蘭人的關係歷經多次更迭。約西元前一一五七年，埃蘭人掠走加西特末代國王，加西特王朝滅亡。

此後，巴比倫尼亞先後出現了一些地方王朝，其中最出名的是尼布甲尼撒一世，他曾率軍攻入埃蘭，奪回被搶走的瑪律杜克神像。小王朝相繼更迭之際，西元前十一世紀，阿拉米人大批進入兩河流域，至西元前八世紀中葉建立國家，直到西元前七二九年被亞述所滅，至此巴比倫成為亞述帝國的一部分。

戰神的國度：亞述帝國興亡錄

亞述是古代西亞的好戰民族，生活在底格里斯河上游的亞述高原上，從西元前十三到前七世紀在西亞橫行一時，給各民族留下恐怖的記憶。

蘇美人統治後期，閃米特人的一支來到亞述高原。亞述高原多山，西部連接敘利亞草原，南部瀕臨美索不達米亞平原。由於雨水並不豐沛，此地植被稀少。底格里斯河流經的河谷地帶，每年河水定期氾濫，適於發展農業。但這個河谷比較狹小，耕地面積不超過一千二百平方公里，土地肥沃程度和灌溉條件也不如南部平原。遇到乾旱的年分，大地一片枯萎，生存相對不易。生存環境惡劣，與臨近富裕民族形成鮮明對照，這刺激了亞述人對財富的占有欲，這種欲望只有透過掠奪和征服才能滿足，因此亞述人變得極為好戰。每一次對外掠奪都能獲得甜頭，更多的征服，越發刺激了他們的野心，整個民族都產生了對武力的迷信，國家變成了一部龐大的戰爭機器。

毫不奇怪，戰爭民族的主神是戰神。戰神阿舒爾（Ashur）是亞述神話中的神王，地位相當於蘇美神話中的恩利爾和巴比倫神話中的瑪律杜克。阿舒爾同時也是亞述舊都阿蘇爾

（城市與神同名，故以同音字區分）和新都尼尼微（Nineveh）的守護神。

戰神阿舒爾之妻是女神伊什塔爾，從中可以看出巴比倫神話對亞述的影響，因為亞述神話中戰神的原配叫賽米拉米絲。看來亞述人想讓愛神與原來的牧神丈夫杜牧茲離婚，改嫁勇猛的阿舒爾。亞述文化許多方面是建立在蘇美和古巴比倫的基礎上，楔形文字是從蘇美輸入的，宗教受蘇美人影響產生的。神的名字、神的事蹟、神廟的建築風格取自蘇美。文學、藝術和科學知識也是直接吸收蘇美和古巴比倫的成就，只不過帶有更強烈的亞述色彩，即實用主義和尚武精神。在亞述神話中，連愛神伊什塔爾也經常披掛上陣。

一則神話描述了這位多情的女神幫助亞述王巴尼拔戰勝埃蘭王的故事。這位國王在出征前特意來到伊什塔爾的神廟向女神祈禱，女神請他不要擔心。「我是仁慈的女神。我的仁慈與你所祈禱的手臂一樣高，與你眼中的淚水一樣多。你不要害怕，我不會遺棄崇拜我的人，我一定會使你所向披靡。」於是第二天的戰場上，伊什塔爾全副武裝出現在亞述王的陣營中，率領士兵大敗埃蘭軍隊，還活捉了埃蘭國王特尤曼。

亞述人是從西元前十九世紀開始向外擴張的，它從一個「不很發達」的小部落迅速擴張成版圖龐大的帝國，歷經三次崛起與衰落，橫掃美索不達米亞平原，把巴比倫夷為平地，一度把版圖推進到地中海沿岸，或許還真是因為戰神青睞有加。

然而由於長期的戰亂和統治集團內部的矛盾加劇，西元前七世紀，亞述最終走向衰落。

從未真正屈服過的周邊國家和民族趁機崛起。西元前六〇五年，迦勒底王子尼布甲尼撒二世指揮的巴比倫軍隊在卡爾克美什與強大的埃及、亞述聯軍決戰。這場大戰以巴比倫人的勝利而告終，它宣告了亞述帝國的滅亡。

空中花園與通天塔：新巴比倫王國的建立

新巴比倫王國的迦勒底王朝成為亞述帝國半壁江山的占有者，其版圖包括巴比倫尼亞、敘利亞、巴勒斯坦和腓尼基。西元前六〇四年，尼布甲尼撒二世登基為王，為避免後院失火，他迎娶米底國公主賽米拉米絲為妻，從而穩定了後方。

西元前五九七年，尼布甲尼撒二世進軍巴勒斯坦，扶植了一個傀儡當猶太國王。前五八七年，他再次進軍巴勒斯坦，於次年攻破耶路撒冷，並將大部分希伯來人掠至巴比倫，歷史上稱這次事件為「巴比倫之囚」。希伯來人在定居巴比倫期間吸收改編諸多巴比倫神話，並將其記錄到猶太典籍中。《聖經》學者考證，《舊約．創世紀》中的伊甸園、亞當和夏娃、大洪水、挪亞（Noah）方舟、通天塔等故事均與巴比倫神話有著千絲萬縷的聯繫，對後世的文化和宗教產生了非常深遠的影響。

尼布甲尼撒二世是一位極有作為的國王，他統治期間國內工商業相當繁榮，國力十分強盛。他在鞏固巴比倫的勢力後，將精力轉向擴建巴比倫城。為了顯示自己的威儀和榮耀，他要將巴比倫建成一座雄偉豪華的城市，在氣勢上要遠遠超過漢摩拉比時代的巴比倫和亞述人的尼尼微，同時又要固若金湯，永不陷落。巴比倫城進入第二個顯赫時期。

傳說中這一時期最著名的建築有古代西方七大奇蹟之一的空中花園（最新考古資料顯示它不在巴比倫，可能在亞述王城尼尼微）和《聖經》中臭名昭著的通天塔——巴別塔（Tower of Babel）以及通往瑪律杜克神廟的朝聖大街。但巴比倫城本身就是個奇蹟。該城呈方形，占地五百英畝左右。全城共有八座城門，均以神靈之名命名，其中西北門伊什塔爾女神之門最為壯觀，至今保存

伊什塔爾門想像圖

得也最完整。

伊什塔爾女神之門坐落在通往巴別塔前面的廣場上，廣場兩邊的牆壁高達六．八三公尺，每面牆上各裝飾著六十頭獅子的彩釉浮雕，它們是伊什塔爾女神的化身。這兩堵高牆與女神之門連接為一個整體，形成一條通往巴別塔的寬敞通道，從國王到平民，都是在進入廣場以後，再通過伊什塔爾女神之門，最後到達主神廟。伊什塔爾女神之門至今還保留下來的部分大約有十五公尺高，而在當初，其上還有兩座巨大的高塔作為門樓，上面裝飾著巴比倫人的神話與宗教中的各種聖獸浮雕，如風神恩利爾的公牛或代表瑪律杜克的西魯什龍。根據考古學家的估計，其數量可能多達五百七十五幅，可想見當年那種光彩奪目、震撼人心的樣子。

城內有一千一百七十九座規模不等的神廟，其中最著名的是巴別塔上的瑪律杜克神廟。瑪律杜克是巴比倫的主神，所以他的神廟是其他神廟無法比擬的。據古希臘歷史

伊什塔爾門上的獅子

學家希羅多德（Herodotus）說，巴別塔上的瑪律杜克神廟中有一座黃金製成的瑪律杜克神像，神像端坐在同樣用黃金製成的寶座上，旁邊還有一張黃金製成的大桌子，這些共用去黃金八百泰侖特。泰侖特是古代計量單位，一泰侖特等於二十九・六八公斤。如果希羅多德的話屬實，那瑪律杜克神像及其附屬品共用去二十三・七噸黃金。真是令人目瞪口呆的重量。

美索不達米亞的黃昏：新巴比倫王國的滅亡

新巴比倫的輝煌是古代兩河文明的迴光返照。在王國的東邊，新興的波斯帝國對巴比倫尼亞構成嚴重威脅。商業的衰弱導致國內經濟困難，人民對統治者的不滿日趨高漲，尤其是祭司集團與王室之間的矛盾更是埋下了日後滅亡的種子。西元前五六二年，尼布甲尼撒二世去世，此後王權日益衰落。

西元前五五六年，那波尼杜被推舉為王，傳統觀點認為，這位國王實行了宗教改革，以月神辛代替了瑪律杜克的主神地位，因此與祭司集團決裂。但新的考古資料證明，那波尼杜把女兒派到月神廟作為女祭司，這是古老的兩河傳統，意在證明王室的合法性。他並沒有進行宗教改革，這一神話是波斯征服者編造出來的。無論如何，王室與祭司集團的矛盾已經不可調和。西元前五三九年，波斯王居魯士（Cyrus）率大軍進攻巴比倫，並得到祭司集團的內應，兵不血刃地占領了理論上固若金湯的巴比倫城，再一次驗證了「堡壘易從內部攻破」的諺語。新巴比倫王國宣告滅亡。

新巴比倫王國的滅亡結束了兩河流域獨立國家和文明的歷史，它作為近東其他大帝國組成部分開始受其他文化同化。此前兩河文明居於優勢地位，對周邊文明的影響大於所受影響。此後，異族的統治使兩河文明與自身內涵不斷豐富、深化的外來文明，特別是波斯、希臘、羅馬和阿拉伯文明的交流更加直接，兩河區域進入東西方文明交融的新時代。

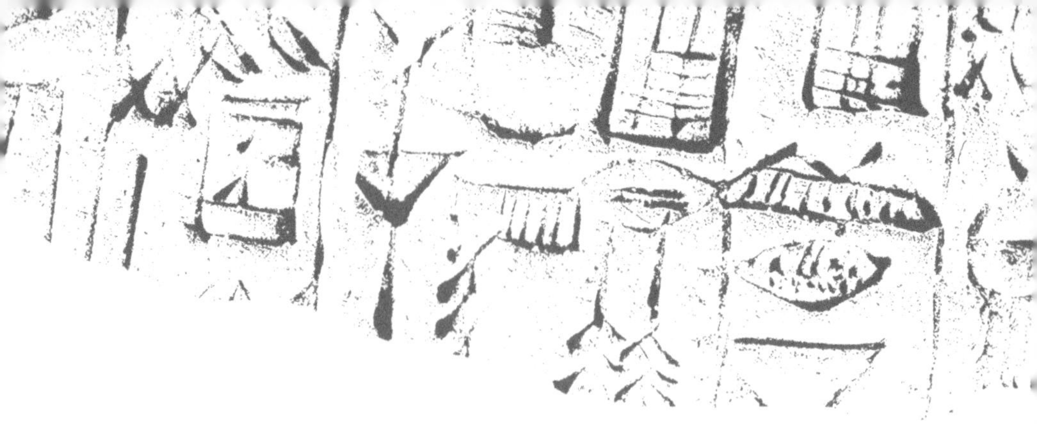

目錄

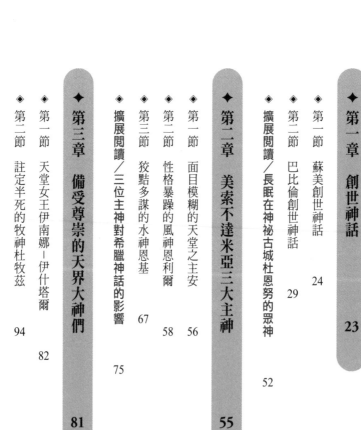

第一章 創世神話

第一節　蘇美創世神話

在蘇美人的想像中，最初的宇宙由天涯與地極構成。神話沒有提到天和地是如何產生的，或許如一對孿生子般自混沌中誕生，亦有可能自時間伊始便已存在。此時的宇宙既無浩瀚大海，也無閃爍群星，更沒有日升月落，晝夜更迭，只有一片霧濛濛的虛空。

虛空中首先產生了大母神，隨後產生了天堂之主——天神「安」，蘇美人把他與天空中滾動的雷聲聯繫在一起，每當暴風雨驟降，隆隆雷霆在雲間翻滾的時候，人們會把安想像成一頭在雲層上吼叫的公牛，因此安被描繪為頭上戴有角之冠的長者，象徵他執掌天界的權力。不過大部分時間安都超然物外，很少理會凡間事務，因此他後來逐漸大權旁落，權力落在在人間事務中更為活躍的新生代神祇。

虛空中還誕生了廣袤的大地「基」（Ki），她既是安的姐妹，也是他的配偶，他倆結合產生了握有統治權的阿努納奇（Anunnaki）諸神，他們經常在一起開會討論萬物的命運。諸神中最令人敬畏是風神恩利爾，他被尊為黑髮蘇美人的父神，既能創造生機，又能毀滅一切，他的怒氣常令天堂顫慄、大地震撼，他的眷寵令春天暴雨豐沛、草木繁茂。

安與埃利都的母神南穆（Nanmu）結合，生下諸神中最具黠謀的智者恩基。他是通曉魔法和符咒的智慧之神，從海底淡水之淵阿布祖（Abuz）的居所釋放甘露，讓清新之水充滿江河，讓迪勒蒙（Dilmun）的鹽澤化為沃土。不過也有人說，恩基的父親是恩利爾，安是他的祖父。此時大母神也生出眾多女神，掌管世間許多方面的權力。

有人說，是恩利爾分開了天與地，也有人說，那是眾神誕生後合力完成的第一件事。不管怎樣，這件事或許並沒有花費他們太多力氣，因此泥板文書上並沒有費多少筆墨提及這件事。不過泥板文書中提到了諸神如何在大地上創造了底格里斯河和幼發拉底河，還安排伊吉吉（Igigi）們修築堤壩，開鑿河渠，在兩條大河周圍挖掘出許多條運河用於灌溉，把蘇美的土地安排得整整齊齊。伊吉吉是一群天界神祇的總稱，大約有三百名，做著天地間一切的辛苦活兒，可以說是大神的侍從神。伊吉吉們全年無休地開鑿河渠，修築堤壩，掘地燒磚，耕種田地，苦不堪言，因此他們曾聚眾起來抗議，說再不讓他們休息，他們就要集體罷工了。為此阿努納奇諸神不止一次地聚在一起開會，但每次會議除了減少伊吉吉的繁衍時間，增加他們的額外工作之外，似乎並無多少裨益。

大事底定後，阿努納奇諸神坐在一起開會，討論接下去該做些什麼。恩利爾代表安向阿努納奇諸神發問：「天地已分，兩河已定，堤壩和河渠也已修築完畢；我們下一步計畫如何？在座的各位準備再創造點什麼？」

阿努納奇諸神隨即提交了一份泥板文書，恩利爾定睛一看，但見上面的文字密密麻麻，總結起來大致是以下三點：

一、增加勞動力數量。

二、大力興建水利。

三、提高物質產量。

對第二點和第三點恩利爾沒有什麼疑問，第一點卻令他大惑不解。「增加勞動力數量？諸位是指多生一些伊吉吉嗎？」恩利爾問道。

「不，這次我們打算創造一種全新的勞動力，我們會以黏土為原料，並混合神的血液來增加其靈性，使他們既能像伊吉吉一樣幹活，又能在很短的時間內大量繁殖。我們準備把他們稱作人類。」阿努納奇諸神中有兩位回答恩利爾，「這樣一來，伊吉吉們所做的辛苦工作，以後就可以讓人類去做了。」這則神話裡沒有提到這兩位神祇是誰，不過我們猜測其中一位可能是恩基，另一位可能是大女神寧瑪赫（Ninmah），因為在另一則神話裡是他們兩位主持了創造人類的工程。

接著，這兩位神向恩利爾詳細報備了他們的計畫，他們打算在天與地的連接點，也就是恩利爾的家鄉尼普爾，安排兩位能工巧匠之神拉姆伽（Lamga）抽取自己的血液創造第一批人類，再讓人類去掘土燒磚，建造神邸；挖掘運河、澆灌土地；闢田農耕，供奉眾神；如此

一塊出土的楔形文字黏土板，年代不詳。上面的文字有缺損。

一來，眾神不勞自己動手，就能享用人類獻上的美味佳餚了。

眾神都覺得此計甚妙，紛紛稱道，恩利爾也點頭讚許，又問道：「不過諸位又打算如何確保這批人類的後代也能像他們的始祖一樣，正確完成我們交付的任務呢？」

眾神低聲商議了一會兒，回答道：「這就要有勞主管創造的大女神阿露露（Aruru）出馬監督了。」寧瑪赫進一步提議：「或許我們還可委任女神尼薩巴（Nisaba）為人類的專屬指導，傳授他們各種工匠的技能與書寫的藝術？有了高水準的知識與工藝，就能極大地提高蘇美大地的物資產量了。」

於是，兩位工匠神拉姆伽用自己的血液創造出了最初的一對人類，男人叫做安烏雷伽爾拉，女人叫做安內伽爾拉，人類便開始在世間繁衍生息，耕種眾神的田地，澆灌眾神的果園，為眾神修築神廟，還定期舉行祭祀，供奉瓜果與糧食。能用黏土製造一切的大女神阿露露親自制定龐大的工程計畫，傳授人類農林牧漁方面的技能，還有如何正確地在神廟裡舉行祭祀的知識，「好讓每一個賢人，每一個愚人，如大麥般從大地自然萌生」。

之後，安、恩利爾、恩基、寧瑪赫等大神又委任女神尼薩巴擔任人類的特別顧問。尼薩巴原是主管五穀豐登的女神，後來因為向人類提供蘆葦，逐漸又成了掌管書寫、計算、建築和天文等學問的女神，她不僅能保佑人類豐衣足食，還能激發人類靈感，使人類富有創造力。就這樣，蘇美的土地上呈現出一片生機勃勃的景象。

過了一段時日，眾神開始驗收成果，發現人類的數量有不小的增長。然而隨著人口數量提高，飲食和日用品逐漸成了問題。許多人住在河畔，以果子和魚、獸果腹，既不知道麵包和啤酒，也不知道牛乳和乳酪，更不知道穿衣和織布，生活品質委實不高。

經過一番考察，恩利爾和恩基決定向人類發放牛羊和穀麥。恩利爾發布重要指示：先創造羊賜給人類，如果情況允許，還可以提供牛。於是畜牧女神拉哈爾（Lahar）教育人類如何馴養山羊和綿羊，如何建造欄舍把羊圈養起來作為家畜，如何讓山羊產羔、綿羊產仔，如何搜集羊奶飲用。隨後拉哈爾又教會人類如何養牛，如何讓牛多產小牛犢，還有如何用牛奶製造乳酪儲存起來。

接著恩利爾和恩基又讓穀物女神阿什南（Ashenan）帶給人類大麥和小麥，教會人類如何栽種和選育大小麥。為了提高穀物產量，女神阿什南還向人類發放了各種農具，穀物產量因此大幅提升。後來恩基又和寧瑪赫生下了啤酒女神寧凱西（Ninkasi），由她指導人類用麥芽發酵釀酒，並把啤酒儲存起來以便需要時暢飲，很快啤酒就成了這片土地上最受歡迎的飲料。穀物女神還帶給人類亞麻和各種植物，並委託紡織女神向人類傳授了織布的技能，人類終於不用赤身裸體，還把布料漂洗後染上各種顏色，灰撲撲的人類終於變得花花綠綠起來，愛美之心得到了極大的滿足。

能用黏土製造一切的大女神阿露露又研發出用黏土搭建泥屋，並在屋頂鋪設蘆葦和草葉保暖的建屋技能。後來，寧瑪赫的兒子喀巴塔（Kabta）又在母親指導下研究起鋤鎬和磚塊的工藝，他的兄弟穆什達馬（Mushdamma）則苦心專研地基與造屋的技術，這些技能後來也傳授給了人類，人類從此擺脫了居無定所的日子。

就這樣，太陽在這片土地灑滿熱烈的光輝，使果蔬繁茂、五穀豐登、六畜興旺。由於物質產量的增長，建築與工藝水準的提高，人類變得更有活力，幸福指數也大幅提升，蘇美的土地上出現了一片欣欣向榮和豐饒富裕的景象。

第二節　巴比倫創世神話

世界誕生在很高的地方，
天還沒得到命名，
在下面，堅固的大地還沒有名字來稱呼的時候，
只有他們（眾神）最初的父親阿普蘇，
和造就一切的母親提亞瑪特，

這兩種水混合在一起……

——《巴比倫創世神話》篇頭

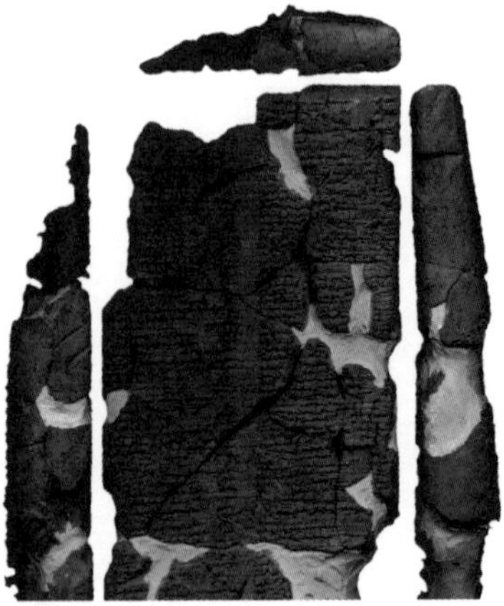

《埃努瑪．埃利什》出土的殘片

巴比倫的創世神話開篇敘述了兩個不同的神——鹹水女神提亞瑪特與淡水神阿普蘇合作奠定世界雛形的故事。這一重大事件發生在黑暗寂靜的海洋之中，當兩股洋流交融在一起，世界便開始了。

隨後發生的事件有許多是對蘇美創世神話的翻版，但後續發展截然不同。新生代的天神為了世界的統治權與古老的神祇展開激戰。在這場血腥殘酷的神戰中，戰神瑪律杜克殺死世界之母提亞瑪特，成為巴比倫城的守護神和至高神。

世界誕生與初代神王

世界沉睡不醒，在這宇宙的初始時刻，天地萬物尚未成型，只有一片混沌無垠的海洋。黑暗與海洋渾然一體，沒有光，也沒有溫暖。時間從那冰冷平靜的海洋中孕育而生，千百年悄無聲息地流淌而過。

起初海洋悄無聲息，異常平靜。漸漸地，經過一個迄今還未知的過程，混沌的海域凝聚了一些東西。這些東西大多數很快便消失了，它們的存在從未被提及，只有兩個神力留存下來：地下淡水神阿普蘇，生性寧靜但缺乏生命活力；鹹水女神提亞瑪特，性格暴烈但孕育無限生機，她的身體被浩瀚無垠的海水包裹著。由於她的不朽，她幾乎不去注意歲月堅定的步伐和時間有節奏的脈搏。兩個神各據一端，在這黑暗的世界中安居，似乎無意合作。

然而，出於偶然，或是萬物創生的必然，某一天，無邊無涯的海洋動盪起來，鹹水深淵緩慢地從深海中升起，強有力地向上肆意擠壓。漆黑的海面奔騰喧囂，洶湧澎湃，巨浪如山一般，不止息地猛烈撞擊大地。在這宛若末日的喧囂躁動中，兩股洋流匯合在一起：阿普蘇的淡水流湧入大海，與提亞瑪特的鹹水流融合在一起。

在最初的結合中，誕生了兩位神：男神拉赫穆（Lahmu）與女神拉哈穆（Lahamu）。這兩個神形成海洋底部的淤泥層。又過了不知多長時間，兩股洋流再次交融，又孕育了男神安沙爾與女神基莎爾，他們形成天涯與地極。

自此，神界呈現加速發展的趨勢。經歷最初分娩的陣痛，諸神的繁殖速率大大加快。又不知過了多久（但明顯快於阿普蘇和提亞瑪特的結合），天涯男神安沙爾與地極女神基莎爾也結合在一起，孕育了天空之神安努，安努與天雨女神安圖結合，又孕育了風神恩利爾、水神埃阿等，他們又各自生育了許多子孫輩的神，安沙爾與基莎爾成了一對祖神。這樣，宇宙中最初幾代神靈形成了。

神越來越多，互相之間少不了矛盾和摩擦，大如神職領域的糾紛，小如宴會時的座位順序，後出生的諸天神和較年長的海神之間更是紛爭不斷。神祇之間需要一個充當調節仲裁眾神間矛盾的領袖，也就是眾神之王。但是，選誰呢？此時，兩位創世神阿普蘇和提亞瑪特因為長期辛勞，疲乏不堪，早已回深淵休息去了。海底淤泥雙神拉赫穆與拉哈穆一向不問世事。安沙爾是最老資格，威望較高，經過神明大會和投票選舉，諸神一致推選安沙爾——卻不是推選他當神王，而是由他審核和最終確定神王候選人名單。由此看來，這時的巴比倫諸神可能公投比較流行，不像後來「勝者為王」風靡一時。

候選名單上到底列著哪些神至今不得而知，不過更重要的是結果。結果嚴肅認真的考慮，安沙爾決定推選安努為神界之王，不僅是因為安努是他的長子，有優先權，而且安沙爾認為他的個性和自己比較相近，意氣相投。

根據選舉的結果，安努便成了神王，他聘請安沙爾擔當顧問，又任命水神埃阿為自己的傳令官，開始在神界建立秩序。大小神靈都需服從安努的指揮，遵從他的命令。為了便於指揮，他住進天界金碧輝煌的神殿，執令官埃阿則住在地上，這便是天界的第一代王朝。

始祖神阿普蘇之死

神王安努從天宮俯瞰他統治的世界：到處都是一片漆黑，由於沒有一絲光亮，儘管天與地之間的界線早已明確劃分，平原和山巒的輪廓仍在陰影中顯得模糊不清。這景象令他頗為苦惱。

「這叫我們怎麼做事？」這段時間以來，天界聖殿似乎成了諸神投訴抱怨的場所。每逢天界盛宴，酒酣耳熱之際就會有神大歎黑暗的種種不便。身居河流山川的眾神也會時不時傳來請求，期待神王安努能改變現狀，創造一個與阿普蘇時代截然不同的世界。

儘管居於至高無上之位，對誕生於黑暗的安努來說，光明仍是種難以想像的東西。他考慮向阿普蘇和提亞瑪特請教，但兩位祖神在完成創世和造神的基礎工作後，就心滿意足地呆待在溫暖幽暗的深淵裡補充睡眠，打擾他們的好夢必會招來一頓痛斥。看來在他們醒來之前，他是不能指望他們幫忙了。

失望的安努把目光轉向眾神，風神恩利爾和女神寧莉爾（Ninlil）的長子辛引起他的注意。當年，恩利爾為追求美麗的寧莉爾而瘋狂，兩人竟幹出未婚先孕的事，恩利爾被眾神判處下冥界受罰。寧莉爾不顧一切地跟隨他前往地獄，辛就是冥府出生的。儘管如此，辛的外表絲毫沒有地獄諸神的氣息，他相貌堂堂，目光炯炯，銀白色的皮膚好像純淨的浪花，在黑暗中微微發光。

恩利爾曾預言辛是未來的夜空之主，用皎潔無比的光芒照亮大地，安努決定利用這個預言。跟恩利爾商量之後，安努任命辛在夜空巡邏，安努還把辛漂亮的銀髮製成光線，投向人間。就這樣，世間第一次有了光明。眾神紛紛讚美神王的睿智，安努得意洋洋。

此時，深淵的阿普蘇和提亞瑪特卻在溫暖的水床上輾轉難眠。眾神在月光下嬉戲，喧鬧聲隨著海浪，穿過重重水幕，直鑽入幽深的水域，干擾兩人的睡夢，最後終於把他倆吵醒了。

「莫非末日提前來臨，大地開裂，海水倒灌，抑或天空崩裂，山脊坍塌？」睡眠不足的阿普蘇抱怨道，「不，即便如此噪音也不會令人心煩。難道在我們休息期間，發生了意想不到的變故？不，我們是世界的締造者，一切應該在我們的掌握之中。」

「你先休息，待我去看看。也許只是我們的子孫在嬉戲，因為他們都已長大成人。」提亞瑪特邊安撫著煩躁的阿普蘇，一邊從深淵探出頭向天空望去。光線立刻刺痛了她的眼睛，吵鬧聲更是令習慣安靜的提亞瑪特心神不寧。「那銀色的事物是什麼？它無形，卻能刺痛眼睛。在它的威力下，大地初顯形狀。」她暗自思忖，急忙前往海底尋找拉赫穆與拉哈穆打聽消息。

「空中興起一座宮殿，金碧輝煌，令我眼花繚亂，依稀只見安沙爾住在裡面。他身邊有位神，頭戴冠冕，神態威嚴，氣宇不凡，看相貌應是我的子孫。」提亞瑪特問道：「但他們卻使你的父親阿普蘇無比懊惱。拉赫穆，我的頭生子，諸神中我最看重之人，趕快告訴我事情的究竟。」

於是，提亞瑪特，接著是阿普蘇，從拉赫穆夫婦處知道了安努的種種改革措施。阿普蘇本來是個脾氣溫和平穩的神，眼下卻十分惱火。睡眠被打擾固然是一方面，同時他也感到自己的權威受到挑戰，地位受到威脅。「這麼重要的事，居然不跟我商量！事先也不徵求我的意見！」他從深淵探出頭，向天界大聲呵斥，以祖父的權威勒令安努收回光線，恢復無序黑暗的世界。

小道消息迅速在眾神間傳播，所到之處一片譁然，整個天界都處於激動不安中。無論是在天宮神殿還是在群山峻嶺，無論是在家中還是在街頭巷尾，眾神都在議論：「世界之祖要取締光線，我們能答應嗎？可是不答應又該怎麼辦？」

部分身居高位的天神如安努、安沙爾和水神埃阿經常聚在一起密議商量折衷方案，比如一半白天一半黑夜，減少眾神外出活動，採取一些降低噪音的措施，採購一些阻隔噪音的建築材料等等，因為他們不想得罪阿普蘇。脾氣比較暴躁的神如恩利爾，以及眾多曾孫輩的神們卻不買帳，一是他們沒見過阿普蘇，覺得沒必要聽老頭子的話，二是他的命令實在讓大家難以接受。「我們要光明！」他們聯名向安努申訴，提議不要理會阿普蘇的無理要求。這場爭論持續了好久，雙方扯開嗓門，各持己見，爭論不休，安努多次明令大家肅靜也無濟於事。

深淵中的阿普蘇等了一段時間，不見天空黯淡沉寂下來，吵雜聲反而越來越響，他不由得勃然大怒。「這群不肖子孫，連安沙爾也與他們混在一起了麼？」他在深淵裡踱來踱去，臉色陰沉地念叨，「當初創造他們真是個錯誤，要是能再來一次……是的，如果有第二次，我絕不會犯這種低級錯誤……」阿普蘇的力量在創造世界時損失了很大一部分，現在他已遠不如最初時那般強大。因此，他認定天神的爭執是對他的蔑視，是對他地位的公然挑釁。這種念頭也許不對，但阿普蘇的頭腦因缺乏睡眠昏昏沉沉，所以越發固執己見。他決定消滅不聽話的後輩，於是找到提亞瑪特商議滅神大計。

「老頭子，你瘋啦。他們總歸是我們的子孫，你怎麼忍心下手？我不同意。小孩子愛瞎鬧，我們勸勸他們，說點好聽的，就行了。」提亞瑪特雖然也討厭吵鬧和天光，但這些神都是自己的後代，老祖母怎麼捨得毀掉自己的孫子孫女們呢？這樣想著，她的心就軟了，鼻

提亞瑪特與阿普蘇被想像成鹹水女神與地下深淵的淡水男神，這個概念大致上沿襲了蘇美人的宇宙觀，但後續發展截然不同。

子裡哼唧著，對阿普蘇的想法很是不滿。

兩人有了爭執，不歡而散。阿普蘇一看得不到老伴的支持，只好暫時放棄大舉進攻、趕盡殺絕的念頭，轉而採取各個擊破的方法。他招來心腹浪濤之神穆穆（Mummu）商量行動計畫。

直接攻擊安努的宮殿是最方便的手段，可惜風險也大，不易成功。先殺掉其他神又恐打草驚蛇。最後，他們決定先偷襲水神埃阿的居住地，因為埃阿是諸神中的智者，通曉一切陰謀詭計，留著他勢必對行動不利。為了避免夜長夢多，阿普蘇準備當晚就走訪埃阿的住所，之後與穆穆裡應外合，殺死毫無防備的水神，作為滅神行動的開始。

是夜，阿普蘇帶著一些美酒佳餚，來到埃阿住所串門。「真是見鬼，老爺子來我這裡幹什麼？」水神一邊接待，一邊心裡犯嘀咕。「要發火要罵人，也應該是從安努開始，哪裡輪得到我？我又不是神王和長孫。」話雖如此，埃阿也不好直接問來意，只得裝傻。兩神開始喝酒聊天。

酒酣耳熱之際，有侍神向埃阿來報，說一名忠於他的小神有要緊事要彙報。「他說事情攸關生死，乃至天界安危。」侍神對埃阿耳語道。埃阿心存疑惑，畢竟不敢輕視，於是從酒席告退，到前廳接見。原來，阿普蘇和穆穆自以為此計甚妙，卻不料隔牆有耳，他們的密謀全被忠於埃阿的小神聽去。他趕緊來向埃阿彙報。幸好為時未晚，不然埃阿之命休矣。

埃阿一聽，阿普蘇竟然如此心狠手辣，不由大怒。「你對我不仁，也別怪我不義！」正準備帶來手下侍神殺進去，突然想到自己不是阿普蘇的對手，要是局面弄僵，最好的結果也是兩敗俱傷，更何況還有穆穆在外虎視眈眈……

埃阿畢竟是老奸巨滑的智慧之神，轉眼間就有了主意。他巧妙地編織出催眠咒，趁著阿普蘇不備向他施展，阿普蘇只顧想著自己的計畫，自以為勝券在握，反而被埃阿注入了瞌睡蟲。

漸漸的，阿普蘇的眼皮沉重起來，他竭力抵抗沉睡的誘惑，可惜瞌睡的威力強大無比，世上無神能夠逃脫，更何況本來就精力不足的阿普蘇。最後，他連打幾個哈欠，昏昏沉沉睡著了。埃阿趕緊將鎖鏈套在他脖子上，將他鎖在巨石之下。阿普蘇睡得不省人事，埃阿抽出長劍將他殺死。穆穆不知其中變故，按時率領隨從神靈殺了進去，卻掉進埃阿的陷阱，一行神全部成了甕中之鱉。埃阿在穆穆鼻子裡串上繩子，將他綁在石柱上示眾，又殺死了他的隨從。

巴比倫黏土板

創世之神阿普蘇就這樣死於非命，他的身軀化作一潭清水。安努十分高興，允許埃阿在潭上建立神聖的正義大廳。這片建築和這座城市被命名為「阿普蘇」，安努讓埃阿定居於此，以表彰他的功績。

世界之父死了，天神開始共同享有宇宙的統治權。世界在神王安努的治理下，呈現出明亮喧鬧的景象。諸神分擔了不同的職務，過著舒心愜意的日子。埃阿統治的阿普蘇城和莊嚴宏偉的正義大廳更是神靈們心馳神往的安居樂業之處。埃阿殺敵有功，在諸神中享有很高威望，頗得諸多女神的芳心。不久，他與女神達姆基娜（Damkina）結合，這位女神為埃阿生下兒子瑪律杜克。

提亞瑪特率眾復仇

此時，提亞瑪特卻在深淵悲慟怒號，痛苦得捶擊自己的胸膛，亂扯自己的頭髮：

「我的老伴啊，你創造了世界，你生育了諸多子孫，如今卻死在小輩的詭計下。我寧可你死於戰場，也好過這種不名譽的死法。我這是在說什麼？我頭腦發瘋了嗎？我現在才後悔當時沒有同意你的建議。要是我當時答應一起動手就好了，那現在就該他們痛哭流涕了。不幸的提亞瑪特！埃阿在阿普蘇的軀體上建起他的宮殿，他住在那裡得意洋洋。天神們正在高空歡呼，享受盛宴，勝利者就是這樣羞辱失敗者。可是我——阿普蘇的妻子和姐妹，難道就這樣袖手旁觀嗎？」說到這裡，提亞瑪特狂怒地捶擊在地上，「我要報仇！我要報仇！」

「對，我們必須報仇！」海神欽古在一旁附和道，尖利的聲音在深淵中迴蕩。阿普蘇和提亞瑪特回到深淵休息後，又陸續生了不少神。有些是兩人合力創造，有些則是提亞瑪特獨自所生。欽古便是提亞瑪特獨自生育的諸海神中的老大。好長一段時間裡，這群海神日子愜意滋潤，因為海域廣闊而平靜。惜乎，天空之神安努被確立為眾神之王後，神界的統治中心從海洋轉移到天上，諸海神風光大不如前。這就引發了危機。

於是，這幫海神聚集在深海召開祕密會議。欽古，提亞瑪特的長子，率先抱怨道：「我們的日子真是一日不如一日，沒了昔日柄權風光不說，安努還創造了光線與四個風向。這四重風猛烈地攪擾亮晃晃的海面，害得我們一刻也得不到安寧。我看到大家的眼睛因為睡眠不足，都出現黑眼圈了。為了保全自己，我們必須想辦法，來懲罰那些侵害我們利益的天神。」

其他神聽到欽古這番話，心裡都燃燒起憤恨的烈火，從四面八方飛來這樣的話：「不錯……是得給他們點顏色看看……讓他們知道我們的厲害。」也有神這麼說：「快想個辦法為我們報仇吧……埃阿殺害了我們的父親阿普蘇，這仇得一次算清。」

「阿普蘇可不是我的父親。」欽古叫道，但他念著創世之父的名字沉思起來，好一陣子沒說話。「天神們在數量上占優勢，我們得小心行事。不過，我倒有個計畫，」待重新開口時，他臉上露出狡猾的神情，「聽著，雖說我們的母親提亞瑪特目前還沒什麼動靜，光顧著在深淵中哭號。可是只要我們向她訴訴苦，鼓動她，新仇舊恨加在一起，她必定會怒不可遏。到時我們便可藉助她的力量，組建大軍，一舉消滅所有天神。」

於是，在欽古的帶領下，這群利益受到損害的海神來到深淵向提亞瑪特「進諫」。「我們的母親啊，」總代表欽古邊說邊走入提亞瑪特的鹹水淵，「當初安努創造出光線，妳聽任他們行事。現在，他又造出四重狂風，猛烈攪擾妳的鹹水海域，攪擾妳的軀體，害得我們不能入睡，妳對他們還是聽之任之。現在我們的眼睛由於缺乏睡眠都發腫了。顯而易見，妳不愛我們，因為妳對這些事不聞不問，竟然毫無行動！妳難道不清楚父親是如何慘死在埃阿手下？妳難道不懊悔當時沒有聽從父親的建議參與滅神行動？為什麼不起來攻打那些天神？我們定會全力支持妳的。」

提亞瑪特雖說悲慟萬分，卻還沒被憤怒衝昏頭腦。「我是後悔當時沒一起動手。但復仇絕不能憑一時衝動，莽撞草率等於去送死。聽我說，我的兒子，你要冷靜一點，當時若你們的父親制定完善的計畫，集結強大的實力，豈會招致殺身之禍。我們這次一定要從長計議，等待時機，才能保證復仇行動萬無一失。」

「等待時機？我們還要等到什麼時候！」欽古不耐煩地叫道，「我的母親，常言道，『殺父之仇不共戴天』。況且我們的力量越來越受到天神削弱。再不動手，只怕來日我們的下場更加淒慘！妳別再無所作為，快帶領大家一起報共同的深仇大恨！」

「阿普蘇血淋淋的例子就在眼前，我不想再重蹈覆轍。讓我們先偵查敵情，招募一切可為我們所用的神，再發兵舉事。」

「妳也太小看我們的力量，太高估安努那群靠詭計取勝的小人了。難道妳就只會以淚洗面？萬物之母的威力在哪兒！」欽古怒氣沖沖地說完，頭也不回地走了。其他子女見提亞瑪特遲遲不肯發兵，以為她懦弱無能，對阿普蘇的死無動於衷，紛紛埋怨提亞瑪特無情無義。欽古甚至發出最後通牒，說：「我來只是想通知妳，我和其他兄弟已經商量過，復仇一事刻不容緩，絕對不能再拖。今天如果妳不聽我的勸告，就證明妳不敢去惹安努一夥，那我們就自發行動，殺入天界。」

諸海神推舉欽古為首領，自組軍隊，準備向安努和眾天神討回血債，奪回神權。提亞瑪特見兒子們決意興兵，加之老一輩海神不斷抱怨——指責她冷血無情，絲毫沒有替丈夫和子女出頭之意，便趕到欽古的軍隊中。她見到諸神個個摩拳擦掌，情緒激憤，覺得自己再也不能袖手旁觀，於是親自出馬出任總指揮。諸海神一聽深淵之母也加入到他們陣營，個個精神抖擻，紛紛聚集在提亞瑪特身邊，高調籌畫反叛之事。

深淵之母提亞瑪特積極備戰，不分日夜打造無數犀利武器，更創造了十一頭諸如口噴毒涎的龍、醜陋猙獰的蠍人、鋸齒鋒利的魚人、兇惡殘忍的風暴巨人等駭人巨獸。這些恐怖而無名的怪物不便詳細描述，但只消想想提亞瑪特的形象是獅頭獅身，鷹翅蛇尾的雌龍，便不難想像她用暴烈和惡毒為原料造出來的怪物有多恐怖，簡直可以說是噩夢中的生物。提亞瑪特還賦予它們強大的戰鬥力，使這些冷酷無情、六親不認的怪獸對戰鬥和死亡毫不畏懼。

接下來是選擇一名可獨當一面的副手。根據長子優先的原則，提亞瑪特提拔欽古為全軍主帥，指揮全軍與天界對壘。授命之時，提亞瑪特把「命運之匾額」賜予欽古，使他有決定諸神和萬物命運的權利。同時，她在諸海神前高聲宣布，欽古將成為她的第二任丈夫，使他的名字永存史冊——請勿訝異，母子結婚在古代世界很常見。她在摩拳擦掌的軍隊前宣布：「欽古，領導眾神進軍天界，這就是你的使命！我已為你念誦咒語，賦予你召集眾神議事的權力。現在你是最高的統帥，是唯一能和我平起平坐的神。你的統治將持續到永恆，你的言語將不朽！」接著她高聲叫道：「願你們的威力一舉征服可惡的天神！」

「諸位兄弟！」接著，煽動者欽古在大軍前號召，「我們曾經掌握世界，但現在領地正在被蠶食，被鯨吞！我們曾經威風凜凜，現在卻被後起的天神嘲笑！我們能忍受這些無恥卑劣的小人嗎！看，他們用詭計殺死我們的父親阿普蘇，甚至在他的軀體上建起宮殿！我們怎能忍受這樣的侮辱！是時候了，該是我們起來為自己爭取利益的時候了！讓我們殺入天界，消滅天神，摧毀他們創造的光明和秩序，回歸原初的黑暗混沌時代！兄弟們，深淵之母是站在我們一邊的！她也就是我的妻子提亞瑪特！有了她的支持，勝利屬於我們！」

「消滅光明，回歸混沌！」諸神齊應道。

「出發！恢復威名的時刻到了！」欽古高喊。

「進軍天界！」諸神回應，整個軍隊迅速向前衝去。這是黑暗與光明、混沌與秩序之間的決戰。被怒火和欲望驅使的海神軍團率領十一頭巨型怪獸殺向天界，刀劍與盾牌的撞擊聲震撼宇宙，所到之處山崩地裂，濁浪滔天。天界周邊的守軍毫無準備，一見鋪天蓋地、氣勢洶洶的怪物軍團衝過來，嚇得魂不附體，很快一敗塗地，向遠處逃去。

埃阿中計潰敗，天界告急

大敵當前，神殿裡往日歡愉安詳的氣氛蕩然無存。安努召來顧問神安沙爾、水神埃阿這幾個親信神祇召開緊急軍事會議，討論退敵之事。安努深知深淵之母的威力，心中不由忐忑不安，半晌才對埃阿說：

「埃阿，你曾殺死阿普蘇，現在我把除掉欽古的任務也交給你。此刻，他正在提亞瑪特大軍的最前方。只要殺死先鋒，軍隊士氣便會銳減，深淵之母也會失掉臂膀。」

「拔掉雌龍爪子的苦差事我推脫得掉嗎？」埃阿道，「好吧，欽古是不好對付，不過我也不是好惹的。」安努見埃阿躊躇滿志，就把主帥的權杖掛到他胸前，派他率眾迎戰提亞瑪特大軍。此時，欽古的大軍正迅速朝埃阿的大本營逼近，這座城市正是建立在深淵之父阿普蘇的身軀之上。提亞瑪特視此為奇恥大辱，發誓要把它夷為平地。

先頭部隊朝阿普蘇城發起猛烈進攻時，埃阿的守衛已有防備。廣闊的水面上響起警號，深不可測峽谷中發出重複的迴響時，衛士們已做好戰鬥準備。戰鬥的呼號在欽古的先鋒中哄然重複，一會兒就變成最兇惡的吼聲，好像洶湧的大海發出的怒號一樣。但他們剛衝進阿普蘇城，站在城牆石壘後的守衛就用冰雹一樣的石塊向他們砸去。欽古的先鋒試圖衝破武器的暴風雨，竭力攻擊未受石壘保護的守衛。呼喊更加激烈，雙方間展開了殘酷的流血戰鬥。

埃阿的愛子瑪律杜克此時正在站在高處觀察戰情，他發現由於阿普蘇城入口地勢險要，加上防禦工事完備，欽古的隊伍不得不在狹長的水灣中以密集的隊形作戰。因此，又長又密的先鋒隊伍就完全在處在阿普蘇守衛的打擊範圍內了。瑪律杜克看出敵人的錯誤，就竭力利用這點，在環境允許的範圍內讓守軍向前移動，命令他們全力反攻。這就像風暴遇到海港一樣，儘管狂風怒不可遏，竭力想把船隻拋向空中，船卻在港灣的庇護下安然無恙，直到暴風偃旗息鼓。

很快，進攻的一方支持不住了。他們的首領徒然地用已經嘶啞的喉嚨喊叫，向自己的隊伍提出不可能的要求，叫他們頂著這可怕的石塊的暴風雨衝破石壘，衝入城門。但由於防守一方攻擊越來越猛烈，他們急切地想向後撤退。混亂的擠軋開始了，潰敗的兵士們踏著倒下的人竄上船艙拚命逃竄，從遠處看去，活像一條大蛇在水城上蜿蜒。

首戰告捷，埃阿得意洋洋。

幾日後，情勢急轉直下。提亞瑪特見出征不利，便派出巨龍大軍出征並親自壓陣。阿普蘇城的防護能力受到嚴重考驗。這些恐怖的怪獸不知疼痛，更不知畏懼。醜陋厚鈍的皮能抵禦最猛烈的攻擊，噴吐的毒液更造成嚴重傷亡。欽古－提亞瑪特聯軍源源不斷，城中守衛開始疲於奔命。雖說阿普蘇城易守難攻，但城中的兵力和糧食畢竟有限。欽古大軍圍堵在阿普蘇城前方，他強迫埃阿不是出來交戰，就是在七、八天之後，在饑餓的驅策下向他投降。

埃阿陷入困難的境地之中。為脫離這一困境，他必須尋找一個突破口，但他沒有一點消息和希望，也不願意放棄這座美麗的城市從城後開溜。焦急又悲哀的埃阿日夜苦思應對的辦法，可是始終沒找到擺脫這危險局勢的出路。他的部隊開始垂頭喪氣，城中有膽怯的聲音傳出。起先他們只是低聲抱怨，但接著，竊竊私語漸漸變大，越來越多神靈想要投降。這局面令埃阿頭痛不已。

但埃阿畢竟是智慧之神，他決定巧妙利用目前的形勢。他先是懲處了一批膽小鬼，並告誡士兵，堅守陣地的最壞結果不過是英勇戰死，投降卻有可能變成巨龍的美餐。穩定軍心後，他命手下放出消息說阿普蘇城的大門不堪重負，即將崩塌，埃阿大軍人心渙散，不堪一擊等。同時他在城門處布下重重陷阱，連一陣清風都飄不過去。之後，他令大軍守在城門口陷阱之後，專等魯莽的欽古自投羅網。

陷阱布成之日，埃阿佯裝潰敗。在他的幻術魔法下，嚴陣以待的阿普蘇城在欽古大軍眼中卻是一片混亂的景象。城門不一會兒就被攻破，欽古的軍隊長驅直入，沒過多久，便如埃阿所料墜入陷阱。埃阿大軍趁勢全部殺出，準備將敵軍一舉殲滅。

埃阿正以為計謀得逞，不料軍隊後方傳來慘呼聲。只見怪物軍團從阿普蘇城後方湧入，趁守衛毫無防備之際從後翼絞殺。埃阿很快背腹受敵，被提亞瑪特的怪物大軍殺得落花流水。

原來提亞瑪特早有防範，與欽古兵分兩路。欽古佯裝要攻入城門，卻用一批弱勢兵力作為偽裝先進去。提亞瑪特則從城後翻越過去，偷襲埃阿的軍隊的後方。等送死的先鋒軍落入陷阱，埃阿以為敵人中計，便率眾殺出，於是就中了調虎離山之計。埃阿雖對形勢做出正確評估，也考慮到欽古的頭腦和提亞瑪特的戰鬥力，卻忘了提亞瑪特是個心思慎密的老祖母，於是智慧之神自食其果。

這塊出土的銘牌上顯示瑪律杜克殺死了化身巨龍的提亞瑪特。

這已經不能算是戰鬥了，而是殘酷的大流血和大屠殺。阿普蘇城的守衛幾乎全被敵人包圍了，他們已經失去了任何獲救的希望，也不再為戰勝的幻想所鼓舞。他們只剩下一個念頭，那就是勇敢地戰死好過被當作食物吃掉。現在，他們的戰鬥只是絕望的拚死掙扎。埃阿用盡他所有的法術，耗盡所有的謀略，犧牲掉每一個守衛的士兵，才撕開一條小口子逃回了天界。他身邊只剩下妻子達姆基娜和兒子瑪律杜克，以及幾位最親信的神。

壯麗的阿普蘇城被死亡的陰雲籠罩。血水如小河般流淌在通往水域的道路上，清澈的湖水被染成一片血海。空氣中殘留著火花的爆裂聲、呻吟聲以及垂死和受傷者的尖叫聲。嫋嫋的硝煙死靈般觀望著戰場，在破損殘缺的屍體上盤旋。出於憤怒和報復心理，提亞瑪特和欽古摧毀了每一處建築。往日的正義大廳成為一堆瓦礫，阿普蘇城徹底成為一灘泥塗上的廢墟。在他們的頭頂上，太陽像往常一樣拋出灼熱的光線，不祥的陰雲飄蕩在安努的神殿上空。

天界危在旦夕。

瑪律杜克自薦，逆襲成王

天界籠罩在一片愁雲慘霧中，安沙爾和安努召集諸神，問有誰能夠率軍抵擋叛軍。諸神面面相覷，黯然不語，提亞瑪特是萬神之母、強大的龍后，誰能從她的憤怒中生還？誰敢接下這等有去無回的差事？

這時候，瑪律杜克登場了。在此之前，他那智慧出眾的父親埃阿曾把他拖出神殿，勸他向安沙爾毛遂自薦，瑪律杜克本來蠢蠢欲動，受到父親的鼓勵更是按捺不住。此刻他主動請纓，向安沙爾允諾自己必定能打倒提亞瑪特並踩上一隻腳，令眾神永無後患。

但是，瑪律杜克同時也提出，為了更快完成屠龍重任，他需要眾神的全力支援，也就是說，神王必須召開眾神會議，在所有神靈面前賦予瑪律杜克神王的地位與權力。「眾神之主啊，我將會為你們的命運決一死戰，請召開諸神大會，把天命授給我。」瑪律杜克說，「在眾神的集會上我將占有最高的位置，我所說的便是現實，我的意願不可更改！」

「這個我需要考慮考慮。」安努唉聲歎氣地說，其實就當時的情境而言他委實沒啥好考慮的。安努答應了瑪律杜克，派出使臣卡卡邀請包括提亞瑪特頭生子女拉赫穆與拉哈穆在內的天界神靈共商大事。

「唉唉，提亞瑪特怎麼能做出這種事呢，真是太遺憾了。」那些為利害所繫的大神們看似好像剛剛得知提亞瑪特兵變，接二連三地來到天界神殿，在議事廳中彼此問候，一邊琢磨著稍後該如何措辭。儘管烽火已逼近天界，卻並未妨礙安努設宴招待高貴的神祇們飽餐美

這張圖顯示一名武士神祇正在與一頭怪獸交戰，一般被認為是提亞瑪特（左）與瑪律杜克（右），也有認為是提亞瑪特與巴力，或是鳥怪安祖與戰神尼努爾塔。

食、痛飲佳釀。喝到酒酣耳熱時，神靈忘了心中的恐懼，一想到可以把戰事都交給瑪律杜克處理，溢美之詞就鋪天蓋地朝瑪律杜克湧來。

「你是諸神中最榮耀的勇士！」那些大人物們對瑪律杜克叫道，「你的地位無與倫比！你的命令猶如安努，不，比安努的更有力量！你的武器將永遠戰勝敵人！你令天地萬物都俯首聽命！我們的榮譽就全拜託你了……」諸神的甜言蜜語直似天花亂墜。「那就把你們的力量都交給我吧！」瑪律杜克叫道。被美酒沖昏頭腦的眾神不疑有他，紛紛把神力貢獻給瑪律杜克。

「向我們展示你的力量吧。」眾神叫道。瑪律杜克一思忖，張開雙臂念誦咒語，天空中頓時出現一個符號，接著，他命令符號消失，頃刻間它就在眾神眼前消失了。就這樣，受命於危難的瑪律杜克初步奠定了地位，帶著諸神相贈的各色武器前往征討提亞瑪特。他的戰車是四方暴風，他手持鐵弩利劍，威風凜凜地出現在提亞瑪特大軍之前。

新巴比倫王國的城牆上裝飾著巴比倫人的神話與宗教中的各種聖獸浮雕，如瑪律杜克的聖獸西魯什龍，也稱作姆修素龍（Mushussu）。

「別再用妳的嘴唇支撐這場叛逆之事了。」瑪律杜克向提亞瑪特喊道。他指責深淵之母驕傲、暴戾，不安分守己，竟與自己的兒子欽古成婚，神聖的力量已經離她遠去。最後，他向她挑釁，問她可有勇氣與他單獨較量。

提亞瑪特被瑪律杜克的激將法氣得暴跳如雷，理智全失，不顧一切地張開巨嘴，要把他一口吞下去。瑪律杜克趁機揮出用風編織的巨網把她團團籠罩。提亞瑪特進退兩難之際，兇暴的風突然襲向她的腹部，她的身體像吹氣球一樣鼓脹起來。瑪律杜克立刻抓緊機會放出利箭，那支箭撕裂了提亞瑪特的腹部，穿透她的內臟，劈開她的心房，直截了當地結束了一切。而馬律杜克就像他先前說過的那樣，把腳踏在了深淵之母的脖子上。

一場氣勢洶洶的造反頃刻間土崩瓦解。失去了提亞瑪特，海神大軍土崩瓦解，眾神倉皇地四下逃散，瑪律杜克抓獲了提亞瑪特的所有人馬，一把抓過欽古胸前的那塊天命書簡，繫到自己胸前，然後開始創造新秩序。他把提亞瑪特的屍體像乾魚片那樣撕成兩半，一半懸在天空一半留在地上，這就是天地的創造。為了「讓眾神得到侍奉並得以休息」，瑪律杜克犧牲了叛神欽古，以他的血為原料，透過埃阿的魔力造出了人類。

瑪律杜克的大勝讓天界諸神心服口服，他們站在他面前高聲吶喊：「這才是我們的王。只有瑪律杜克才是天與地的諸神之王，你是聖地的保護者。你要做什麼，就對我們下命令吧！」

瑪律杜克開口說道：「諸神居住在天界神殿，我也想在人間建造漂亮的殿堂，在那裡修建舉行祭祀儀式的場所，讓我的王權永世相繼。諸神來聚會時，那裡將成為無憂無慮的安樂之所。我將稱那裡為『巴比倫』，也就是神之門。」

擴展閱讀

長眠在神祕古城杜恩努的眾神

美索不達米亞的眾神或源於自然力，或是城鎮的擬人化象徵，但都被描繪為有七情六欲、有個性的人物，他們是人類最早的祖先，人類出自奪權失敗的叛神，而神與人一樣，也苦於家庭糾紛和世代衝突。

按照巴比倫創世神話《埃努瑪．埃利什》，眾神為了創造和統治世界，不惜採取亂倫和弒父的手段。這個神話是巴比倫文學中較有代表性的作品，它表現了巴比倫人對創世、人類起源問題的關心、對自然的崇拜，在世界文學史上具有開創先河和啟迪後人的意義。希臘神話中的混沌巨人卡俄斯（Chaos），大地與天交合生出眾神，烏拉諾斯（Uranus）、克羅諾斯（Cronos）和宙斯（Zeus）三代神的鬥爭，都可以在這一神話中找到原型。《聖經》中的創世順序也與這個神話一樣，先造天地，接著把水陸分開，然後造人。

同一主題在美索不達米亞其他城市的創世神話中也有出現，尤其是在一個名為《杜恩努神譜》（Theogony of Dunnu）的神話中。該神話的成型時間至少可以追溯到西元前二

○世紀早期，故事發生在一個叫做「杜恩努」的小城。

根據《杜恩努神譜》，世界和眾神的來歷是這樣的：創世之初唯有「犁」和「大地」，他們的結合產生了「海洋」，不久又產生了家牛之神，他們一起建造了永恆的城市杜恩努，「犁」也在杜恩努安家。隨後家牛之神與母親「大地」祕密結合，殺了父親「犁」，占據了杜恩努，並與姐姐「海洋」結了婚，生下了家禽之神。下一代也依上一代行事，家牛之神的兒子家禽之神也殺了父親，與母親「海洋」結合，隨後「海洋」殺死了「大地」，並與家禽之神生下了女兒「河流」和兒子牧人之神。之後牧人之神又殺死了父親家禽之神，與「河流」結婚。就這樣一代又一代，一系列男神殺死他們的父親，娶了他們的姐妹或母親。其中一些男神以地上遊蕩的家禽或家畜為名，他們的姐妹或母親則常常代表大地上的各種景物，如河、樹或草地。雖然許多細節還不清楚，但這種故事或許可以解釋為一年四季的變遷：每一個季節「殺死」或取代了前一個季節。

終於有一天，這種模式產生了重大變化：有一位男神不是殺死他的父親來接管他的領地和王權，而是把父親囚禁起來，這一重大事件發生在新年。巴比倫人的新年是在四月，這說明這首詩有可能是在四月的新年祭典上朗誦的，與新年曆法有關。但由於記錄此事的部分泥板散失，只能依稀看到後文中提到了風神恩利爾、恩利爾的近臣努斯庫、戰神尼努爾塔（Ninurta）等神祇，因此這一弒父模式的中斷對後世和人類文明有什麼影響，目前還不是很清楚。

按照這一版本的創世神話，每一位被殺死的神祇都長眠在杜恩努這座為每一位死去的神所鍾愛的城市，而世界的誕生與「城市」這一重要的社會與政治機構的建立密不可分。不過，人們並不清楚杜恩努在今日的哪個位置，或許它的存在和興盛只是曇花一現，旋即就被更強大的城市所吞併，也有可能它只是一座傳說中的城市，因為居住在這座城市裡的都是死去的神祇。

這則神話進一步加強了巴比倫創世神話《埃努馬．埃利什》及此類眾神世代更新給人的普遍感想，即有關創世的神話往往帶有很強的政治性，透過突出某一城市或某一神祇在故事中的關鍵性來提高該城市及其保護神的地位，或是反映不同社會群體內部的鬥爭和衝突。比如《埃努馬．埃利什》是伴隨著古巴比倫王國在兩河流域統治地位的確立而產生，巴比倫的城邦守護神必然要凌駕於其他城邦的守護神之上，成為國度的主神。在瑪律杜克之前，安（安努）、恩利爾（厄勒利爾）、恩基（埃阿）都曾擔任過主神的角色。巴比倫的統一是透過瑪律杜克對提亞馬特的勝利及其有效的安撫政策實現的，並由於這種有效的安撫政策，瑪律杜克在勝利之後永久地統治著這片土地。

第二章 美索不達米亞三大主神

第一節　面目模糊的天堂之主安

神王「安」的名字在蘇美語中是「天」的意思。他是天空的神聖化身，是一位超然物外的長者，他將統治權賦予諸神和國王，掌管決定個人命運的宇宙法則。最早的蘇美神話沒有提安來自哪裡，或是他是如何成為眾神之父的。不過後來的神話逐漸把安說成是男神烏拉斯的後裔，或是天涯之神安沙爾與地極女神基莎爾的長子，始祖雙神提亞瑪特和阿普蘇的孫子。

早期的蘇美神話中稱安的配偶是「女神」烏拉斯，不過後來人們逐漸把大地女神「基」說成是天神配偶。蘇美人把天界想像成由三層圓形天穹構成的穹頂，包裹著平坦的大地，每一層天穹由不同的寶石製成，安代表這些蒼穹中最高、最外層的至高天，至高天之外是被稱作「南穆」的原始水域。當天空與大地分離時，安接管了天界，創造了我們所知的世界，隨後安將滋潤萬物的雨露灑向大地，使大地草木興盛。說阿卡德語的巴比倫人稱天空之主為安努，稱他的配偶為安圖——她可能是安努的女性化身，而雨是她用雲化成的天空的乳汁。

安或安努在古代神話中的面目和個性非常模糊，常作為背景人物出現。有一則神話說，凡人國王阿達帕因為折斷了南風的翅膀，被安努傳喚到天界，並被安賜予了永生的食物和水。但阿達帕卻拒絕了，因為埃阿事先欺騙他，說安努給他的是會導致死亡的食物和水。阿達帕就這樣失去了永生的機會，而安努雖然感到一絲遺憾，卻沒有再說什麼。

安努也曾短暫地出現在史詩《吉爾伽美什》中。由於流傳至今的版本主要是巴比倫版，因此下面出場的神祇使用的是他們在巴比倫神話中的名字。當時安努的女兒伊什塔爾（相當於蘇美神話中的伊南娜）因為向吉爾伽美什（Gilgamesh）求愛不成反遭嫌棄，衝到父親天神安努那裡哭訴吉爾伽美什對她無禮。安努溫和地指出，如果伊什塔爾對吉爾伽美什不滿，應該親自去對付他。於是伊什塔爾要求安努給她一頭天界公牛去攻擊吉爾伽美什。作為交換條件，她會準備好應付七個歉年的糧食。不料公牛竟然被吉爾伽美什和他的夥伴恩基杜殺了。天神安努由於痛失強大的公牛，堅持兩人中間必須死掉一個，恩利爾決定讓恩基杜（Enkidu）死去，安努也未加反對。

安神有很多強大的子女，尤其是風神恩利爾和水神恩基，他們構成最早的神聖三神組。有些神話說，太陽神烏圖、暴風雨之神阿達德（Adad）、月神南那（Nanna）、戰爭之神納戈爾（Nergal）、天堂女王伊南娜、冥府女王厄莉什基伽勒、醫藥女神芭烏（Bau）、穀物與書寫女神尼薩巴等神都是安的孩子，他還創造了女魔拉瑪什圖（Lamashtu）、石怪阿紮格（Azag）等妖魔鬼怪，可謂名副其實的眾神之父。

不過，縱觀美索不達米亞歷史，人們對安甚少崇拜，大部分的崇敬給了他的兒子恩利爾，另一些時候是水神恩基——在不同的年代，他倆都曾當過主神，並被安賦予了「anûtu」，即「天上的力量」。安的主要崇拜中心是在烏魯克的埃安納神廟，不過後來他把在烏魯克的權威讓渡給了他的女兒伊南娜。最終，安的地位先是被恩利爾，後又被巴比倫的主神瑪律杜克取代。

第二節　性格暴躁的風神恩利爾

恩利爾是美索不達米亞神話中的風、大地與暴風雨之神，有時也被稱作厄勒利爾（Ellil）或努南尼爾（Nunamnir），他在蘇美創世神話中扮演著重要的角色，據說是他把天與地分了開來，使世界變得適合人類居住。恩利爾是一名強悍的武士，掌管春天的暴風雨，同時也掌管著地裡的收成，他的管理職能還延伸到批准各種社會機構。在他的聖城尼普爾，有一首頌歌是這麼唱的：「恩利爾坐在白色的高臺上，在那巍峨的高臺上，他完善了王權與律法，地神在他面前敬畏跪拜，天神在他面前卑躬屈膝……沒有恩利爾的批准，沒有城市能建立，沒有牛廄和羊圈能建成，沒有國王能得到任命，沒有男祭司或女祭司能被神蹟所選拔。」

恩利爾的個性較為複雜，暴躁易怒是他的主要特點，這一點在巴比倫洪水神話《阿特拉－哈西斯》（Atra-hasis）中尤為明顯：在很久之前，高階天神整天過著悠閒的日子，年輕的天神則被迫承擔天地間所有的工作，而且全年無休。終於有一天，年輕一代的天神集體罷工了。為了替代他們，恩基提議製造一種全新的勞動力，也就是人類，獲得了恩利爾的批准。這些新生的勞動力被安置在大地上，起初，他們完全按照眾神所希望的那樣行事，做所有維護土地的工作，還敬拜和祭祀神明以感謝讓他們誕生。

然而，人類不斷繁衍生息，數量越來越多，喧譁聲也越來越大，恩利爾終於無法忍受噪音，決定減少人口。他讓乾旱、瘟疫與饑荒連二接三地降臨到人類身上，但每一次恩基都提前通風報信，祕密地告訴人類如何拯救自己。恩利爾無法理解究竟是怎麼回事，因為不知怎麼地，他降給人類的一切懲罰似乎只是幫助他們繁衍得更興旺，最後，他決定降下一場滔天洪水來摧毀人類，還嚴禁一切神祇向人類透露消息。

恩基雖然不同意，但他無權也無法反對恩利爾的法令，於是他向一排蘆葦牆發出警告，因為他知道阿特拉－哈西斯正在牆後面琢磨自己最近剛做過的一個夢。「草屋，磚牆，注意聽；草屋，磚牆，注意注意。」阿特拉－哈西斯仔細收聽蘆葦牆電臺轉播的消息，「拆掉房子，造一條大船，扔掉財產，在船上裝滿各種生物的種子。」

阿特拉－哈西斯照做了，七天後，大洪水如約而至，他的船在洪水肆虐的江河上漂流了很久。最後洪水終於退去，他立刻登岸向眾神獻上祭品。祭品的香味引得眾神像蒼蠅般圍攏過來，眾神紛紛表示還是有人類比較好，唯一的例外是恩利爾。他看到自己偉大的計畫又失敗了，恩基又一次騙過了他，頓時暴跳如雷：「怎麼會有人逃過了這場災難！」恩基坦白是他悄悄地傳遞了消息，但同時他也解釋說，如果人類滅絕了，就只能依靠悠閒慣了的年輕天神幹活，那大家又沒人侍奉啦。他還提出了一個新的計畫，製造一批新的人類，不會繁衍太過，壽命也更短。恩利爾同意了。此後，眾神制定了措施，人類被改造成需要經歷死亡、不孕和日常生存的威脅，確保未來人口不會變得過於稠密。

一首古代哀歌〈亞加底城的詛咒〉（The fall of Agade）也提到了恩利爾的冷酷。這個故事是這樣的：此前，恩利爾已對兩座古老的城市不滿，皺眉將它們摧毀，就好像殺死強壯的公牛；然後他把恩寵賜給了亞加底的國王納拉姆－辛（Naram-Sin），讓他的王權從肥沃的平原一直延伸到崎嶇的高山。

那時，天堂女王的伊南娜也把家建立在亞加底，她讓老婦睿智，讓老翁雄辯，讓年輕女子歡欣，讓年輕男子英武，讓孩子們快樂。她像年輕人第一次蓋房子一樣欣喜，不把城裡的倉庫裝滿之前絕不休息。她讓城牆巍峨高聳，讓港口忙碌興盛，異邦人爭先恐後地從四方進貢。於是，亞加底的糧倉裡裝滿了小麥，亞加底的牧場擠滿了牛羊，亞加底的金庫裝滿了黃金，亞加底的銀庫裝滿白銀，還有銅、錫和天青石源源不斷，伊南娜感到貢品多得城裡都擺不下，連亞加底的城門都因為開關太多次而感到疲憊，因此她準備在城裡修築一座神廟。

然而，不知何故，恩利爾突然不再青睞亞加底，他從阿卡德王朝的王都亞加底城撤回了恩賜，還命其他神祇也不准進入和祝福這座城。因為恩利爾的皺眉，整個亞加底都陷入恐慌，伊南娜放棄了她的聖所，匆匆返回了她在天界的家，還帶走了城市的戰鬥力；戰神尼努爾塔帶著權杖、王冠和王座回到了他的神域；太陽神烏圖奪去了亞加底的魅力；智慧水神恩基奪去了亞加底的智慧……短短數日，眾神紛紛離去，亞加底就像一頭瀕死掙扎的大象、一頭奄奄一息的巨龍，而其他的城市都在虎視眈眈，就像強壯的公牛噴著鼻息，刨著蹄子，準備攻擊。

來自埃庫爾神廟的聲明令人不安，亞加底的末代王納拉姆－辛感到王國前景不妙，但又不知道自己做了什麼招致神的不快，便向恩利爾祈禱，請求神的回答。那天晚上，焦慮中的納拉姆－辛做了個夢，他看到亞加底前途黯淡，因為恩利爾不會讓它的榮耀持續下去，它註定社稷動搖，王權不保。醒來後，他沒有向任何一人透露夢境的內容，只是穿上喪服，用葦墊遮住王家馬車，扯下巡禮船上的葦篷，把隨身用品分發給他人。

納拉姆－辛堅持苦修了七年，然而，始終沒有感得任何徵兆，他為此陷入極度沮喪。於是他獻上了一個孩子，但依然沒有得到任何預兆或啟示；他又獻上了第二個，恩利爾還是毫無回饋，國運始終毫無起色。天災人禍噩兆一個接一個地襲來，民心開始渙散，人們一群接一群地離開城鎮。最後，納拉姆厭倦了等待，又因沒有得到神的回答而憤怒，便集結軍隊，試圖用武力改變恩利爾的意志。

納拉姆－辛向恩利爾所在的尼普爾城進發，攻打恩利爾在那裡的埃庫爾神廟。他派出軍隊拔掉了大殿的門楣，敲開了聖所的大門，打開了寶庫。雖然他們沒有褻瀆神靈，但矗立在神廟巨大壁柱上的天界守護神獸拉蘇的雕像被扔進火裡，寶庫中海量的金銀珠寶都被運回亞加底回爐重塑。

這舉動沒給他帶來任何好處，而且激起了恩利爾的憤怒。恩利爾在天界的宮殿裡暴跳如雷，思忖著該降下什麼懲罰來「回報」他心愛殿堂的毀滅。其他神祇也不再支持納拉姆－辛了。他們也向恩利爾祈禱：「願毀滅你神廟的那個城市也遭受同樣的浩劫。」於是，恩利爾派出庫提人去侵略納拉姆－辛的城市，庫提人是有人類的智慧，卻有犬類本能和猴子天性的蠻族。他們像狗一樣成群結隊，像猴子一樣在平

恩利爾的典型形象是一位強悍的長鬚武士，同時也是神界的高層管理者，不僅掌管春天暴風雨和地裡的收成，管理職能還延伸到對各種社會機構的批准。

原上四處打家劫舍。

亞加底在庫提人入侵後發生了大範圍的饑荒，街道上和房舍裡到處都是屍體，整個城市都成了廢墟。「那原來生長著青草的牧場，現在長出了哀悼的蘆葦。原本流淌著淡水的河流，現在水鹹得無法飲用。若有人決意要住在那城裡，他絕不能享受住在城裡的樂趣。若有人決定要在那城裡休息，他絕不能享受休息的樂趣！」亞加底城和阿卡德王朝就這樣終結了，而在眾神面前狂妄自大的納拉姆－辛也死於非命。〈亞加底城的詛咒〉結尾就是這麼說的。

其實，歷史上的納拉姆－辛對神很虔誠，沒有犯下毀壞神廟的罪行，而且他是自然死亡。王國覆滅的原因是他兒子繼位後缺乏管理能力，卻對埃蘭人、亞摩利人和入侵的庫提人持續發動戰爭，加上重修尼普爾城的恩利爾神廟耗費太大，又恰逢氣候惡化導致一場大饑荒。這些不幸接踵而至，導致了阿卡德王朝崩潰，最終發展成為流傳數千年的寓言〈亞加底的詛咒〉，旨在提醒人們要敬畏恩利爾和眾神。

不過，恩利爾的日常工作並非只是主持神界事務和發怒降罪。早些年，在還沒有取代安成為主持神界日常事務的神王前，他也曾鬧出過風流韻事。當年他為追求美麗的寧莉爾而瘋狂，因行為不檢被眾神判處進入地下世界受罰。寧莉爾也隨他前往地獄，他們的兒子月神南那就是在冥府出生的。

有一則神話描述了恩利爾娶了女神寧莉爾為妻，生下兒子南那，也就是「明亮、神聖而孤獨的旅行者」月亮的故事，這則神話旨在解釋恩利爾是如何成為南那的父親的。不幸的是，月亮一生下來就註定要永遠留在地下世界，除非他的雙親能想出辦法為他向眾神求情。幸運的是，恩利爾最終想出一個狡猾的辦法，讓他的兒子能在夜間的天空中航行。

寧莉爾的母親曾警告女兒不要在河中沐浴，因為恩利爾有可能會看到並誘惑她，使她懷孕，但是寧莉爾沒有聽母親的話。果然，恩利爾驚喜地看到寧莉爾年輕嬌媚的身體，便從河對岸向她求愛。起初寧莉爾表示拒絕，說自己還太年輕，嘴唇還不習慣於接吻，父母也會生氣，再說也很難不讓她的女性朋友們知道這段韻事。

恩利爾悻悻地回去了，然而寧莉爾的倩影印在他心中，令他輾轉反側，不得安寧。思忖再三，他吩咐自己的貼身總管努斯庫安排一條小船，讓他能渡過河與寧莉爾在一起。在河的另一邊，寧莉爾也改變了主意，因為年輕的恩利爾身形矯健，玉樹臨風，令她心神蕩漾。於是在恩利爾驅舟渡河之後，寧莉爾接受了恩利爾的求愛，與他在船上交媾。寧莉爾懷孕了，懷的就是月神南那。

但一等返回他的聖城尼普爾，恩利爾就遭到了指控，罪名是侵犯女神寧莉爾，因為他沒有事先向寧莉爾的母親提出求娶她女兒的請求，這大大冒犯了女神。五十名阿努納奇大神和七名冥府判官都認為他有罪，便把他逐出了城市。為了服刑，恩利爾必須長途跋涉前往通向地下世界的冥河。

但是寧莉爾不願意與恩利爾分開，便前去追趕他。恩利爾走到城門的時候對守門人說：「女神寧莉爾正緊跟著我。如果她向你詢問我去了何方，請不要告訴她。」

過了一會兒，寧莉爾來到城門前問守門人：「恩利爾去了何處？」守門人回答：「我從沒有過和恩利爾說話的幸運。」寧莉爾自豪地宣稱：「我已懷了恩利爾的孩子，現在我的肚子裡正懷著月亮呢！」

守門人不知為什麼知道必須拯救尚未出生的月亮，不能使他永遠被禁錮在地下世界，便建議由他來讓寧莉爾懷上第二個孩子。他說：「也許我的後代能代替月亮去地下世界，而月亮可以前往天國。」

寧莉爾同意了，於是兩人便在守門人的小屋裡交媾。寧莉爾不知道的是，恩利爾之前就已經喬裝打扮成守門人，和守門人互換了身分。就這樣，她懷上了恩利爾的第二個孩子，叫做納戈爾，他果然命中註定要留在地下世界，成為冥王統治冥界。

恩利爾繼續前進，寧莉爾還是緊跟在後。幾天之後，恩利爾來到山腳下，這裡有條河流守護著地下世界的入口。和上次一樣，恩利爾又命令河的守護神不要把他的行蹤告訴寧莉爾。寧莉爾不久後又來到河邊，詢問守護神恩利爾在那兒，並得到了與上次同樣的回答。她告訴守護神，她肚子裡懷著月亮，於是那守護神又提出使她懷上第二個替身，代替月亮去地下世界。

同樣，這次和寧莉爾結合的還是偽裝後的恩利爾，寧莉爾又懷孕了，這次她肚子裡的是地下世界的神——尼那祖（Ninazu）。在地下旅程的最後一站，恩利爾再度進行偽裝，這回寧莉爾以為自己是和冥河的擺渡人同床。她又懷上了恩比魯魯（Enbilulu），日後成了冥河的河神。

就這樣，在恩利爾下冥府的每一個階段，恩利爾和寧莉爾都會相遇，並創造了三個月亮的替身，今天我們才能看到月亮在天上運行。而月亮本身就是恩利爾的替身，它使得恩利爾能從冥府返回天界，作為「天堂和人間的主宰」以及「豐產之神」受到人們的崇拜。恩利爾和寧莉爾的故事最後以一首讚美恩利爾的頌歌結束：

「你是主！你是偉大的主，糧倉的主！你是那使大麥發芽的主！你是那使亞麻生長的主！」

第三節　狡黠多謀的水神恩基

另一位經常露臉的大神恩基是淡水與智慧之神，也是手工藝與創造之神。恩基名字的含義可能是「大地之主」，因為蘇美語中「恩」的意思類似於主（Lord），最初是授予大祭司的頭銜；而「基」的意思可能是「大地」，也有可能來自kig，意為「山丘」。

恩基在亞述－巴比倫神話中被稱作埃阿，有人說埃阿——Ea的起源來自別的語系，意思是「生命」，指代「泉水」或「流水」，也有人說，埃阿E-A在蘇美語中是「水房子」的縮寫，指的是恩基在埃利都的神廟。這座用金銀、玉髓和天青石妝點的巍峨神廟建在河岸上，地基深入地下，直達恩基的神域阿普蘇。神廟整日熱鬧非凡，好比洪水期河水上漲那樣喧鬧，那是因為恩基在神廟裡安排了各種樂師和鼓手，神廟外布置了鮮花繽紛、果木茂盛、鳥獸成群的花果園，神廟附近的河流裡還有許多肥美的鯉魚在水中嬉戲。神廟還具有各種魔力：它的石磚能給予恩基各種忠告，神廟四周的蘆葦柵籬會像牛一樣哞哞叫，神廟屋梁的形狀像天界神牛，神廟的大門是一隻撲人的獅子，整座神廟的氣勢就像公牛一樣生氣蓬勃。

一首讚美恩基的頌歌提到，神廟竣工之日，恩基為了確保眾神給予神廟充分祝福，曾特意乘坐平底船前往尼普爾，在那裡大擺筵席款待眾神。恩基為了準備即將舉行的盛宴，殺死了無數的公牛和山羊，然後命人擊鼓宣告自己已泛舟前往尼普爾，去接受其他神祇的祝福。魚在他面前逐浪跳舞，幼發拉底河的水漲了起來，船周圍的水聲像頭母牛般哞哞叫。

在尼普爾上岸後，恩基來到恩利爾的神廟，開始在大銅鼎裡準備啤酒，為恩利爾等大神擺下宴席。他請安坐上首，恩利爾坐在安旁邊，幾位大女神也坐在安旁邊的上座。恩利爾非常高興，當著眾位大天神的面為恩基的新神廟致祝詞道：「恩基已經建成了他的神廟……像山一樣從地上崛起。」

恩基的神域位於深埋在地下的淡水海洋阿普蘇，這是在恩基殺死祖神阿普蘇後，在他屍體上建造的領域。阿普蘇被視作地上生命必不可少的淵源，萬物生長都離不開從阿普蘇滲出的淡水。美索不達米亞文明依靠的是一大套為了灌溉底格里斯河和幼發拉底河之間的土地而精心設計的水渠系統。春天定期泛濫的洪水會沖散田地的邊界，因而需要一套複雜的測量制度。為了開挖和維護這些水渠，需要有集中的權威來組織和管理大規模的勞動。因此，國王制、法律和書寫系統的形成與水源和水渠的管理密不可分。據說，誰控制著水源和水渠，誰就控制了土地。這也是為何掌管淡水和水渠的恩基非常受人崇拜。起初恩基可能只是埃利都城的守護神，但後來對他的崇拜傳遍了美索不達米亞，還影響了迦南人、西臺人和胡里安人等周邊的民族。

恩基的形象也與水密切相關。在一個留存至今的古代印章中，恩基被刻畫成頭戴尖帽，身著一條荷葉邊的裙袍，右臂伸展，準備接納一隻從上方落下的老鷹。他的身體兩側有兩條水流注入肩膀，一條代表底格里斯河，另一條代表幼發拉底河。他身邊不遠處還有兩棵樹，象徵男人和女人，這些都寓意他是淡水、生命與創造之神。

恩基個性狡黠，足智多謀，在美索不達米亞神話中出場頻率極高，時常忙於四處修補其他神，尤其是神王恩利爾或女神伊南娜的漏洞，不過有時他也會因為精力過於充沛而陷入窘境。

有一則神話講述恩基命太陽神烏圖從大地上取來新鮮泉水，造出一個綠蔭繽紛、碩果累累的樂園迪勒蒙，然後在樂園中與母神寧胡爾薩格（Ninhursaga）經過一系列的結合，成為若干男神和女神的父親。寧胡爾薩格是美索不達米亞主要的女神之一，她在蘇美語和阿卡德語中有許多別的名字，如寧瑪赫或瑪米（Mami），隨著神職的不同而異。有些神話中她和恩基是夫妻，在另一些神話裡她和恩基是同事，兩人時常展開競爭或合作，相互挖坑或填補漏洞。

在蘇美史詩《恩基與寧胡爾薩格》中，恩基是寧胡爾薩格的配偶。在世界的初始，恩基向寧胡爾薩格描繪迪勒蒙的種種好處：

圖中的恩基能清楚看到有兩條水流其注入肩膀，一條代表底格里斯河，另一條代表幼發拉底河，寓意他是淡水、生命與創造之神。

迪勒蒙是一個純淨之地，迪勒蒙是一處潔淨之所，

迪勒蒙是一處潔淨之所，迪勒蒙是一個明亮的地方，

是他獨自躺在迪勒蒙，

……

在迪勒蒙，寒鴉不會啼叫，獅子不會嗜血，惡狼不會獵取羔羊，

病人不喊頭疼，老婦不說「我是老婦」，老頭不說「我是老頭」，

……

恩基請求寧胡爾薩格與他共枕，女神同意了。在兩人結合後的第九天，她生下了女神寧薩爾（Ninsar）。寧薩爾長大之後，和她母親一樣住在河邊。恩基從淡水深淵仰望她，見女孩如此美貌，便起了占有她之心。他問自己的隨身總管伊西穆：「我能否親吻這個叫寧薩爾的美麗女孩？」在伊西穆的慫恿下，他親吻了寧薩爾，並和她交媾。同樣也是九天之後，寧薩爾就生下一個女兒，叫寧庫拉（Ninkurra，意為山脈的女主人）。

寧庫拉長大後，恩基又對她色心大起，與她交媾，於是又過了九天，寧庫拉生下女兒寧瑪（Ninimma，意為司掌外陰部的夫人）。等寧寧瑪長大後，恩基如法炮製，又和自己的

曾外孫女交媾。

九天後，寧寧瑪生下了恩基的女兒兼曾曾外孫女烏吐（Uttu，意為蜘蛛女神），她是掌管服飾與縫紉的女神，比恩基之前見過的任何一個女人都要漂亮。烏圖的玄外祖母寧胡爾薩格警告她不要順從恩基，除非他為她帶來經過澆灌的果園中出產的八種水果。烏吐依言行事，拒絕了恩基。於是恩基趕緊去找來一位園丁，並把他果園附近的灌溉渠都填滿了。那位園丁一直為乾旱苦惱，現在恩基替他解決了多年的煩惱。為了感謝恩基，園丁就把他需要的八種水果，包括黃瓜和葡萄交給了他。恩基飛快地趕到烏吐身邊，把禮物送給了她。他倆開始交媾。當恩基把精子撒在烏吐身上時，烏吐哭了起來。寧胡爾薩格聽到哭聲，飛快趕來幫助自己的曾曾外孫女。她把恩基的精子從烏吐身上擦掉，種在旁邊的地上。

這一次，恩基的精子沒有生出女兒，卻生出了八種植物。於是，當恩基從河裡往上看的時候，他看見的不是一個美麗的女孩，而是這些不同尋常的新植物。他並不知道這些是他的後代。出於好奇，他命令他的總管把它們摘下來洗乾淨，好來研究它們的性質，而研究的結果是，恩基決定把它們統統吃掉。

吃完之後恩基就生了大病，而且不知道為什麼，寧胡爾薩格也發誓不再與恩基交媾。眾神坐在地上一籌莫展。這時，有一隻聰明的狐狸喬裝打扮一番，設法說服女神回心轉意。於是，寧胡爾薩格同意繼續與恩基交媾。這時，恩基的病已經擴散到身體的其他部位。在善良的母親神寧胡爾薩格的幫助下，疾病轉移到寧胡爾薩格身上，使她生下了八位神祇，他們的名字與恩基身上有病的地方一一對應。蘇美史詩《恩基與寧胡爾薩格》說：

……

寧胡爾薩格：「讓我為你生產小傢伙們。」
恩基：「讓阿布（**Abu**）做植物之王，
讓寧圖拉（**Nintulla**）做瑪甘（**Magan**）之主，
讓寧西圖（**Ninsitu**）嫁給尼那祖，
讓寧凱西（**Ninkasi**）做內心滿足（的啤酒女神），
讓南舍（**Nanshe**）嫁給寧達（**Ninda**），
讓阿茲瑪（**Azimua**）嫁給寧基什茲達（**Ningishida**），
讓寧提（**Ninti**）做月之女王，
讓恩沙迦格（**Emshag**）做迪勒蒙之主。」

就這樣，經過寧胡爾薩格的治療，恩基終於解決了因為不節制情欲而得的怪病，然後為他的八個兒女分配神職或許配妻子／丈夫，他的病就這樣治好了。

另一個神話中，恩基和寧胡爾薩格的關係沒那麼親密，更像是相互競爭的同事。那是在第一屆蘇美天神代表大會，也就是阿努納奇眾大神決議創造人類來取代伊吉吉神幹活之後，恩利爾批准了眾神的提議，委派幾位大神主持人類製造工程。不過，唯有恩基與大女神寧瑪赫聯手合作才有可能創造出人類，而這時恩基還在淡水深淵裡補充睡眠。於是他的母親，埃利都的母神南穆便下潛到深淵將兒子喚醒，讓他趕緊浮上岸找寧瑪赫（也就是寧胡爾薩格），二神一起設計一種能替代眾神服勞役的生物。恩基善用他的才智，運用給大地帶來生機的淡水，使寧瑪赫手中的泥板變成有生命之物。隨後寧瑪赫指揮這些從地而生的泥人去搬運土筐、修築河渠，南穆還為每個人類都制訂了相應的命運。

首批人類投入生產後運作效率良好，出錯率也很低，一切都很順利，眾神終於有了閒暇，可以飲酒作樂，享受生活了。為了慶祝新的勞動力投入生產，恩基決定舉辦一個慶祝宴會。宴會上，眾神紛紛讚美恩基和寧瑪赫的功勞，恩基和寧瑪赫更是眉飛色舞，不斷地介紹這個創造性專案的完成情況。他們在酒會上喝啊喝啊，越喝越多，有的神開始大肆吹捧恩基：「無所不知的恩基，誰能像你一樣睿智，誰能像你一樣行事？」還有的神開始爭執，有些認為恩基比較厲害，有些覺得寧瑪赫功勞比較大，雙方相持不下，就有神開始搧風點火，慫恿恩基向寧瑪赫發出挑戰。寧瑪赫表示：「我自己就能製造出人類來，還能隨心所欲地給予他們好運或厄運。」恩基說：「不管妳創造什麼樣的人，給他什麼樣的命運，我都能為他安排合適的位置。」

於是寧瑪赫著手創造出她的一批測試人類，也許是她有意向恩基挑戰，或者是因為她喝多了，還有可能是在創造人類命運方面她的技術不如南穆熟練，總之她捏出來的人類有一些這樣那樣的小毛病：她首先造出一個不會伸手的人，恩基就任命這人當國王的僕人，因為不會伸手就意味著不會偷盜；接著她又創造出一個盲人，恩基就賜予他音樂的天賦，安排他成為國王的樂師；第三個人是什麼樣的，泥板上看不清；第四個人是一個控制不了自己精子的人，恩基讓他洗了一次淨身浴，讓他侍奉國王；第五個人是一個不孕的婦女，恩基讓她在女眷的房中工作，照顧孩子。寧瑪赫還製造出一些有各種缺陷的人類，恩基都安排了相應的位置。最後，恩基得意洋洋地說：「妳創造的每一個人類我都安排了合適的職位，使他們有飯可吃。現在輪到我來挑戰妳了。」

恩基製造的這批測試人類就比較不幸了，似乎是為了考驗寧瑪赫的能力，他先是創造出一個難產的婦女，寧瑪赫沒能挽回她的命運。恩基的第二個創造物是一個老人，他的五臟六腑都因為老邁而衰竭，奄奄一息，甚至沒力氣回答寧瑪赫的問題。寧瑪赫洩氣地說，她無法改善他的處境。就這樣，恩基為寧瑪赫製造的每一個人都提供了職位，但恩基的創造物卻過於衰弱，以至寧瑪赫無法做出同樣的安排。從此人類有了衰老、死亡和種種不幸，這全都是因為喝醉了酒的恩基要和寧瑪赫打賭造成的。

擴展閱讀

三位主神對希臘神話的影響

古代兩河流域與其他地域文明的交流，使三位主神的故事對其他地區的神話產生了影響。比如生活在今土耳其安納托利亞高原的古代西臺人有這麼一則神話：在很久很久以前的原始時代，阿拉魯（Alalu）是天上的主宰。他坐在王位上，由他的近臣安努（就是美索不達米亞神話裡的安努）率領眾神順從地臣服，小心翼翼地伺候他，為他斟酒。但這種待遇阿拉魯只享受了九年，隨後眾神發動了叛亂。阿拉魯為了躲避反叛者，逃到了地下深處，眾神推舉安努取而代之。現在率領眾神跪在新王面前百依百順的是安努的兒子庫馬爾比（Kumarbi）。

九年後，眾神第二次發動政變，這一回的領頭人是安努的兒子庫馬爾比。安努知道自己不是庫馬爾比的對手，就逃走了。但庫馬爾比抓住安努的雙腳把他從天上拽下來，握住他的腰部，把他的生殖器咬下來整個吞掉了。庫馬爾比得意洋洋地認為他已經安全了，不會再受到安努或他的後裔威脅了。但被推翻的安努警告他說：「勝利只是虛假的。」因為庫馬爾比在吞下安努生殖器時也不小心吞下了他的精子，因而懷上了暴風雨之神特舒卜、他的近侍塔斯米蘇和偉大的底格里斯河。

有一種說法是庫馬爾比把安努的精子吐在地上，不料卻從大地上誕生了一群神祇；另一種說法稱，那些可怕的精子在庫馬爾比的肚子裡長大，到了約定的時間才分娩。不管哪一種說法對，反正特舒卜就這樣出世了，並很快篡奪了父親的所有權力，成了神王。

不過他的父親庫馬爾比並沒有放棄奪權。他深知自己不是特舒卜的對手，於是呼喚智慧之神埃阿（就是美索不達米亞神話裡的埃阿）來幫忙，並安排一系列覬覦王位的年輕神祇來對抗特舒卜。但庫馬爾比翻來覆去地攻擊神王，使天界處於不穩定的局面，也使他的老盟友埃阿的利益受到影響。最後埃阿出面進行調解，使特舒卜終於可以高枕無憂地坐在他的神王寶座上了。

西臺人創世神話中描述的一系列神的政變，後來成為《神譜》中描述的希臘創世故事的基礎。這首長詩由詩人赫西奧德（Hesiod）於西元前七世紀創作。在赫西奧德的詩中，天神烏拉諾斯被他的兒子克羅諾斯推翻並閹割，就像西臺人的故事中安努被庫馬爾比推翻並閹割一樣；之後克羅諾斯又被自己的兒子宙斯推翻，就像庫馬爾比被他的兒子特舒卜推翻一樣。赫西奧德是古希臘的卡德墨亞人，而卡德墨亞人來自小亞細亞，可能西臺帝國崩潰後遷徙至卡德墨亞時帶來了烏拉諾斯被閹割的故事。後來烏拉諾斯的父系神話受到了奧林匹亞信仰體系的官方認可。

根據一些學者的說法，安努與希臘神話中的神王宙斯也存在相似之處。在史詩《吉爾伽美什》中，伊什塔爾被吉爾伽美什拒絕後來到安努跟前抱怨，但被安努溫和地斥責，這與《伊里亞德》第五卷中的一幕有些相似：當時阿芙蘿黛蒂（Aphrodite）試圖救出她的兒子埃涅阿斯，反遭希臘聯軍的英雄狄俄墨德斯（Diomedes）所傷。阿芙蘿黛蒂狼狽逃回奧林匹斯山，向她的母親狄俄涅（Dione）哭訴，並被她的父親宙斯溫和地斥責——這裡的狄俄涅是宙斯的女性化身，正如安圖是安努的女性化身一樣。不過阿芙蘿黛蒂哭訴時還受到了她的同事雅典娜的嘲笑，這部分就是希臘神話的原創情節了。

美索不達米亞神話中創造人類和大洪水的故事對希臘神話也產生了影響。一則希臘神話提到，某日，普羅米修斯（Prometheus）和雅典娜在河邊合力塑造人類。普羅米修斯用泥土塑造出眾神一般的形象，但這些創造物缺乏靈性，只會像野獸一樣嚎叫爬動，於是雅典娜拿起泥塑，往他們體內吹入靈性，人類就這樣誕生了。隨後，普羅米修斯又充當了人類導師的角色，傳授人類種種技能。在這個神話裡，雅典娜扮演人類創造者寧瑪赫的角色，而普羅米修斯扮演人類護佑者及智慧神的角色，凡是對人類有用的、能給人類帶來幸福的，他都教給了人類，這就引起了神王宙斯的不滿。宙斯在這個神話裡扮演恩利爾的角色，他反對人類，總想毀滅人類，以至降下大洪水，給人類帶來滅頂之災。

美索不達米亞的洪水神話是希臘神話中琉克里翁（Deucalion）洪水故事的源頭，但希臘神話的洪水故事多了一些道德審判的成分。宙斯因為對人類的罪行萬分厭惡，就在地上大放洪水，意圖消滅全人類。但琉克里翁事先得到了父親普羅米修斯的警告，建造了一艘方舟並裝滿食物，和妻子碧拉一起登上方舟。接著天上颳起南風，下起暴雨，河水咆哮著流入大海，水以驚人的速度上漲，沖走了沿岸和平原上的每一座城市，直到整個世界被洪水淹沒，除了幾座山峰。所有的生靈似乎都消失了，除了琉克里翁和碧拉。方舟漂浮了九天，最後，水退了，方舟停靠在帕耳那索斯山（Mount Parnassus），也有人說是停在了埃特納山（Mount Etna）或阿陀斯山（Mount Athos），還是色撒利（Thessalia）的俄特律斯山（Mount Othrys）。據說，琉克里翁派一隻鴿子進行考察，隨後上岸。

安全上岸後，琉克里翁和碧拉向逃亡者的保護者宙斯之父獻上祭品，然後來到泰坦女神泰美斯（Themis）位於刻菲索斯河邊的神廟祈禱，神廟屋頂上還殘留著海草，祭壇裡也都是冰涼的水。他們謙卑地懇求讓人類重生，宙斯從遠處聽到他們的聲音，就派出荷米斯以確保無論他們提出什麼要求都會立即得到滿足。於是泰美斯現身道：「把你們的頭裹起來，把你們母親的骸骨拋在身後！」由於琉克里翁和碧拉的母親並非同一位，而且都已經去世了，所以他們認為泰坦女神指的是地母，她的骸骨就是河岸上的石塊。因此，他們裹上頭巾，彎腰撿起石頭丟到身後；琉克里翁丟的石塊變成了男人，碧拉丟的石頭變成了女人，人類就這樣重新繁衍起來。

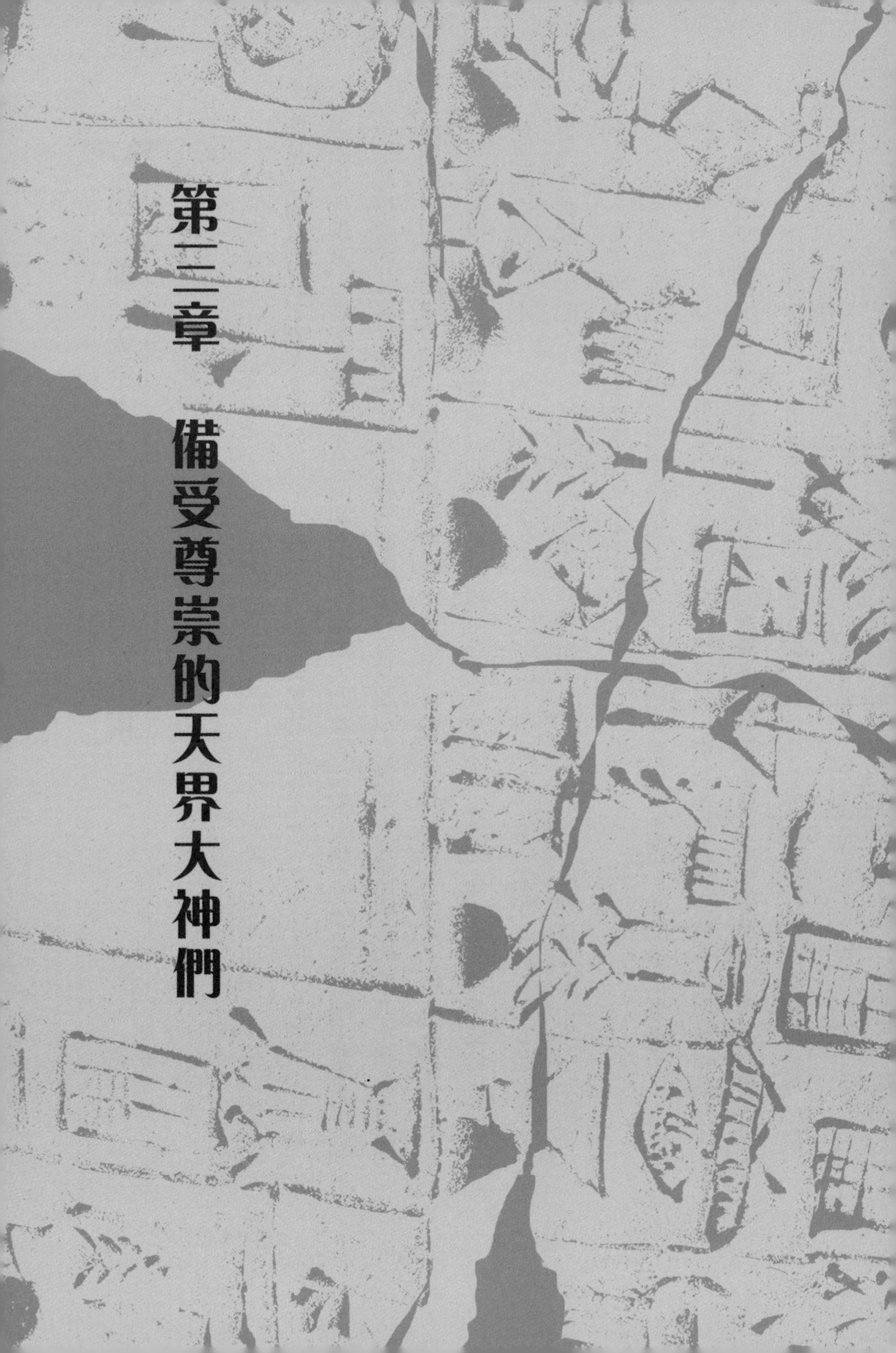

第三章 備受尊崇的天界大神們

第一節　天堂女王伊南娜－伊什塔爾

伊南娜是美索不達米亞所有女神中情況最複雜的一位，在美索不達米亞神話中出現的次數比任何其他神祇都要多。她的名字在蘇美語中大概的意思是「天堂女王」。她的阿卡德語名叫伊什塔爾，她與敘利亞女神阿司塔特，迦南人的女神亞斯塔祿以及希臘的阿芙蘿黛蒂也有千絲萬縷的聯繫。伊南娜最主要的神廟在烏魯克城，不過後來其他城邦的地方女神也被漸漸納入了對她的崇拜中，這是為何伊南娜的性格中集合了好幾個似乎彼此不相容的角色。

伊南娜最初可能是個獨立的城邦神，後來逐漸被說成是主神之女。不同城邦關於伊南娜是誰的女兒說法不一，有人說是天神安，有人說是月神南那，有人說是水神恩基，也有人說是她風神恩利爾的女兒，這與不同時期這些神祇所在的城邦的實力與地位有關。不過不論哪種說法，她都被認為是該城邦最高天神的女兒。

金星被認為是女天神伊南娜的星宿，八角星是她最常見的象徵。她的聖獸是獅子，古代美索不達米亞人認為獅子是權力的象徵，女神與獅子的關聯始於蘇美時代，在尼普爾的伊南娜神廟遺址中曾出土過一只綠泥石碗，上面描繪了一隻大貓與一條巨蟒搏鬥，碗上的楔形文字寫著「伊南娜與蛇」，意味著大貓代表著女神。在阿卡德時期，伊什塔爾常被描繪成一個全副武裝的戰爭女神，在發動戰事前國王和將領們會向她獻祭，召喚她來為己方增加士氣，碾壓並消滅敵軍。

伊南娜也是豐產、性愛和神妓的保護神。她最重要的任務之一就是一年一度與城邦國王的神婚，這可能是由國王與伊南娜神廟裡的神妓一起進行的一種儀式。烏魯克最偉大的三位超級英雄——恩麥卡爾（Enmerkar）、盧伽爾班達（Lugalbanda）和吉爾伽美什——都曾被描述為「伊南娜的新郎」。他們和這位女神的婚禮是各自故事中具有決定性意義的部分。事實上，當吉爾伽美什拒絕了伊南娜的求愛時，他已造就了他的密友恩基杜之死和他癡迷於追求永生的命運，恩基杜往伊南娜臉上砸牛腿反而在其次了。

但這種新郎的身分，是三位超級英雄與每一位蘇美城邦的國王所共有的。每年新年，統治者都需與伊南娜舉行婚禮以確認他的統治地位，並保證來年繼續獲得女神的眷寵。當然，這也是趁機大肆宴請公眾的好時機。在舉行婚禮儀式期間，國王透過與伊南娜的婚禮暫時取得了神的身分，人們用詩歌來歌頌象徵性的婚禮，伊南娜的女祭司扮演女神，而國王們則扮演伊南娜的丈夫。

這些神話綜合起來創造了一位具有多面性格的蘇美女神。她受人敬畏、熱愛權力、恣意任性、嗜血好戰，對男人而言則是危險的尤物。無論她表現安靜還是放蕩，伊南娜總是一名未婚少女，不像蘇美其他高級女神如恩利爾的配偶寧莉爾、恩基的配偶寧胡爾薩格一樣需要承擔妻子和母親的責任。

從恩基和安處奪取權力

伊南娜有時被說成是宇宙法典「梅（Me）」的維護者。現存最完整的宇宙法典列出了大約一百種權利，有的已難以解釋。它們包括各種職務如國王、祭司、神祇、長者，以及各種職業如文職人員、牧羊人、鐵匠、皮匠等。還有重要的人類活動、品格、道德價值觀和情緒。此外，法律、音樂和藝術，判斷、智慧、真理、虛偽、性愛、神妓、毀滅城市、哀悼與歡樂等等，都包括在內。這些性質被認為是行為和意識的基本元素，它們決定了人類的存在。有些抽象概念被認為寓意於物質之內，比如鼓包含著節奏，而王座體現了王權。

擁有宇宙法典就意味著擁有極大的權力，同時也要承擔起重大的責任。有一種說法是宇宙法典由高級男神如天神安或風神恩利爾賜予，不過也有一種說法

在阿卡德時期，伊什塔爾常被描繪成一位戰爭女神，駕馭著她的聖獸獅子。

是交給了水神恩基，由他保管在埃利都的水神廟裡。當他需要委託某位神履行某一職責時，他就把相應的法典移交給該神。不過，宇宙法典本身並不具備自衛能力，這就給人以可趁之機。

在史詩《恩基與寧胡爾薩格》結尾，恩基在病好後，將豐收、家禽、貴金屬等財物賜給了瑪甘、迪勒蒙、美路哈等地，接著又創造了許多良田、牛羊、穀物，還發明了建築和紡織的技術。恩基每創造一方面的東西，就指定一位神來監管。

圖左側的女神為伊南娜，右側為恩基。在這個神話裡伊南娜是恩基的女兒。

但在恩基分配完後，伊南娜來埃利都城找他（在這個版本裡伊南娜是他的女兒），抱怨自己的權力不夠大，說他什麼神職也沒給她。她說子宮女神寧圖（Nintu）、穀物與書寫女神尼薩巴、漁業女神南舍各有自己的領域，自己卻什麼都沒有。「我可是神聖的伊南娜，我的神職和領域在哪兒呢？」

伊南娜受到了父神的熱情款待，恩基用大量美酒招待女兒，還逐一列舉了伊南娜已經擁有的各種神職和領域，提醒她的領域已不只是放牧，還有殘酷的戰爭、死亡、葬禮和喪葬儀式，每說一個神職，恩基還不忘再加上一句：「年輕的伊南娜，我們還能給妳增添什麼呢？」言下之意，伊南娜的權力已經很大了。恩基最後說：「伊南娜，那不可摧毀的，妳有能力摧毀。那不可建立的，妳有能力建立。」

伊南娜還是不服氣，試圖偷走宇宙法典帶回自己守護的烏魯克，她心生一計，開始和恩基飲酒作樂，不時吹捧父親的海量，並旁敲側擊要求父親把宇宙法典交給自己保管。果然，恩基越喝越醉，竟然自己提出把宇宙法典交給伊南娜。恩基吩咐自己的總管把宇宙法典一件件交給她，她收全之後便裝進自己的天國之舟出發回烏魯克去了。

清醒之後，恩基意識到宇宙法典已經丟失，便問自己的總管，後者回答他說，恩基自己剛剛把法典交給伊南娜。恩基盛怒之下命令他的手下追趕伊南娜，索回宇宙法典。

女神回家的路上共需經過六站，每次恩基的總管都追了上來，並有隸屬於恩基水下領域的不同動物向伊南娜挑戰。第一次跳上來一隻小青蛙，接著陸陸續續跳出其他水生動物。伊南娜不為所動，指出是恩基親自發誓把權利交給她的，還召喚自己的信使兼侍女寧舒布（Ninshubur）來幫助她，寧舒布從伊南娜在烏魯克城的神廟急急趕到，吟誦了一段咒語抵禦來自阿普蘇的水。在她的幫助下，伊南娜保住了船上的貨物，回到了烏魯克，勝利地卸下宇宙法典，成了最有權力的女神。在宴會和慶祝活動上，她預言了烏魯克城輝煌的未來。這個神話沒有談到恩基後來怎麼樣了，但從殘留的部分來看，恩基和伊南娜最後似乎和好如初了。

伊南娜還從天神安那裡接管了烏魯克的大神廟埃安納，與她的孿生兄弟太陽神烏圖一起成為神聖正義的執法者。她駕馭著七頭巨獸——更準確地說，是七頭獅子——升入天堂，阿努納奇諸神面對著她低下頭，匍匐在地，天神安也心生畏懼。經過一輪討價還價，安交出了烏魯克的王室保護神一職以及神聖的大神廟，並令正在親吻大地的眾神今後要服侍伊南娜。

伊南娜－伊什塔爾下冥府

有一則早期的蘇美神話講述了女神伊南娜最著名的一個故事，即女神冒險前往由她的姐姐艾莉什基伽勒統治的地下世界，意圖在她的神職領域中增加一塊「地獄」的版圖。令她萬萬沒想到的是，她竟然被姐姐打敗並狠狠羞辱了一番。

伊南娜的姐姐名為艾莉什基伽勒，是地下世界的女王，兩人十分嫉妒彼此。為了爭奪地下世界的統治權，伊南娜冒險前去拜訪姐姐，結果死在了冥府，後來是恩基出面擺平了這件麻煩事。這個神話開頭是這樣的：

在獲得宇宙法典後，伊南娜盛裝打扮一番，繫上她從恩基那裡奪取的七塊宇宙法典，戴上她最精美的珠寶首飾，準備前往地下世界與姐姐艾莉什基伽勒爭奪地下世界的統治權。臨行之前，出於安全考慮，她特地囑咐她的侍女寧舒布：「如果我三天之內沒有回來，妳就為我的死擊喪鼓、唱悼歌，並去向神主恩利爾求情。如果恩利爾不願意幫助妳，就去找月神南那。如果南那不願意幫妳，就去找水神恩基，他知道用什麼草藥和水使死者復活。」

說完這些，她就出發了。很快，伊南娜就來到了地下世界的大門，威脅守門人放她通行：

啊！守門人，打開你的門，
開門讓我進去！
如果你不開門讓我進入，
我將打碎門，粉碎門栓，
我將砸爛門柱，我將搬走門，
我將提升死者，讓他們吃活著的人，
讓死者將在數量上超過活人。

艾莉什基伽勒的總管尼穆塔（Namtar）感到情況極為不妙，可是又不敢得罪神王安最寵愛的女兒伊南娜，便客氣地問伊南娜來冥府有何貴幹。伊南娜聲稱自己是來參加姐夫古伽安納的葬禮。尼穆塔把她的話回報給艾莉什基伽勒，艾莉什基伽勒極為不安，咬著嘴唇，說：「讓她進來，但不要忘了把不歸路上的七座大門在她身後一一緊緊關上，取走她的護身符。」

每過一重大門，尼穆塔就從伊南娜身上取走一件飾品或衣物，並告訴她，這是遵照地下世界法典的規矩，它與伊南娜掌握的地上世界的法典截然不同。於是，過了最後一重大門後，伊南娜身上所有的物品都被剝去，她就那麼赤身裸體地站在艾莉什基伽勒面前。艾莉什基伽勒剛從她的王座上走下來，伊南娜便去搶奪她的王座。但她魯莽的奪權嘗試馬上就失敗了，因為地下世界的七名判官用淩厲的目光盯著她，把她變成了一具屍體，接著艾莉什基伽勒吩咐把屍體掛在一隻鉤子上。

此時，地上世界已經過去了三天，伊南娜的僕人寧舒布心中不安，便手持伊南娜給她的指示，去找恩利爾在尼普爾的神廟，請求他拯救她的女主人。這位暴躁的大神大發雷霆，喊道：「伊南娜的權力那麼大，她還不滿足，居然還想貪圖地下世界的權力！既然她已經接受了地下世界的法典，那就讓她留在那裡好了！」

對伊南娜忠心耿耿的侍女又來到月神南那在烏爾城的神廟，也遭到了拒絕。最後她設法來到恩基在埃利都的神廟。恩基抱怨說他已受夠了伊南娜愚蠢的胡鬧，但他還是出面設法擺平了這件事。他從自己的指甲縫裡刮出一些泥來，製造出兩個能進入地下世界而不受懲罰歸來的無性生物。恩基給了他們可以起死回生的草和水，又吩咐他們：

「悄悄地潛入地下世界，像蒼蠅一樣利用門軸處的缺口通過各扇大門，你們會發現分娩中的艾莉什基伽勒，每次她喊痛時你們就回應她的叫聲。她會感謝你們的同情心，願意滿足你們的任何要求。但哪怕她把一整條河流的水給你們喝，一整塊田地的穀物給你們吃，你們也不要接受。只要求得到伊南娜的屍體。」

於是，兩名無性特工帶著恩基提供的復活之水和食物潛入冥府，依照吩咐使伊南娜復活了，然後三人一起往回趕。但就在三個逃亡者即將踏上安全的土地時，地下世界的七名判官追上了伊南娜，說：「有誰曾從地下世界活著回去呢？」他們堅持說，如果她要

《伊南娜下冥府》神話中伊南娜與丈夫杜牧茲的關係，對後世希臘神話中愛神阿芙蘿黛蒂和美少年阿多尼斯的故事影響深遠。圖為眾神發現美少年阿多尼斯死於非命。

離開，必須提供一個替身，代替她留在冥府。為了保證她不食言，他們派出一隊冥府魔鬼隨她來到人間。

他們在人間碰到的第一個人就是伊南娜的侍女寧舒布，她穿著喪服在地上痛哭。伊南娜沒有勇氣把自己的忠僕送到地下世界，就繼續前行尋找下一個替身。他們遇到了烏瑪城的神舍拉（Shara），他也在痛哭，伊南娜不願讓他死去，因為他是她的歌者、髮型師兼美甲師。

他們繼續前進。在庫拉巴平原，伊南娜發現她的丈夫、牧人之神杜牧茲沒有為了她的死亡悲傷，而是正盛裝出席一場宴會。伊南娜大為惱火：「我在地下世界吃盡苦頭，權威受到了挑戰，美貌受到了摧殘，連身體都瘦得不成形了，我的丈夫竟然還在吃喝玩樂！」於是她立刻決定讓杜牧茲來當替身。杜牧茲驚恐萬分，向伊南娜的哥哥太陽神烏圖哀求，請求太陽神把他變成蛇，好從魔鬼手中掙脫，但這偽裝只能維持半年，他最後還是被抓走了。後來伊南娜對杜牧茲的死似乎也有悔意，設法讓杜牧茲的姐姐吉什亭安娜（Geshtinanna）留在地下世界半年，作為他的替身。

之後，巴比倫人吸收了蘇美的這個神話傳說。在他們的阿卡德語版本中，故事變得比較簡短，伊南娜被稱為伊什塔爾。如之前蘇美語所記載的，伊什塔爾下冥府的動機就是奪取姐姐的領地。她在門口的行為也一樣咄咄逼人，而且還加上了一些令人毛骨悚然的威脅。這個版本還描述了艾莉什基伽勒對妹妹的恐懼：「她的臉變得一點血色也沒有，就像砍倒的檉柳。她的嘴唇變得漆黑，就像如擦傷的庫尼努蘆葦。」

如同蘇美語的版本一樣，伊什塔爾逐一經過七重門，並被逐一剝去身上的飾物，守門人也是一直對她說這是地下世界的慣例。不過這回不是地下判官的目光，而是艾莉什基伽勒派出的六十種疾病奪取了伊什塔爾的生命，艾莉什基伽勒還把妹妹的屍體掛在鉤子上，作為一隻裝水的皮囊使用。

與此同時，在地上世界，眾神正在安排一場對伊什塔爾的救援行動。而眾神之所以不得不投入救援，是因為身負愛神職責的伊什塔爾死後，一個咒語降臨到世上，所有的動物和植物，包括人類，都失去了生育的功能，繁殖活

在阿芙蘿黛蒂的強烈要求下，宙斯將阿多尼斯復活。

動陷入停滯。

於是智慧水神埃阿計畫了這場救援。他創造一個年輕英俊的帥哥，派他去地下世界取悅艾莉什基伽勒。帥哥極為出色地完成了這項任務，心情大悅的艾莉什基伽勒允諾他可以得到任何想要的東西。於是帥哥根據指示要求那個盛水的皮囊。艾莉什基伽勒很生氣，回答道：「你要求了你不該要求的東西！」然而話既出口，她便不能食言，於是就對那個年輕人施加詛咒，使他終身貧窮、卑賤。同時她不得不釋放了伊什塔爾，當她經過七重門的同時，收回了所有原屬於她的服飾。這個故事裡對出場人物進行了精簡，刪去了七名冥府判官，也沒有提到太陽神幫塔穆茲（Tammuz，相當於蘇美語中的杜牧茲）變成蛇的故事，但在塔穆茲成了替身這點上是一致的。

對伊什塔爾的崇拜也傳播到敘利亞和賽普勒斯，神話在流傳的過程中，故事的調性也逐漸變得溫情脈脈。有一個版本提到，塔穆茲死於冥府魔鬼之劫，他們像土匪一樣衝進他的帳篷，砸壞了家具，踢翻了牛奶桶，殺死了塔穆茲。伊什塔爾在追蹤並殺死了強盜後，為了追回死去的愛人前往冥府救援。傳說女神從天上下到地獄時，每降下一重天、進一重門，便脫去一層紗巾，依次漸漸失去她的神性。接著，在冥后嚴厲的盯視下，伊什塔爾也走向死亡之路。

自從失去愛神後，萬物凋零，瀕臨滅絕。迫於神王的壓力，冥后才使伊什塔爾蘇醒，贈與她生命之水。伊什塔爾將生命之水灑遍戀人身上。這個故事是這樣結束的：「願寂靜都將蘇醒，共賞這新生的香氣。」

第二節　註定半死的牧神杜牧茲

在上一篇中我們提到，在《伊南娜下冥府》的神話中，牧神杜牧茲是被天堂女王伊南娜當作替身交給冥府魔鬼，被拉下冥府身亡的。不過在另一個版本中，杜牧茲的死另有緣故，他是做了一個預示自己死去的噩夢後，被冥府魔鬼追殺身亡的。

杜牧茲之死

牧神杜牧茲一連幾天都做著同樣的噩夢，夢到自己被冥府吞噬。他坐臥不寧，預感自己死期將近。他眼裡含滿淚水，在熟悉的平原上漫無目的地遊蕩，鬱積在心頭的憂愁無法排解，心愛的牧笛掛在他脖子上，他無心吹奏。他面向荒野呼喊，呼喚他喜愛的牧群為他哀悼：

成群的牛羊啊，可愛的羊羔啊，為我哀號吧！涓涓的溪流啊，呱呱的青蛙啊，為我哭泣吧！萬一我死了，誰來照顧我那只剩幾張麵餅的母親，誰來安撫我孤苦無依的姐姐呢！原野啊，鳥獸啊，為我哭泣吧，就像我的母親一樣為我哭泣吧，就像我的姐姐一樣為我哭泣吧！

不祥的預感始終籠罩著他，他心中沉甸甸的。他強打精神想要保持清醒，但濃稠的睡意還是將他征服。他做了個可怕的夢：無數螢火蟲圍著他上下紛飛，一點一點晶瑩碧綠的螢火在朦朧中不住地游移，映襯著他的皮膚也好像也在流動，彷彿他的靈魂要流出身體。螢火蟲越長越大，眼看要長到鷹隼大小，忽然散裂消失。隨後夢境轉換成一片蘆葦蕩，一根蘆葦向他低頭垂倒，另有兩根並排直立的蘆葦，其中一根突然折斷。然後場景又切換到陰鬱幽深的屋內，他的聖火被冷水澆滅，他的瓦鍋被抽掉支架摔碎。最後場景變成了他姐姐家的羊圈，他神聖的牧羊鞭不翼而飛，一群兇神惡煞的夜梟衝進羊舍，踢翻他的羊奶桶，扯下他掛在牆上的水囊，還有幾隻鷹隼俯衝下來抓走羊羔，驚得羊圈裡的羊咩咩直叫。他心驚肉跳地躲在羊舍角落發抖，最後被夜梟和老鷹抓住拖走了。

杜牧茲再也無法忍受，他找到他擅長解夢的姐姐吉什亭安娜講述這個夢。吉什亭安娜驚恐地告訴他，那是個最為不吉祥的夢，「它預告了你的死亡！」她告訴弟弟，那些不吉利的螢火蟲，還有鷹隼和夜梟，都代表冥府魔鬼開始進攻，兩根並排直立的蘆葦好比姐弟二人，一根突然折斷，說明他們中有一人即將遭到不測，而向他垂倒的蘆葦就是他們的母親，她因為孩子的不幸而哀號慟哭。

吉什亭安娜又補充說，那些被叫做伽拉（Galla）魔鬼的冥府判官是一群可怖的幽影，他們既不會碰清水和麵包，也不會碰啤酒和烤肉，他們既不懂得接受男女的愛撫，也不懂得人間的天倫之樂。他們是一群難以對付的鬼魅，要特別小心他們的搜捕。

阿多尼斯

於是杜牧茲聽從姐姐的勸告躲避起來。他祈求姐姐去高臺上瞭望，一有風吹草動就立刻通知他：「我將藏身芳草之中，躲在溝渠之下，妳務必保守祕密，不要告訴任何人我在哪裡。」他還囑咐姐姐：「撕開妳的衣襟，亂抓妳的頭髮，亂錘妳的胸膛，把妳身上的飾物都扯下來，把地上的塵土撒到妳頭上，裝出悲痛萬分的模樣，讓伽拉魔鬼們以為我已經死了。」吉什亭安娜照做了，發誓永遠不會向魔鬼透露弟弟的消息。

伽拉魔鬼們很快從陰森的地下世界衝到人間，找到吉什亭安娜，許諾給她一整片良田，見她不鬆口，他們進一步加碼，說還會附贈一條充滿甘甜淡水的大河，以及配套的河壩和水渠，讓麥浪滾滾，年年豐產。但吉什亭安娜意志堅定，堅決不受他們賄賂。伽拉魔鬼們放棄了，歎氣道：「太陽底下有誰見過姐姐出賣弟弟的事？」於是他們改變了策略，去找杜牧茲的一個朋友打探消息，這個朋友說出幾個杜牧茲的可能藏身地，伽拉魔鬼飛快地找到了他。

絕望中的杜牧茲伸手向天，祈求大舅子太陽神烏圖把他變成一隻羚羊，幫他逃脫。烏圖答應了他的祈求，杜牧茲連蹦帶跳地逃走了，但伽拉魔鬼很快追了上來。於是杜牧茲再次請烏圖出手相助，把他送到他信賴的一個老婦人貝利利家裡。老婦人拿出一個水囊和一些麵包，讓杜牧茲先吃點東西，因為他已經饑腸轆轆，筋疲力竭。但還沒等他吃完，伽拉魔鬼便衝進貝利利家。貝利利想把杜牧茲藏起來，但她無法掩飾家裡來了客人的跡象，很快伽拉魔鬼們就發現了杜牧茲的蹤跡。杜牧茲只好再次祈求烏圖幫他躲進姐姐家的羊圈。

吉什亭安娜看到弟弟過來，馬上開始大聲哀號，撕扯自己的衣襟，亂抓自己的頭髮，錘打自己的胸膛，把身上的飾物都扯了下來，從地上抓起沙土撒到頭上，以欺騙伽拉魔鬼。但狡猾的伽拉魔鬼還是從她的舉止中發現了破綻，懷疑她把弟弟藏了起來，於是到處搜索，最後衝進了羊舍。第一個伽拉魔鬼扯下了牧羊鞭；第二個踢翻了羊奶桶；第三個扯下了掛在牆上的水囊，澆滅了正在煮羊奶的火爐；第四個把架著瓦鍋的支架踢翻，瓦鍋摔得粉碎；第五個在羊群中搜尋，驚得羊咩咩叫；其餘的魔鬼向杜牧茲撲來，殺死了他。這一切就跟他夢到的一模一樣。

吉什亭安娜為杜牧茲的死哀悼，她哭喊著說，她唯一的弟弟不能就這樣死去。吉什亭安娜自願代替杜牧茲死去，於是冥府女王同意他倆輪流待在冥府。每年秋天，杜牧茲都會死去，到第二年春天他會接受生命之水的清洗和塗油禮，從冥府返回大地，使得牲畜繁殖。此時吉什亭安娜會代替他在冥府度過半年，直到秋天再度來臨。

達木之死

神在秋天死亡，第二年春天復活的理念在兩河流域根深蒂固，傳說中另一位神達木（Damu，意為孩子）也是如此。達木是女神杜圖爾（Duttur）的兒子，也是烏爾以東的南方果園密布的吉爾蘇（Girsu）城的保護神。他的父親可能是智慧水神恩基。達木是植物神，是庇佑春季草樹莖稈中汁液流動的神祇。秋天，當達木消失於他的聖樹雪松下時，信徒們就會開始哀悼和尋找他。春季達木會再次出現，信徒們的搜索才告一段落。

後來，對達木的崇拜與對杜牧茲的崇拜相融合。有一首頌詩是以伊南娜對丈夫杜牧茲的哀悼開始的：

牧羊人，杜牧茲神，伊南娜的新郎，
阿拉里神，牧羊山的神啊，
我的檉柳，從不汲取果園的水，
它的樹冠在沙漠中沒有葉子。

神母杜圖爾準備了一餐飯，釀了啤酒，呼喚年輕的兒子回來吃飯（似乎當時啤酒被認為具有讓神起死回生的神奇效果）。杜牧茲／達木為此痛哭，因為他已經死去，變成了鬼魂，無法對母親的呼喚做出回應。神母來到兒子被殺害的地方，發現地上有一些兒子的血跡（或是象徵他血跡的一些植物），有人鼓勵她把那些血跡挖出來，切成小丁，用來釀造啤酒，從而使他的兒子感到快樂和溫暖。杜牧茲／達木長吁短歎，抱怨命運的不公，因為他從未有過仇敵卻慘遭橫死。

在女神哀悼並準備下降到冥府尋找兒子的時候，她死去的兒子不停地說話，試圖阻止母親跟著他，還提醒母親既不能喝冥河的水，也不能吃冥府的食物，不然她也會被留在地下世界。但母親顯然聽不到他的聲音。女神向著死亡國度的入口瑪舒山（Mount Mashu）腳下進發，太陽每天晚上都會從山口的大門進入冥府。日落時分，她唱著給死去兒子的哀歌準備踏入冥府：

如果需要，孩子，讓我與你同行，走上那
不曾有人歸來的路，
啊，孩子，我的達木！
我走啊走啊，走向山中。
白晝就要結束，白晝就要結束，走向山
中，這裡依然明亮。

但杜牧茲／達木的鬼魂就像風一樣飄忽，她怎樣才能追上呢？杜牧茲／達木又是一陣哭喊，說她不該跟著他。他在路上與其他鬼魂相遇，希望有誰能幫他捎個信給母親，但他遇到的都只是沒有軀體的幽影，誰都無能為力。

後來不知發生了什麼事，我們只知道他的姐姐也加入去冥界尋找親人的行列。杜牧茲／達木似乎在哀悼自己再也無法回到人間，這可能會導致人間水源斷絕、顆粒無收。不過，最

阿多尼斯被一頭野豬撞到要害而死，他的鮮血滴落在地，不久地上長出一種顏色如血的鮮花秋牡丹，又名風之花。

後他還是被成功復活了，他的母親高興地說，她的孩子會從灌木中、草地上、檉柳樹中、江河漲起的波濤中歸來，使果蔬生長、森林茂密、河沼復蘇、動物繁衍，為人類帶來豐產和富饒。

美少年阿多尼斯

對杜牧茲／達木的崇拜被亞述人和巴比倫人承襲下來，在亞述人和巴比倫人的神話中，這位不幸的神祇被稱為塔穆茲，信徒們尊稱他為「阿多恩（Adon）」，即「我的主」或「我的統治者」之意。他的身世和死亡原因也有更多的版本，諸如他誕生於一棵沒藥樹或別的什麼樹中，他被一頭野豬撞到要害而死。他被獠牙撕裂的傷口像石榴一樣鮮紅，他的鮮血滴落在地，不久地上長出一種顏色如血的鮮花。據說風把花吹開後，立即又把花瓣吹落。這種花就是秋牡丹，也叫風之花。

這些神話還指明了塔穆茲的葬禮和復活儀式應該如何進行。每年仲夏以塔穆茲命名的月份都會舉行祭奠他的節會，婦女會號啕大哭，哀悼這位神的死亡。塔穆茲的姐姐為他的死唱了哀歌，宣稱過半年，待塔穆茲從地下世界回來之後將舉行復活儀式。年輕的神祇會被淨水洗沐，以香膏塗抹全身，穿上紅色的衣服。他應當吹起長笛，神妓應當引起他的欲望，為大地帶來春天的新生。

對塔穆茲的崇拜儀式先是在兩河流域，後又在腓尼基、迦南等地流傳開來。英國學者弗雷澤說，大約在西元前七世紀，塔穆茲的神話被引入了希臘，在傳播過程中希臘人誤解了阿多恩這個稱號，把它變成了塔穆茲的名字，並以希臘語的拼寫稱呼他，於是就產生了阿多尼斯（Adonis）這個紅顏薄命的美少年。

據說，阿多尼斯是從一棵沒藥樹裡生出來的，他的母親是一位叫做密耳拉（Myrrha）的賽普勒斯公主。密耳拉既是他的母親，又是他的姐姐。因為阿芙蘿黛蒂的詛咒，密耳拉與父親辛尼拉斯（Cinyras）亂倫。辛尼拉斯發現女兒懷孕後，便持劍追殺密耳拉，阿芙蘿黛蒂此時已經後悔對少女的詛咒，便把密耳拉變成了一棵沒藥樹。

阿芙蘿黛蒂後悔對少女密耳拉的詛咒，但為時已晚，便把密耳拉變成了一棵沒藥樹。

十個月後，樹皮裂開，一個可愛的嬰兒出世，後來長成了一名令人讚歎的美少年。眾神都來搶奪阿多尼斯，最後阿芙蘿黛蒂和冥后波瑟芬妮（Persephone）將他據為己有。愛與死亡兩位女神的爭鬥驚動了神王宙斯，他出面調停這樁糾紛，判決阿多尼斯每年一半時間屬於波瑟芬妮，另一半時間屬於阿芙蘿黛蒂。

不料阿多尼斯與阿芙蘿黛蒂產生了戀情，嫉妒的波瑟芬妮便將兩人的戀情告訴阿芙蘿黛蒂的首席情人阿瑞斯（Ares）。妒火中燒的阿瑞斯放出一隻野豬將打獵的阿多尼斯殺死，他流出的鮮血染紅了山谷，不久地上長出了血紅的秋牡丹。阿芙蘿黛蒂急忙往受傷的愛人那裡跑去，不慎踩到一叢白玫瑰，玫瑰莖上的尖刺扎傷了她的腳，她神聖的血把白玫瑰永遠地染成了紅色。最後，在阿芙蘿黛蒂的要求下，宙斯將阿多尼斯復活，從此阿多尼斯都會

婦女們將「阿多尼斯的花園」投入溪流中。

在山谷中死去，但第二年春天，他又會復活和阿芙蘿黛蒂在一起。

因為愛與死亡兩位女神的關係，阿多尼斯與他的前輩達木一樣成為植物凋零和復蘇的象徵，他被認為是一位植物神。在西亞和希臘，每年仲夏都會舉行祭奠他的節會，婦女會號啕大哭，哀悼阿多尼斯的死亡。為了祭祀他，婦女還會種植「阿多尼斯花園」，所謂的「花園」是指填滿土的籃子或花盆，婦女在裡面放上小麥、大麥、萵苣以及各種花卉，並照管八天。植物接受太陽的照射後，生長很快，但它們沒有根，也會很快枯萎。八天結束後婦女們就把植物及阿多尼斯偶像一起拿出去，扔到海裡或溪流裡。據說，這樣做能夠促進植物生長和豐產。

第三節　太陽神烏圖－沙瑪什

太陽神烏圖（Utu）是美索不達米亞神系中最重要的神之一，早在西元前三千五百年左右就受到崇拜，有關烏圖的讚美詩、碑文、符號與畫像的數量也最多。烏圖通常被描繪為留著長鬚的仁慈長者，腦後的光暈表明他的太陽神身分。起初人們認為他得步行跨越天空，隨著騾馬的馴化，他終於有了一輛由駿馬拉動的太陽車。有時烏圖也會被描繪成日輪，外面有一層四角星，四個角之間有三條波浪線向外延伸，代表著太陽的光、熱、溫暖和力量。

每天清晨，太陽神烏圖都會從他在遙遠東方的一座瑰麗宮殿起身，等兩位侍神為他打開天堂之門後，他便駕馭著熠熠生輝的太陽車穿越天穹，前往位於遙遠西方的瑪舒山下的地下世界入口。那些極西方的大門每晚同樣由兩位侍神打開，以便接納依然灼熱耀眼的太陽車。之後，烏圖會乘船渡過一片可怕的海域——任何生物一觸及海水就會死去——並在一個舒適的船艙裡整夜熟睡，直到黎明時分回到東方宮殿。他的妻子黎明與豐產女神瑟里達（Sherida）會將他喚醒，隨後他再次登上太陽車啟程。

太陽的光芒能為大地帶來光明和溫暖，讓草木和莊稼生長，還能照亮人類的心靈。當太陽照亮整個天空時，烏圖監督著發生的一切，甚至是地下冥府發生的事，他因此成為真理、審判和公正之神，與他的兩名子女：公正女神基圖姆（Kittum）和秩序男神米沙魯（Misharu）一起幫助那些身處困境的人。那些講阿卡德語的巴比倫人稱烏圖為太陽神沙瑪什（Shamash），稱瑟里達為阿雅（Aya），強調他為人類帶來法律與正義。著名的《漢摩拉比法典》石柱上就雕刻著漢摩拉比王站在沙瑪什面前，接受象徵王權的權標的浮雕。漢摩拉比是一位明智謹慎的國王，他很清楚以沙瑪什的名義來展現君權神授、王權不可侵犯會讓法典更有分量。他本也可以選擇巴比倫的保護神瑪律杜克，或眾所周知的智慧之神埃阿，不過沙瑪什顯然是非常明智的選擇，因為他的存在是如此明顯，每天都會透過陽光顯現。

烏圖善良又慷慨，經常幫助那些向他祈禱的人類和鳥獸。基什（Kish）城國王埃塔納（Etna）由於沒有孩子，便天天向太陽神祈禱，祈求他告訴自己哪裡有能讓人生育的藥草。此時，有隻鷹在和它的朋友蛇爭奪一棵白楊樹的時候，吞吃了蛇的孩子，因此遭到懲罰，墜入陷阱，身受重傷，也在請求太陽神伸出援手。太陽神於是指示埃塔納越過高山去尋找那隻鷹，讓它帶他上天堂去詢問生育女神。埃塔納找到老鷹後悉心照料，幫它恢復了健康，心懷感激的鷹答應把埃塔納帶上天界。歷經許多波折，埃塔納終於達成心願。

《漢摩拉比法典》上的石雕刻畫著漢摩拉比王站在沙瑪什面前，接受象徵王權的權標。

烏圖有一個孿生妹妹，也就是女神伊南娜，他倆的關係十分親密，伊南娜的丈夫杜牧茲就是烏圖介紹給伊南娜的。當時伊南娜正值婚齡，求婚者眾多，其中有兩位男神最有競爭力。有一個由四人對唱的小詩劇描寫了這個神話。

伊南娜已長成美麗的少女，烏圖親切地對妹妹說：「天之女王啊，栽種的亞麻已經成熟，壟上的大麥已經飄香；妹妹啊，妳也該考慮婚事了。喜悅正從最好的亞麻和大麥上飄過，讓我把亞麻和大麥拿來給妳，讓我把牧人之王帶來給妳吧。」

伊南娜沒有直接回應，她問哥哥，誰來為她收割亞麻，誰來為她梳理麻筋，誰來為她紡成線團，誰來為她織成布匹，誰來為布染上顏色呢？烏圖也沒有直接回應，只是每次都說，他會帶個人給她。於是伊南娜直接問，染好的亞麻布剪裁做成床單後，又是誰來與她同床共枕呢？烏圖便不隱瞞了，直接說他的推薦人選是牧神杜牧茲。

伊南娜不以為然，因為她更傾心於農神恩基木都（Enkimdu），她抗議說她的心上人是持鋤勤耕的農神恩基木都，她還列舉了恩基木都令她愛慕的種種優點：「他能把麥子捆得整整齊齊，他能在打麥場堆起麥山，他能在倉內積滿金黃色的麥粒。」相比之下，「那個牧神只能把羊圈滿羊欄。」

烏圖眼見話風不對，急忙為他的好兄弟杜牧茲說好話，讚美杜牧茲的秀美風姿和充足資產，稱他「能用靈巧的手吹奏美

《漢摩拉比法典》中的文字

妙的牧笛，令大地生機盎然；能天天準備香甜的黃油和乳酪、美味的牛奶和烤肉；能讓國王強大，讓牧民富足。」烏圖問道：「妹妹，我不明白妳為何討厭他？」

伊南娜反駁道，她絕不會穿牧神粗糙的衣料，他上好的羊毛再多與她何干。「我只要嫁給農神，一起播種大麥和豆子。」

烏圖無計可施，只得向杜牧茲轉達了妹妹的拒絕之意。杜牧茲不服氣，認為這是因為伊南娜對自己的優點不夠瞭解。於是杜牧茲找到伊南娜，列舉了自己的種種優勢，說明自己比農神恩基木都更富有，因為他的乳酪黃油比農夫的麵包麥餅好吃得多，他的牛奶優酪乳也不比農夫的棗酒啤酒差，用上好羊毛做的毛氈更是比亞麻紡成的布柔軟保暖；再說，他還很有生活情調，因為他很會吹牧笛，笛聲是如此悠揚悅耳，草原上的牛羊都愛聽。

在烏圖和杜牧茲的勸說下，加上看到杜牧茲本人確實也風姿俊秀，最後伊南娜改變了主意，答應嫁給牧神杜牧茲。後來，當杜牧茲和伊南娜關係破裂，杜牧茲被伊南娜交給伽拉惡魔，也就是冥府判官時，也是烏圖幫助杜牧茲逃離了危險。烏圖把杜牧茲變成了一條蛇，幫他逃到杜牧茲的姐姐那裡，暫時逃脫了惡魔們的追殺。

伊南娜對哥哥烏圖十分信任，烏圖對妹妹卻非有求必應。有一回，伊南娜把一棵生命之樹胡盧普（Hulupu）的幼苗移植到受她保護的城市烏魯克，打算等樹長大成材後就用它製作寶座和躺椅——胡盧普可能是一種檉柳，有助於求雨。伊南娜每天晚上都會為生命之樹澆水，然而在生命之樹快要長成的時候，她發現有條大蛇盤踞在樹根中，一隻鷲妖在樹枝上築巢，更糟糕的是，樹幹中還住著一個叫莉莉圖（Lilitu）的女妖。發現這些不請自來的傢伙後，伊南娜心神不寧，卻又不知如何驅走這些可怕的怪物，憂慮令她一整夜都沒闔眼。

黎明時分，伊南娜的孿生兄長烏圖從東方升起，開始穿越天空的旅程，伊南娜叫住他，告訴哥哥自己的煩惱，請哥哥幫自己消滅那些侵占生命之樹的妖魔。烏圖拒絕了妹妹的請求，一方面是因為他不能停止每日的旅程，另一方面，他覺得也沒那個必要。他對妹妹說，他不能為了這點小事而停留。

伊南娜只好求助於烏魯克當時的國王吉爾伽美什。聽說女神苦惱不安，吉爾伽美什急忙趕來覲見。他穿上沉重的盔甲，手掄堅實的巨斧，一斧就劈死了樹下的大蛇。鷲妖眼見情況不妙，連忙帶著自己的一窩小鷲逃回山裡。女妖莉莉圖見自己勢單力孤，立刻決定好妖不吃眼前虧，一溜煙逃到荒漠去了。

吉爾伽美什驅走怪物後就砍下生命之樹，把樹幹運到烏魯克城獻給伊南娜，作為製造寶座和睡椅的材料；伊南娜沒有辜負吉爾伽美什的好意，她用生命之樹創造了神聖的鼓和鼓槌，並派人把這兩樣東西送給吉爾伽美什作為答謝。

吉爾伽美什本想用鼓和鼓槌做利益眾人的好事，但後來卻將其誤用在戰爭中，還無意中把它們掉落到地下世界。為了替他取回鼓和鼓槌，吉爾伽美什的友人恩基杜自願潛入冥府去撿，卻因為觸犯了冥府的許多禁忌，有去無回。

吉爾伽美什等了很久還不見恩基杜回來，直覺事情不妙，於是趕到尼普爾，祈求住在尼普爾的神王恩利爾出手搭救恩基杜，但恩利爾拒絕相助。吉爾伽美什又趕到埃利都，向智慧水神恩基祈求幫助。恩基同情吉爾伽美什的遭遇，讓太陽神在地上打了個洞，好讓恩基杜的靈魂能像清風一樣從洞口飄出。多虧太陽神揭開了生死之間的那層薄紗，才讓這兩個好朋友可以做最後一次交談。

這個神話說明烏圖／沙瑪什有能到達冥府，觸摸逝者靈魂的能力。就像他的父親月神南那一樣，烏圖／沙瑪什後來充當了生者和亡靈之間的橋樑。到晚一些的年代，靈魂審判概念興起，人們還相信烏圖／沙瑪什會在黃昏時分進入地下世界審判靈魂，如果裁決對靈魂有利，那麼靈魂就會永遠過著幸福美滿的生活。

第四節　月神南那—辛

每年春天，當河水變得適合航行時，都會有一艘平底船，滿載著當年的第一批乳製品，從南方的烏爾城啟航前往北方的尼普爾城，用烏爾城周圍南方牧民的乳酪交換尼普爾周圍北方農民的農貨。

據說，第一位從烏爾城驅舟前往尼普爾城的是古老的月神南那，他是烏爾城的保護神，也是最早為人崇拜的蘇美神祇之一，早在西元前三千五百年左右文字初具雛形時，南那之名就已出現在楔形文字泥板上。後世說阿卡德語的巴比倫人和亞述人稱他為辛。在美索不達米亞漫長的歷史上，月神南那曾一度是眾神之王、智慧之主、時間的守護者、未來的守護者（預言家）、祕密的持有者，也是人類的保護人。那時烏爾城很強大，烏爾的守護神南那也在眾神中享有極高的威望。

確實，對於早期以狩獵和採集為生的人類來說，月亮比太陽更重要，因為它照亮漆黑的夜空，讓黑夜不那麼恐怖。月相週期大致是固定的，因此最初的曆法是根據月相來計算的，每一個重要的儀式都與某一個特定月相對應；夏至和冬至、春分和秋分的日期雖然無法明確，但大致會落在與節氣最近的新月或滿月時分；一直到人們定居下來開始農耕生活時，太陽和太陽曆才變得重要起來。

因此，在美索不達米亞的大部分年代，月亮都被認為是太陽之父。有人說，風神恩利爾與女神寧莉爾結合，生下令夜空生輝的月神南那，南那又與女神寧伽爾（Ningal）結合，生下令白晝耀眼的太陽神烏圖；不過後來也有人把南那和烏圖都說成是天神安的兒子，或都是恩利爾的兒子。

南那通常被描繪成一位蓄有長鬚的長者，鬍鬚上妝點著天青石，端坐或騎在有翼公牛的背上，頭上有一彎新月，他以這彎新月為舟在夜空航行。牛是南那的聖獸，因為牛角與新月相像，因此南那是牧群和乳製品的保護神，他的神廟也是當時的乳酪加工中心。有一首獻給月神的頌詩《南那去尼普爾的旅程》讚美了月神驅舟前往尼普爾，向父神恩利爾進貢，使恩利爾保佑烏爾的人民獲得豐收。這首詩內容大概是這樣的：

南那決定去拜見他的父母恩利爾和寧莉爾，他派人到大地各處搜集優質的木材以便建造一艘堅實的平底船。他的手下個個都帶著珍貴的木材回來，令南那大為喜悅。他滿載珍奇鳥獸、花果樹木、美味佳餚出發了。

南那逆流而上，一路上在五個不同的城市停泊獲得補給。每到一處，南那都會受到當地人的熱情歡迎，每個城市的守護女神見到他豐富的貨品都極力挽留，希望他能留下來，而他總是拒絕，說：「不，我要到尼普爾去。」最後平底船在尼普爾的碼頭靠岸，南那對恩利爾神廟的看門人宣讀了自己帶來的一連串珍貴禮物的清單，請他去向父親通報。守門人欣喜地為他打開大門，把他帶到恩利爾跟前。恩利爾見到兒子也格外高興，命人設酒擺宴，為南那接風洗塵。南那獻上了牧民們準備的各式乳製品，請求恩利爾讓河水漲滿甘甜的水，讓田地裡大豐收，讓人們釀出甘甜的蜜酒，讓南那能永遠享用這些恩賜。恩利爾答應了南那的請求，南那滿懷喜悅地帶著祝福回到了烏爾城。由於恩利爾是眾神之王，他掌管著預示眾神和凡人命運的命運石板，他的旨意是不可撤銷的。他慷慨地把象徵豐產的禮物送給南那，再由南那傳遞給人類，為人類帶來豐收的喜悅。

另一首蘇美史詩《南那的牧群》讚美月神南那像「正午的太陽一樣照亮夜空」。詩中他被讚為父神恩利爾的密友，恩利爾「日夜與他交談」，商討人類的命運。然後書寫女神尼薩巴統計南那的牧群數量，並記在泥板上。南那在詩中被稱為富饒之神，除了牛乳、乳酪外，他還能保佑啤酒供給充

這個出土的浮雕殘片呈現了女神伊南娜、月神南那和太陽神烏圖。

足（一般來說寧凱西才是啤酒女神，不過這首詩為了突出南那的重要性，把釀啤酒歸功於南那）。

大約在西元前二〇〇六年，烏爾第三王朝內有叛亂，外有強敵，加上天災（暴雨和大火），風雨飄搖中烏爾城宣告覆滅。在現存最古老的哀歌《烏爾覆滅哀歌》中，烏爾的保護女神寧伽爾（南那的配偶）在城市毀滅之前做最後一次努力，試圖拯救它，她向安和恩利爾屈膝跪下，伸出手流淚哀求：「不要毀掉我的城鎮，不要毀掉烏爾。」雖然她一遍又一遍地向主神哭訴，一遍又一遍歷數以前的安寧和幸福，安和恩利爾卻並未改變主意。

於是，前所未見、令人目眩的暴風呼嘯著穿過天空，在大地上嘶吼，暴雨就像衝破堤壩、吞噬城市的洪流。神祇還召來火神吉比爾（Gibil），在暴風面前放起火來，令荒漠也發出灼熱之光，就像正午的烈焰，令白晝輝耀的陽光黯然失色，這席捲烏爾的風暴令大地顫抖，萬物陷入恐懼之中。

到處都是死亡。人們在呻吟，城鎮成為廢墟。屍體像瓦礫一樣堆滿荒郊野外，往昔人們穿行的宏偉大門下滿是橫臥的屍體，平日舉行節日慶典的大路上陳屍成堆，曾經有許多舞者跳舞的廣場上人們躺成一堆。汙血橫流，填滿了大大小小的溝渠窪地，屍體融化了，就像太陽下的黃油。烏爾的弱者和強者都饑餓而死，離不了家的老翁、老嫗命喪火中，母親膝頭的睡嬰像魚一樣被大水沖走，被戰斧結束生命的人沒有頭盔，被標槍殺死的人手無寸鐵。那些入侵者根本不把寧伽爾和南那的子民放在眼裡，將那美好的家園看得分文不值。失卻了城邦和家園的女神望著滿目瘡痍的景象，眼裡噙滿淚水：「暴風已然毀了我的城鎮！我的家已變成了別人的家！」

南那也在向父親恩利爾求助：「生我的父啊！我的城市對你做了什麼，你為什麼離開它？新月之舟不能再為父神帶來初熟的果實，不能再把麥餅和乳酪帶進尼普爾。」恩利爾卻回答：安和恩利爾的決定無法更改。烏爾確實被授予了王權——但並沒有被授予長期的王位，它的王權已然結束。

隨著烏爾城的滅亡，南那在神系中的地位也逐漸下降，後期有些神話甚至說他是後起之秀、新生代神王瑪律杜克的兒子。在更古老的年代，人們相信，月蝕是惡魔正在試圖偷走月光，南那不得不與惡魔爭鬥以恢復自然秩序；但隨著月神地位下降，戰勝月蝕惡魔，保護月亮的職責也轉由瑪律杜克承擔了。

第五節　武士國王尼努爾塔

尼努爾塔是美索不達米亞神話譜系中非常重要的一位神祇，有關他的神話傳說數量僅次於女神伊南娜。

起初他的神職繁多，掌管農業、灌溉、狩獵、律法、抄寫和戰爭等，不過隨著兩河流域諸王朝的戰事日繁，尼努爾塔作為戰神的面貌逐漸被強化。崇尚武力的亞述人對尼努爾塔尤為推崇，亞述國王阿舒爾納西爾帕二世還為這位戰神建造了一座巨大的神廟，把他的崇拜中心從早期的蘇美尼普爾城搬到了卡爾胡（Kalhu），即現在的尼姆魯德（Nimrud）。

尼努爾塔常被描繪為一位身負弓箭的英武勇士，有時還長有一對翅膀，他站立在一頭獅身蠍尾的猛獸背上，緊握著他的魔法武器狼牙棒，隨時準備進攻。那柄狼牙棒名叫沙魯爾（Sharur），字面上的意思是「粉碎千軍萬馬」，它會說話，能自己活動，與眾神交談，還能偵測敵情，傳遞消息。有一回就是這柄狼牙棒傳回消息，說高山上的巨石和草木起來攻打平原了。

這個故事被記錄在一首名叫《盧伽爾－埃》（Lugal-e）的史詩中，那是一部稱頌尼努爾塔如何與東部群山裡的怪獸交戰，並打敗怪獸背後巨石家族的武功歌。

打敗石怪阿綮格

這部史詩的開頭是這樣的：尼努爾塔正在尼普爾城的埃庫爾神廟裡與眾神歡宴暢飲，他忠實的狼牙棒沙魯爾突然報來一個壞消息：「高山上的石頭和植物推選一個叫阿綮格的可怕武士作頭領，和平原打起來了。」這個阿綮格據說是由天父安和地母基所生，生來就堅硬無比，一般的刀槍矛斧對它毫無作用。它為了讓子孫遍布整個美索不達米亞平原，便不斷地與群山交媾，繁衍出形形色色的石頭。現在這些石頭在阿綮格的鼓動下開始不斷地滾下來山來，壓垮了平原上的城市。沙魯爾還提醒尼努爾塔，這次的對手可不像他從前的敵人那麼好對付：「阿綮格已經控制了埃蘭群山東北部一帶的城市，還揚言要奪取尼努爾塔的權力和王位！」

這一消息破壞了歡宴的氣氛，眾神大驚失色，頓時覺得連杯子裡的酒都不香了。尼努爾塔整裝出發前去迎戰，由暴風和火焰在前開路，一路鏟平山丘，燒毀山林，射死天上的鳥，煮沸河裡的魚，把叛軍的先頭部隊像蟲子一樣碾死了。

去前方偵察的狼牙棒沙魯爾這時回報，尼努爾塔的大軍即將遭遇阿綮格，忠誠又聰明的狼牙棒還警告他說，儘管尼努爾塔曾經打敗過許多怪物，但阿綮格和以往任何一個敵人都不同，「不要貿然帶著你的勇士衝進群山，沒有同伴，這次你將無法與阿綮格為敵！」

但尼努爾塔沒有聽狼牙棒的告誡，輕率地帶著大軍衝入群山。在接下來的戰鬥中，阿紮格果然展現了前所未見的破壞力，「它像瘋狗一樣狺狺咆哮，它像毒蛇一樣嘶嘶作響，它的頭像巨蟒一樣在地上滑動，它把巨石如暴雨般傾瀉，它像倒塌的城牆一樣砸到尼努爾塔身上；它讓山澗的溪水乾涸，它把林中的大樹拔起，它撕裂了地母的血肉，挖出了深深的地溝；它點燃了蘆葦叢，把天空染成血色。就在那一天，就在那一刻，田野上到處都是草木的灰燼，覆蓋了整個地平線！」面對如此強大的敵人，尼努爾塔退卻了，「他溜得比鳥飛得還快」。

看到驕傲的兒子大敗，帶兵潰逃，恩利爾呻吟著，躲在神廟的角落裡，阿努納奇諸神蜷縮在壁角處瑟瑟發抖，畏懼地歎息，就像一群受驚的鴿子緊貼在一起咕咕叫。就在安、恩利爾和許多神祇驚慌失措的時候，沙魯爾飛向智慧水神恩基那裡求教（也有版本說是向恩利爾求教），恩基建議尼努爾塔不斷地用暴雨襲擊阿紮格，然後抓住它的肩膀，把長矛插到它的肝裡。

得到這一消息，尼努爾塔精神大振，驅使沙魯爾暴風驟雨般連續擊打阿紮格，像延綿的巨浪一樣把阿紮格拍扁。然後尼努爾塔把長矛插入阿紮格的肝臟，還狡猾地向下破壞了它的

這個出土的浮雕殘片描繪了尼努爾塔用弓箭殺死鳥怪安祖。

繁殖能力，這樣以後它就再也不能為害鄉里了。做完這一切，尼努爾塔把腰帶和狼牙棒浸在水裡，洗去衣服上的血跡，擦了擦額頭，在阿紮格的屍體上唱起了勝利的讚歌，光榮地返回了蘇美。

隨後，尼努爾塔開始改造各類山石供人類使用。泥板上說，「從前山裡的好水並不會流向平原，而是毫無控制地四處亂淌，田野經常被毀壞，人們經常陷入饑荒。」當時的人們還不會修築溝渠引導底格里斯河的河水，尼努爾塔決定用被他征服的石頭來改變這種情況。他組織人們把石塊修築成石壩，堵住洶湧的洪流，砌起水渠，把群山中四散的湖泊引向平原，用來灌溉田地裡的大麥和果園裡的蔬果。

這項偉大的水利工程曠日持久，使尼努爾塔久久不得回家看望母親寧瑪赫，他的母親很想他，為無法逾越的群山而哀歎，還說兒子忙於公事，都沒空回家看自己一眼，還要自己去找他。聽說了母親的哀歎，尼努爾塔用敬愛的目光遙望著她，說他要把被征服的群山獻給母親：「從今往後，我要讓草地為妳提供藥草，讓山坡為妳產出蜂蜜美酒，讓山林長滿雪松、絲柏、杜松和菖蒲；讓山丘為妳帶來甜美的果實、神聖的香水、豐產的牛羊；讓山岩為妳熔煉銅錫、篩撿金銀，向妳進貢。」尼努爾塔還請母親把名字改為寧胡爾薩格（Ninhursaja，意為「群山女王」）。

接著尼努爾塔開始第二步工作，他分析了每一種石頭，逐一安排了它們的用途，對於那些參與山石叛亂，與尼努爾塔為敵的石頭，他對它們降下嚴厲的懲罰：比如對於在深山裡與他為敵、攔阻他前進道路的金剛砂，尼努爾塔讓它成為碾壓的工具，用來破碎其他石頭；花崗岩和玄武岩曾構成反對尼努爾塔的防禦工事，尼努爾塔讓它們被做成金匠的模子；孔雀石曾攻擊尼努爾塔的刀劍，被判處遭受烈火焚燒；石灰岩曾密謀奪取尼努爾塔的王位，尼努爾塔就指定它成為泥地上的地基，而且命中註定在水裡會很快溶解；對於奸詐的燧石，尼努爾塔懲罰它只要被野牛的角碰到就會破碎，還會被鐵匠的鑿子撕成塊狀。許多石頭都受到各種處罰。

對於那些在戰鬥中轉而支持尼努爾塔，或是沒有攻擊他的石頭，尼努爾塔則給與相應的獎勵：比如對倒向自己一方的雪花石膏，他獎勵它可以成為印章；對支持自己的輝綠岩，尼努爾塔獎勵它成為自己神廟中的巨型雕像；對沒有冒犯自己的天青石和其他珍貴的石頭，他也給與了相應的獎勵，讓它們成為受歡迎的寶石。就這樣，通過尼努爾塔的幫助，人類瞭解了各種石頭的用途，還將它們從深山中運到美索不達米亞各城市，在日常生活中使用。

尼努爾塔與龜

尼努爾塔在眾神中的超高人氣和威望不僅來自與阿紮格的戰鬥，還在於他曾去深山尋找並戰勝了可怕的鳥怪安祖（Anzud），奪回了眾神命運所繫的命運石板，神力和權威因此提升。這個神話出自用蘇美語寫就的長篇故事，但只有一些零星的片段流傳下來。裡面的主要角色除了安祖鳥、尼努爾塔和智慧水神恩基外，還有一隻巨大的龜。

對蘇美的眾神來說，命運石板與他們的權力和命運息息相關，擁有命運石板就意味著擁有極大的權力，同時也要承擔起重大的責任。命運石板通常由高級男神恩利爾掌管，不過也有一種說法是交給了水神恩基，由他保管在埃利都的水神廟裡。命運石板本身並不具備自衛能力，這就給了鳥怪安祖以可趁之機。安祖鳥可不是普通的鳥，它頭似雄獅，身軀龐大，一叫起來能令地動山搖，能嚇得公牛躲進小山，公馬逃進大山，是一種威力無比的怪獸。這一回，它趁恩基不備，偷走了命運石板。記載這個神話的泥板缺失了很大一段，我們無從得知恩基為了奪回命運石板做出過哪些努力，我們只知道後來尼努爾塔出場，擊中了安祖鳥。

然而，安祖鳥告訴尼努爾塔，當他擊中自己時，命運石板的神力就重返恩基居住的深淵阿普蘇了。尼努爾塔悲歎神力及其所代表的權力的喪失，他也為自己不能像恩基一樣樹立威望而悲歎。安祖鳥趁機唆使尼努爾塔去阿普蘇找恩基奪權。

恩基盛讚尼努爾塔從安祖鳥那裡奪回石板的功績，並談到尼努爾塔將會在眾神集會上獲得權力和席位。聽聞此言，尼努爾塔的臉上一陣青一陣白，因為他並不滿足於恩基的讚美，也不滿足於只是在眾神集會中獲得較好的席位，他想由自己來掌管命運石板，於是密謀反叛恩基。

然而，黠謀的水神早已猜到尼努爾塔的心思，他命令阿普蘇掀起滔天巨浪以示警告，還讓自己的使臣伊西穆去見尼努爾塔。但尼努爾塔氣焰囂張，在與伊西穆一言不合後竟伸手打了他一記耳光。這大大超出了恩基的容忍度，盛怒的水神用阿普蘇的軟泥捏了一隻大龜，賦予龜生命，還命令龜用前肢刨出一個深坑。接著，在尼努爾塔咄咄逼人地向恩基進攻時，恩基佯裝不敵，逐漸向這個陷阱退去，快到泥坑邊緣時，這隻大龜突然從恩基身後跳出，一把抓住尼努爾塔，恩基順勢把尼努爾塔推下了陷阱。

尼努爾塔在深坑裡掙扎了很久，怎麼也爬不出來。這期間恩基就站在坑邊，看著下面被大龜不斷攻擊的尼努爾塔譏笑不已：「你這個飛揚跋扈、野心勃勃的傢伙，竟然還打算殺我？你是征服過高山，征服過岩石，可是你現在連一隻大龜挖出的坑都爬不出來，還算什麼英雄？」尼努爾塔的母親聽到兒子的呼喊趕來相救，看到恩基正在折磨自己的兒子。她怒斥恩基忘恩負義，並提醒他，在他過去吃下八棵植物生了大病的時候，是她救了他的命。「你這個吃草的東西，過去是我救了你，現在你也要救我的兒子！」恩基這才出手相救，把倒楣的尼努爾塔從大坑裡撈了出來。

打敗鳥怪安祖

在後世的阿卡德語版本中，這個神話有了進一步的發展，故事情節也有了許多變化，強化了安祖鳥的戰鬥力，突出了眾神對它的恐懼，好讓尼努爾塔打敗安祖鳥的功績顯得更加偉大。流傳至今的完整版本主要是兩種巴比倫版本，因此下面出場的神祇使用的是他們在巴比倫神話中的名字。

風神恩利爾和水神埃阿（相當於蘇美的恩基）在一次外出旅行時遇到了幼年時期的鳥怪安祖。埃阿說，安祖鳥出生在阿普蘇神聖純潔的聖水、廣袤大地的土壤和巍巍群山的岩石中，長大之後會很有力量。他建議恩利爾收安祖鳥為僕從，將其養在恩利爾在尼普爾的神廟埃庫爾內做守衛。

安祖鳥在神廟內殿裡逐漸長成了一隻身形龐大的鷲鳥。每天它都會看到恩利爾在淨水裡沐浴，隨後穿上神聖長袍，戴上王冠，拿起象徵神權的命運石板，走上王座處理天界人間的種種事務。它經常凝視著命運石板，隨後又凝視著恩利爾耀眼的長袍王冠，羨慕和嫉妒在心裡暗暗滋長。

終於有一天，趁著恩利爾摘掉王冠，脫下長袍，把命運石板放在王座上，去清淨水中沐浴時，安祖一把抓過命運石板，逃往遙遠故鄉的深山中。神廟埃庫爾立刻陷入一片死寂，神廟不再光彩熠熠，眾神的祭祀之事無法舉行，恩利爾也「靜止如水」。

眾神被召集到神廟埃庫爾，天神安努（相當於蘇美神話中的安）主持了會議，要求眾神推舉最勇敢、最有能力的一位出馬把安祖除掉，奪回命運石板。安努還承諾：「誰能殺死安祖，誰的名字就能傳唱千年，流芳百世！」

第一個被眾神推舉出來的是風暴之神阿達德。安努對阿達德說：「阿達德啊，你力拔千鈞，你所向披靡，用你那閃耀的雷霆武器把安祖鳥除掉吧！只要你能戰勝它，你將成為我們之中最優秀、最偉大的。你能讓我們的聖所得以存在，得以建立，讓向你獻供的城鎮向四方拓展，領土遍及大地！」但阿達德卻為難地回答道：「父神，那安祖鳥的老家，可是陡峭到誰也無法走近，連插足都難的高山！那安祖鳥可是奪得命運石板在手，任何敢反抗它的人，怕是都會被它變成黏土一樣的東西！」

聽了這話，眾神嚇得不寒而慄。安努呵斥阿達德道：「像你這種人，還是別去啦！」接著諸神又推選安努的愛女伊什塔爾，安努對女兒說：「強大的伊什塔爾啊，妳力大超群，妳攻無不克！這件事，就只有交給妳才行！」安努也許諾給伊什塔爾種種名譽與實際的好處，但伊什塔爾也像她的兄弟阿達德一樣推辭了。隨後眾神又找了伊什塔爾的長子舍拉，但舍拉也因同樣的原因堅決拒絕了。

眾神靜默了，恐懼令他們個個面色慘白。他們懷著沉重的心情又商量了一會兒，決定把居住在深淵阿普蘇裡的智慧水神埃阿請來，聽取他的意見。埃阿從深淵升起，來到諸神的集會上，向大夥兒保證道：「讓我來確定安祖的末日！放心，我定能找出一位消滅安祖的人！」

聽了這話，天神們個個如釋重負，眉開眼笑，差點要跪下來吻埃阿的腳。埃阿琢磨著該如何說服眾神之母寧瑪赫，讓寧瑪赫答應讓她的兒子尼努爾塔出戰。思忖片刻，他向寧瑪赫大力誇獎她的兒子道：「妳心愛的兒子強大無比，有目共睹，唯有他能用七種惡風作武器，唯有他能克敵制勝！神母寧瑪赫啊，請讓妳魁梧矯健的尼努爾塔出征吧！」

寧瑪赫同意了，她說服愛子去奪回命運石板，並給了他這次行動的詳細指示，還命令他一得到命運石板就馬上返程交還給恩利爾，最後寧瑪赫還鼓勵他：「為了我，為了我所生的諸神，你定要使用七種惡風將安祖鳥抓住，斬斷它的咽喉，將命運石板取回。無數的城市都將為你獻上祭品，你的名字將會在諸神中傳頌。」

尼努爾塔最後還是把命運石板還給了恩利爾，為自己贏得了尊貴的地位和良好的聲譽。

尼努爾塔不需要更多的鼓勵了，他徑直朝安祖鳥所在的山峰進發，不等進入山腹就遠遠望見了他的敵手，因為大權在握的安祖鳥臉上放出了光，使陰暗的群山亮如白晝。安祖鳥輕蔑地表示，它奪得了眾神的一切，連大名鼎鼎的神都不是自己的對手，黃毛小兒尼努爾塔應該想想清楚他來這兒能幹嘛？

雙方展開了激烈的交戰，諸神也都在幫忙，尤其是暴風神阿達德使雷聲隆隆，讓安祖感到心驚膽顫。尼努爾塔趁機挽起弓箭對準安祖連射數箭，但安祖手中有命運石板，它念著咒語將箭矢擊得粉碎。尼努爾塔在第一回合大敗，十分狼狽。

得知消息，埃阿趕緊讓信使捎話給尼努爾塔，告訴他用強風專吹安祖鳥的翅膀，再用長矛砍掉安祖鳥的翅膀，「讓安祖的羽毛如蝴蝶般飄搖落下，讓它的翅膀被風吹得七零八落。抓住它的脖子，砍掉它的腦袋！」尼努爾塔精神大振，反復默念母親寧瑪赫的指示，遵照埃阿的建議將七種惡風加了轡繩，拴在戰車上衝向安祖。頓時只見天昏地暗，大地震動，狂暴的烈風聚成一股擊中了安祖，把它吹得像掉毛禿鷲，它巨大的雙翼也被風掀掉，吹得不知所終了。尼努爾塔毀滅了安祖的老巢，取回了命運石板，帶著安祖的羽毛凱旋。農神達甘（Dagan）向諸神彙報了這個好消息，並詳細敘述了尼努爾塔的功績。之後尼努爾塔被召見，恩利爾根據之前的承諾，授予尼努爾塔在眾神大會上應有的席位和權力。

這個神話的另一個版本說，恩利爾派遣信使比爾杜去召見尼努爾塔來眾神會議，但尼努爾塔拒絕把命運石板還給恩利爾，因為他想要自己擁有至高的權力。不過後來不知怎麼的

（這部分泥板缺失了），尼努爾塔還是把命運石板還給了恩利爾，為自己贏得了尊貴的地位和良好的聲譽，從此他成為一位受人歡迎的男神。

第六節　醫療女神谷菈

谷菈（Gula）是古代美索不達米亞神系中的醫藥之神，是醫生、治療和製藥技術的保護神，也常與陰間與轉生聯結在一起。在一些留存至今的古代泥板和碑文中，她常被描繪為一名坐著的女性，頭頂繪有星辰，身邊總是帶著一隻狗，狗既是她的起源，也是她的聖獸。

谷菈源自蘇美神系，根據目前出土的考古資料，對她的崇拜至少可以追溯到大約西元前二〇四七～西元前一七五〇年烏爾第三王朝，這一時期正是蘇美文明趨於極盛的時期。谷菈最早被稱為芭烏或芭芭（Baba），是狗女神。後來可能是人們注意到狗舔舐自己的傷口後傷口癒合更快，便把狗和治癒聯結在了一起，狗女神芭烏也成了治療和醫藥女神。

谷菈的意思是「偉大的」，通常被理解為「偉大的治療術」。她在蘇美被稱為「黑髮人，也就是蘇美人的偉大醫生」，一位為人們帶來健康和幸福的大女神。谷菈有時也被稱作寧卡拉克（Ninkarrak，意為「卡拉克城的女士」），這裡或許是狗女神芭烏的早期崇拜中心，或者「護牆女士」，意指她像屏障一樣保護人們的身體健康；後來對芭烏的崇拜傳到了以蘇美月神命名的城市以辛，她又被稱為寧以辛亞（Ninisinna，意為「以辛城女士」）。她還有許多不同的稱呼，可能是對她的信仰在傳播過程中與其他城市的癒療女神同化所致。到了古巴比倫後期（西元前二〇〇〇年至西元前一六〇〇年），她的名字最後固定為谷菈，這是她今天最為人所知的神名。她的主要崇拜中心在伊辛，不過對她的崇拜從南部的蘇美蔓延到阿卡德，最終蔓延到整個美索不達米亞地區。

在巴比倫神話中，谷菈被視為神王安努的女兒，是安努在創世之初創造出來的幾個孩子之一，關於她的丈夫／配偶有不同的說法，比如作為治療神時的尼努爾塔，神聖判官帕比爾薩（Pabilsag），或是農業神阿布。她的配偶中至少有兩位與農業有關，可能象徵著藥用植物的應用。

谷菈有兩個兒子和一個女兒，分別叫做達穆（Damu）、尼那祖和古努拉（Gunurra），都是治療之神。達穆是蘇美人主要的康復男神（也有人說是女神）：「達穆可以治療撕裂的韌帶。」他透過魔法和「科學」結合的方法來治療疾病，在治療咒語中，他常和谷菈一起出現，谷菈是至高無上的治療之神，而她的神力以達穆為中介傳導給醫生。古努拉可能代表藥草或是健康女神。尼那祖則和蛇、冥府和康復有關，他的符號是一根與蛇纏繞在一起的權杖。這個符號也被埃及人用來代表他們的魔法和醫藥之神赫卡（Heka），後來又影響了希臘魔法、治療和書寫之神荷米斯手持的雙蛇杖（不過雙蛇杖也與埃及神透特有關），可能還影響了阿斯克勒庇俄斯（Asclepius）的單蛇杖。今天，作為醫學之父希波克拉底（Hippocrates）的象徵，蛇杖在世界各地的醫療機構中隨處可見。

無論疾病是由神、鬼或惡靈引起的，谷菈通常都可以使病人恢復健康。作為醫藥女神，谷菈也經常被請求幫助受孕，常出現在祈求生育的碑文中。然而谷菈並不總是那麼善良和熱心，她的脾氣很暴躁。女神在詛咒中被召喚的次數幾乎和她在治療中被召喚的次數一樣多。人們認為她被激怒時會帶來地震和風暴，她的綽號包括「暴風雨女王」和「讓天堂顫抖的女士」。這或許是因為，在古代兩河流域，疾病被認為是來自諸神的懲罰或對個人的警誡。當初眾神創造了人類代替他們勞役，因此眾神照顧人類，為人類提供福祉。然而，由於人類有犯罪的傾向，因此眾神有時需要以疾病或痛苦的形式加以提醒，把人類引領回正確的道路上。一位神打算讓病人恢復健康，但另一位神可能因此被冒犯，不管病人獻什麼祭品他都拒絕接受。

谷菈常被描繪為一名坐著的女性，身邊總是帶著一隻狗。

更複雜的情況是，疾病可能還有其他超自然的原因，諸如冒犯了妖魔或憤怒的鬼魂，特別是冒犯了那些非自然死亡，或沒有被妥善安葬的人的鬼魂，例如溺水者或陣亡者。如果未向死去的親人獻祭，死去的親人也可能給生者帶來麻煩。更糟糕的是，一個無辜的人也有可能生病，雖然他們只是被殃及的池魚。即使醫生正確地施行每一個咒語，使用適當的藥物，但病人還是會死。

不難想像，對當時的人們來說，獲得醫藥女神谷菈的庇佑多麼重要。她的癒療能力受到了極大地尊重，就像她的脾氣受到了極大地敬畏一樣。她被稱作「大地的療癒者」、「恢復破碎的完整」和「恢復生命的女士」。谷菈為大洪水後眾神創造的生靈注入了生機，使它們有了生命。她為人們帶來治療的手段，庇佑著擁有大量令人印象深刻的醫學知識的醫生，指導他們照顧病人、安撫神靈和亡靈。

為了表示對谷菈的崇敬，國王們會為她豎起紀念石碑，一塊由尼布甲尼撒一世（西元前一一二五～前一一〇四年）豎起的石碑上銘刻著：「如果有人要汙損或移走它，願天地之王尼努爾塔和埃舍拉的新娘谷菈摧毀他的地標，抹去他的後裔。」到了漢摩拉比統治期間，大部分的女神失去了威望，男神主宰了神系，但谷菈繼續以同樣的方式受到崇拜，受到同樣的尊重。她被稱為「藥草種植者」，這將她與農業聯繫在一起，人們崇拜她，希望有一個好收成，有生育力，以及身體健康。

對谷菈的崇拜一直持續到基督教興起初期，她在近東地區和伊西絲、雅典娜等許多更為人熟知的女神一樣受歡迎。後來，隨著基督教在人們心中越來越根深蒂固，谷菈崇拜逐漸衰落，到西元一千年末，她已經被人們徹底遺忘。

擴展閱讀

實用主義的美索不達米亞神廟

與人們通常想像的煙霧繚繞，整日祈禱的神廟景象不同，古代兩河流域的神廟非常實用，人們頻繁來到這裡，不僅是為了拜神，還因為日常生活的許多方面都受到某位神祇的庇護，而神廟是相關活動的中心。美索不達米亞的神廟在很大程度上類似於現代社會的某些部門或機構，許多與人類衣食住行有關的活動，比如生老病死、食品加工、經商貸款、休閒娛樂、學習進修等都在神廟裡進行。已出土的考古資料表明，至少有以下神祇的神廟在人們城市生活中發揮著重要的作用。

◎醫療中心——醫療女神谷菈神廟

醫療女神谷菈的神廟常有醫療中心的功能，女神的祭司會用藥草、藥膏和咒語治療病人。考古學家們甚至還發現了一些類似柳葉刀之類的器械，說明可能曾有祭司或醫師進行過簡單的外科手術。人們常在她的神廟獻祭、祈禱和獻上供品，在那裡她的聖獸狗可以自由地遊蕩，作為她神聖的夥伴得到了很好的照顧。許多讚美谷菈的頌詩都稱她為

「賦予生命的人」或「大治療師」，強調她富有同情心，「樂於回應病痛者的哭喊」，這其中或許有一部分是女神毛茸茸小夥伴的功勞。

谷菈神廟舉行的儀式和其他神祇的儀式有一個顯著的區別，那就是狗會以某種方式參加儀式。考古學家們發現有三十多條狗被埋在通往以辛城谷菈神廟的大道下。這些狗可能在祭祀儀式中被獻祭給女神，好把病人的疾病轉移到它們身上；也有可能它們只是神廟的護衛狗，被作為護衛靈，光榮地葬在神廟的入口處。

除了真狗外，谷菈神廟也提供狗形護身符，最著名的一種護身符是二〇世紀五〇年代在尼姆魯德市發現的尼姆魯德犬泥陶浮雕。這種陶狗身上通常會被刻上谷菈的名字，埋在谷菈神廟門口和門檻下，用以保護獻祭人免受傷害。除了尼姆魯德，亞述王城尼尼微等地也出土過這種陶狗。神廟的出土碑文說，埋葬的這種陶狗就像埋葬的真狗一樣，會成為強大的護身符，用以保護家庭免受邪惡侵害。

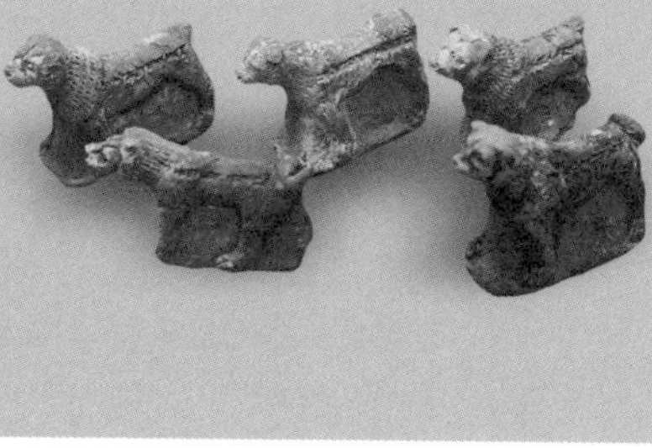

谷菈神廟也提供狗形護身符，亞述王城尼尼微等地出土過這種陶狗小雕像。

◎借貸處與審判庭——太陽神沙瑪什神廟

在古巴比倫王時代，民間借貸十分興盛，活躍的商業活動刺激了資金流通，一年之末青黃不接時需要借錢應急的人也可以紓解一時之困。不少神廟都可以放貸，但在這方面，沙瑪什神廟比其他神廟更顯重要，這可能是因為沙瑪什象徵著太陽、公正和立法，故從他的神廟借錢對雙方而言都很放心：對借貸者來說，沙瑪什神廟提供一定的「慈善貸款」，即允許平民從神廟借少量錢或糧食，讓他能撐到下一次豐收，並允許他在財務狀況好轉後再償還；對神廟來說，管理者一般不擔心平民不還錢，因為向神廟借款相當於與沙瑪什建立契約，一般人擔心會受到神的責罰，不會賴帳。即使面對有些膽大妄為、不把神放在眼裡的傢伙，神廟也有對策：沙瑪什神廟兼有審判庭功能，可對賴帳行為做出裁決，神廟的附屬建築監獄還能把賴帳的人關押起來。

眾神借給凡人的錢，即神廟的貸款資金大致來說有兩個來源：一是神廟的貴金屬，比如屬於神祇的金銀珠寶，可能會被熔化或拆解借出；二是人們去神廟祭拜時捐的錢。神廟大祭司的主要工作之一，就是對這些資金進行嚴格的精算，確保神廟收支平衡。

神廟會不會借錢給商業機構，通過利息來增加收入，這點還不太確定。不過從出土的黏土板來看，巴比倫的神廟借錢給商業活動的投資案例，要比發放給平民的救助貸款案例少得多，看起來巴比倫神廟的宗教性質決定了借款的主要目的是幫助不幸的人。亞述人的神廟倒是有投資商業活動，比如以「ikribū」的形式借錢給帝國商人進行近東貿易。ikribū是亞述人在守夜時唱的頌歌，其間祭司們用動物祭品的內臟占卜未來吉凶。

沙瑪什神廟的另一項功能是審判。沙瑪什神廟與古代美索不達米亞的司法體系關係密切，尤其是在西帕爾（Sippar）城，考古學家們在那裡的遺址中出土了一份王家法令的副本，它主要用以指導當時的判官做出公正的裁決。

用「審判」或者「法庭」來形容沙瑪什神廟的這一功能或許並不合適，不過無論在蘇美語還是阿卡德語中都沒有對應的詞，而且這一功能也並非神廟的永久功能。一般來說，只有在當事雙方對產生的糾紛無法達成一致時，他們才會在沙瑪什神廟裡設一個審判庭，判官們會輪流審問當事雙方，要求他們提供書面證詞或證據，如果不能，則要對沙瑪什發誓自己所說的都是真話。神廟在神誓這一點扮演的角色十分重要。

一塊出土的黏土板記載了一樁當時的離婚案，事情發生在西帕爾城的拉爾薩人的聚集地。一名拉爾薩婦女因為父親的債務問題進了監獄，出獄後發現丈夫已經另娶，於是她要求離婚並索回嫁妝。但這名婦女無法以書面形式證明她嫁妝的數額，參加過她婚禮的親戚也沒有確切的記憶。她的丈夫則堅持說，她當初帶來的嫁妝很少，並且為了她被抓的那起案子，他還倒貼了好幾塊銀子。

雙方僵持不下，事情鬧到了沙瑪什神廟。判官們有些為難，因為婚事發生在拉爾薩城，糾紛卻發生在西帕爾城，所以丈夫拒絕按照西帕爾的規則行事。最後判官們提出了一個折衷方案：妻子得到了一個奴隸和十舍客勒的錢，並有權按照自己的意願再婚。

◎監獄——冥府女神農伽爾神廟

在西帕爾的沙瑪什神廟遺跡中，考古學家發現了一個副殿被作為女神農伽爾（Nungal）的神廟，它的功能有點類似現代的監獄，用來關押審判後的犯人。農伽爾是冥府女王艾莉什基伽勒的女兒，她的父親或先祖是天神安。農伽爾一詞的意思大致是「牢獄女王」，也有人說是「大公主」。她的神廟被稱作地網廟，也就是監獄廟的意思，這一點從蘇美人獻給農伽爾的頌詩中可以看出端倪。頌詩第一節把監獄廟描繪成一個無法逃脫的黑暗之地：

這殿堂，充滿天上地下的風暴，朝著惡人猛衝而去，
這監牢，承載天上地下的威力，眾神把它作為監牢，
光線如黃昏般陰暗，人人心中充滿恐懼，
猶如海浪巍然聳起，誰知洶湧波浪拍向何處？
這陷阱能震懾邪惡，讓惡徒戰慄著自投羅網，

這細網，織得如此巧妙，把罪人如蝗蟲般消滅，
這神廟，既不辜負義人，也不曾放過任何惡徒。
它有著崇高的名字，沒人能衝破它的籬樊。

頌詩第二節大力讚美農伽爾，稱她為強大的女神，居住在巨大崇高的祭壇上，她的光環能覆蓋天地；她在神廟中坐定，就能監管整個國家，因為她時刻保持警惕；她在議事會中服從王的指示，壓制王的仇敵，諸如此類。

這樣看來，不難理解為何農伽爾神廟會和沙瑪什神廟修建在一起：犯人會先由沙瑪什神廟的審判庭宣判罪名和應受的懲罰，然後被審判庭的衙役（被稱作「伽拉」）帶到旁邊的農伽爾神廟關押，從此囚犯們只能「帶著憤怒的心，卻在淚水中度日」。囚犯們還會被勒令誦讀獻給女神的哀歌，倒不是為了消遣，而是為了改變他們的心，讓他們皈依和重生。

◎錢幣標準局——公正女神基圖姆

貴金屬的重量標準不論古今都十分重要，古代美索不達米亞也是如此，貴金屬秤重需用專門的標準砝碼和秤，由專門的人員，在專門的女神監督下進行。女神基圖姆在古巴

比倫神系中的地位並不高，她的神廟在日常生活中卻有很重要的地位。她是太陽神的女兒，蘇美人稱她為尼吉娜（Nigina）。她是公正女神，也是掌管度量衡的女神，在古巴比倫王國時期，基圖姆的神廟被稱作埃伊娜（E'ina），意思大致是「秤重中心」，也可能是一種秤重儀式的名字。

基圖姆神廟的員工不多，目前唯一一個已知姓名的員工叫辛－烏瑟利，他是烏爾城埃伊納神廟的秤重員，他的印章顯示他是「國王薩姆蘇－伊盧納的僕人」，而非「基圖姆女神的僕人」，這或許是因為他是在國王控制之下履行職能，實際上，國王作為神聖正義保護者必須使用貴金屬和錢幣的標準度量衡。基圖姆女神神廟不僅是保存標準度量衡的地方，也是附屬於這座神廟的秤重員工作的地方，他們會給碎銀碎金秤重，然後將之裝進袋子密封，在袋子上寫下這袋貴金屬的重量。宮廷支出必然需要使用這些貴金屬付費。

◎學校／圖書館／檔案館——書寫女神尼薩巴／納布神廟

文字是古代美索不達米亞最主要的發明之一。最初書寫文字的保護神是書寫女神尼薩巴，她在美索不達米亞神系中是一位獨特的神祇：起初是穀物女神，後來逐漸成為掌管書寫、計算、建築和天文等學問的女神，這可能是因為書寫脫胎於記錄產量的技術（神話中則說，是尼薩巴女神提供了人類在黏土板上寫字的蘆葦）。

作為文職人員的保護女神，尼薩巴的神廟中有一些用來儲存文檔和教授書寫的附屬建築，功能類似於現代的檔案館和學校。許多蘇美書寫學校的教學作業裡有獻給尼薩巴女神的頌詩，在某些學校抄寫練習作業的末尾，人們還能看到「我是尼薩巴」的字樣，意思是「我終於寫完了，不是因為我有多厲害，而是依靠女神尼薩巴幫助才能做到」。這是美索不達米亞人的一個重要概念，即頌詩在創世之初就是由神創造和傳播的，非人類所能造就。據說最早是風神恩利爾吟誦了這些讚美詩，女神尼薩巴集合了這些詞，抄寫在她手中的黏土板中，正如用繩子把美麗的寶石串在一起。

到了古巴比倫王國時期，尼薩巴的地位和神職逐漸被一名晚近出現的男神取代：那就是納布（Nabu），新任主神瑪律杜克的兒子。納布問世的時間可明確追溯到漢摩拉比統治的第十六個年頭，即西元前一七七七年。在接下來的一段時間裡，尼薩巴曾和納布同時在頌詩裡出現，但很快納布就取代尼薩巴成為文職人員的守護神，這一點在印章中表現得尤為明顯。在古巴比倫王國早期，許多文職人員在印章裡都自稱是尼薩巴的僕人，但在國王薩姆蘇-伊盧納統治期之後，大多數文職人員就自稱為是納布的僕人了。此後，納布神廟取代了尼薩巴神廟履行文職人員學校的功能，文職人員的學徒們也開始把習作獻給納布，就像他們的前輩把它獻給尼薩巴一樣。

隨著文字的演化，抄寫工作逐漸從最初的測量、計算和讚美詩擴展到各種各樣的作品，納布神廟也不再僅限於充當學校和檔案館。考古學家們在尼尼微、豪爾薩巴德（Khorsabad）、卡爾胡的納布神廟中發掘出幾座圖書館。當然，這些圖書館並不像今天的圖書館那樣對公眾開放，而是王家私人收藏，不過裡面的藏書數量和種類還是令人欣喜的：占卜書占比最高，主要是天象占星術或畸胎占卜術，還有魔法和醫學文本，各種獻給神祇的祈禱、頌詩和祭祀儀式記錄，神名表和他們的聖所，甚至還有一些技術類的文本，如各種香水的製作配方，各類穀物和草藥的種植方法，有時還會有一些文學作品。

書寫女神尼薩巴

◎啤酒作坊——啤酒女神寧凱西神廟

啤酒在古代美索不達米亞非常受歡迎，一方面是因為它美味，另一方面也是出於實用角度考慮：未經煮沸的水可能含有細菌，煮沸又太費柴火，相比之下，低度酒就要安全得多。不用說，古代啤酒和今天啤酒愛好者們所欣賞的口味有很大不同，不過工藝原理是一樣的：從冷發酵的麥芽中提取，無需蒸餾。

許多神廟都有專門為神準備食物飲料的區域，啤酒女神寧凱西的神廟更勝一籌：她有一整間啤酒作坊。二〇世紀末，考古學家們曾在敘利亞西北部巴齊丘（Tell Bazi）發掘出一些半掩在地下的古代大型陶罐，並證明陶罐中的殘留物被用來釀造啤酒。

對古代美索不達米亞人來說，麥芽發酵無疑是一種非常神祕的現象。發酵的過程在今天仍然很難被完全控制，因此不難理解為何古代釀酒人需要一位女神來保佑發酵過程順利。後來啤酒女神寧凱西被啤酒男神西拉什（Siraš）所取代，正如書寫女神尼薩巴被書寫男神納布所取代，不過神廟釀啤酒的傳統延續下來。今天許多修道院都出產優質的精釀啤酒，或許也是對這一古老傳統的無意識延續。

◎馬廄和奶牛場——月神南那－辛神廟

月神南那－辛的神廟與乳酪黃油的生產密切相關，或許會讓一些讀者感到驚訝。不過，自古以來牛就被認為與月亮有某種天然的聯繫，或許是因為牛角和新月月牙相似。據說，在滿月時分牛奶凝結得比平時快。這也是南那－辛不僅被視為月神，也被視為牛的保護神的原因。

從古巴比倫王國時起，月神廟就以大量飼養牛群和生產乳製品而著稱，甚至有一座神廟被命名為「有無數牛的神廟（E-ab-lu-a）」。從一首獻給南那－辛的頌詩來看，這座南那－辛神廟似乎擁有一座準工業規模的奶牛場，頌詩說這裡的母牛和牛犢有十萬八千頭，小公牛有十二萬六千頭。雖然神話裡的數字一向以誇張聞名，不過也能從側面反映月神廟附屬牧場裡飼養的牛數量之多。

除了南那－辛神廟外，還有一些神祇的神廟也經營乳製品加工場，比較出名的還有女神寧埃伊的伽拉（Nin-E' igara）神廟和牧神杜牧茲的神廟。他倆的神廟（E' igara）字面上都是「充滿乳脂的聖地」的意思，非常具象地指出神廟進行的活動與神職領域直接相關。這兩位神祇的神廟都可視為搜集牛羊奶、加工乳製品的中心。

◎香水工坊——不知名女神的神廟

香水與香料從神話時代就與神族和祭祀儀式密不可分。很難說清人類是何時開始使用香水的，不過想必從非常久遠的年代就開始了。古代美索不達米亞人已經會提煉香水、香膏用於祭祀活動，也會熏香王宮和神廟內的各種物品，尤其是皮革。他們還會用香膏進行身體護理，當然，地位不同的人用的香膏可能品質有所不同。

提煉香水的原料通常很昂貴，除了各色鮮花外還有乳香、沒藥這類昂貴的香料，自然成品價格不菲。香水製造在美索不達米亞是一項很重要的專業活動，通常在專門的神廟由專門的工人製造。考古學家們就曾發掘出一座這樣的香水神廟，銘文顯示它的名字可被讀作「優質香油之家」，或「香水之家」。掌管這座神廟的神祇可能是一位叫寧埃伊拉拉（Nin-E' ì-Rá-Rá）的女神，是否真的有這樣一位女神存在目前還無法證實。不過無論這座神廟是獻給誰的，這段銘文都是用以紀念香水聖殿的建成。

古代兩河人民的日常生活的許多方面都會受到神祇的庇佑，神祇的神廟則是這類活動的中心。兩河神祇的功能性大於神話故事性，神廟並非只是宗教活動中心，更具有實用功能和社會意義。神的概念圍繞著人類相關的社會活動而產生，其屬性隨著作為活動中心的神廟功能的發展演變而進一步延伸。

第四章　令人畏懼的冥府諸神們

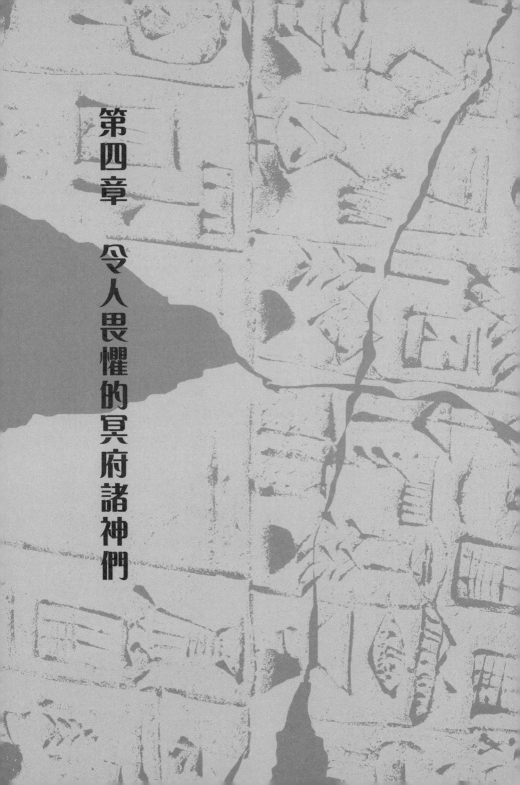

第一節　美索不達米亞冥府漫遊指南

美索不達米亞各民族對冥府有許多稱呼：埃爾卡拉（Irlalla）、庫爾努基（Kurnugi）、庫圖（Kutu）等，或者直接稱作「那不歸之地」。凡人下到冥府是非常容易的，任何人都可以輕鬆前往，但想要走回頭路逃回人間那可就困難了。只有少數天神才能做到這一點，但要付出很大的代價。

冥府入口

神話中沒有提到冥府的具體位置，不過可以透過一些古代文本拼湊出來。《伊南娜下冥府》提到，為了奪取冥府權力，天堂女王伊南娜曾啟程前往那有去無回之地，她朝著位於東北方的札格羅斯山脈進發，冥府的入口甘澤爾（Ganzir）就在那裡——倘若翻過札格羅斯山，就會來到後來稱為波斯的地方，對於最早開始享受城市生活的蘇美人和阿卡德人來說，那裡就是異邦蠻族的黑暗未知所在。

也有人說，伊南娜先是在地表沿著幼發拉底河及其運河向西北方行進，一個城市接著一個城市巡遊，前往冥府之神納戈爾所在的城市庫圖。當她準備踏入冥府時，守門人說：「請進，女士，冥府歡迎妳。」如果庫圖並不確指冥府，那至少也起到象徵冥府的作用。

正如天堂之門有兩名守門人，冥府之門的守衛配置也是兩名，分別叫做梅斯朗泰阿（Meshlamtaea，意為「從冥府升起者」）和盧伽利拉（Lugalirra，意為「強大的主」）。他們是一對孿生兄弟，負責押解踏入冥府之門的亡靈，防止他們從冥府逃脫。後來，他們被視作冥王納戈爾的兩個神像，同時是巴比倫占星術中的雙子座。

亡靈之路

伊南娜當然不會受困於兩名守門人，她威脅他們開門放行，否則她就要「打碎大門，粉碎門栓，砸爛門柱，搬走門楣，提升死者，讓他們吃活著的人，讓死者數量超過活人。」守門人或是害怕冥界的財物損壞（維修費很貴），或是畏懼死者數量超標（工作量大增），立刻就放行了。

伊南娜輕鬆踏入死亡的領域，但接下去的旅程就不那麼好應付了。那是一段垂直下降的路程，應當是陸路，因為《伊南娜下冥府》裡沒有提到過冥河或船隻之類的字眼，不過文中提到，從冥府之門到她姐姐冥府女王艾莉什基伽勒宮殿的路上設有七重大門。女王的總管尼穆塔奉命接待伊南娜，他恭敬而堅定地指出，想要通過那些門，她就得遵照冥府的法則：每通過一扇緊閉的門，就除去身上的一件衣物。就這樣，她出發時佩戴的各種護身符被一一除去，等她來到姐姐面前時已是赤身裸體，毫無護身法寶了。

可以想像，來到這裡的凡人命運也是如此，在通往地下世界的旅程中，每個靈魂必須通過七扇緊閉的大門。每扇大門都有看守，防止他們走錯方向——那意味著被怪獸吞噬或被惡魔蹂躪之類的可怕下場。只有向看守繳納通行費用後，鬼魂們才能繼續前行。因此死者在下葬時需要衣著華麗並盡可能地裝飾珠寶。即使是窮人也會帶上一些錢幣，方便繳費。但不論窮鬼還是富鬼都會被剝除全部裝束。每除去一件衣物就意味著魂魄喪失一點陽性，重返人間的希望也越渺茫。

死者世界

赤身裸體的鬼魂好不容易達到終點，但這裡也沒有什麼好運等著他。埃爾卡拉是個黑暗世界，沒有一絲光亮，鬼魂的眼睛馬上會失去視力。這裡彌漫著令人無法忍受的惡臭，是死去生靈的軀體腐爛造成的。逃離這可怖之地的方法只有一個：在人間另找一人以代替死者在陰間的位置。

鬼魂在埃爾卡拉艱難地生活著。蘇美人認為，鬼魂的大部分時間都是在黑暗中苦苦掙扎，因為這裡沒有食物，鬼魂只能以泥土為食，在塵土中爬行蠕動；他們永遠口渴，因為沒有清水可以喝。蘇美人之後的巴比倫人和亞述人還擔心鬼魂受到半神、怪獸和魔鬼的襲擊。這些半神、怪獸和魔鬼有時還會逃到地面世界，把苦難和死亡帶給人類。

美索不達米亞地下世界的居民中還有死去的神，因為永生不死是很難做到的，連神也會被殺死。伊南娜、杜牧茲和他的姐姐吉什亭安娜都曾經死過，伊南娜只在冥府待了短短幾天，杜牧茲和吉什亭安娜則每年各要待半年之久，日子想必非常難熬。

靈魂審判

在較早期社會中，每個人死後的命運並不取決於其生前的道德水準，而取決於一些較為偶然的因素，比如屍體的處理方式是否符合標準，葬禮的儀式是否詳盡周到，死者生前的表現也會影響靈魂在另一個世界的命運，古代美索不達米亞也是如此。蘇美人認為，艾莉什基伽勒女王很少評價新來鬼魂生前的行為，只是命令她的書記官登記鬼魂的名字。壞人多半不會受到懲罰，好人也不會得到什麼獎賞。雖然生者世界有種種不公，死亡倒是特別平等，國王的鬼魂和普通人的鬼魂待遇相同。人死後唯一的希望，就是有活著的親屬替他們向神進行供奉，因此在蘇美人的觀念中，多子多孫的人死後的命運相對會好一些。

一個早期蘇美版的《吉爾伽美什、恩基杜與冥府》神話提到，恩基杜為了替吉爾伽美什拾取掉落在冥府的鼓和鼓槌，曾隻身前往那黑暗之地，雖然吉爾伽美什囑咐了種種注意事項，但恩基杜一條也沒遵守，果然被困在地下世界無法回來。幸好後來太陽神烏圖奉智慧水神恩基之命打開了一條縫隙，讓恩基杜的魂魄能沿著小縫一溜煙地上升到地表與吉爾伽美什會合。能夠與密友重逢，吉爾伽美什自然很高興，還詳細地打聽了冥府的風貌。據恩基杜的回饋，冥府情況大概是這樣的：

> 在地上竭盡全力過日子的、子女多的人，在冥府會受到優待。有三個孩子的人在冥府可以得到充足的水，有五個孩子的人可以過得像書記官，有七個孩子的人會被看成神一樣的人。而夭折的孩子會在一張由金銀鑄就、上面擺滿黃油的桌子上玩。其他人的命運就比較淒慘了，只有一個孩子的人時常落淚；戰死的人不能動，只能由他的父親抱在懷裡扶著他的頭，他的妻子則成天為他哭泣。一個沒有好好被安葬的人則永遠無法安息。

總之，蘇美的地下世界是個荒涼陰暗的地方，難怪恩基杜會說：「如果我告訴你，你就會坐下來哭。你觸及了我的身體，便會心生喜悅，可是它實際上全是塵土，就像牆上的一條縫一樣。」這或許可以解釋，為何吉爾伽美什會竭盡全力地避免死亡，因為它的前景委實不妙。

鬼魂的命運可能由太陽神烏圖、月神南那或冥府判官組成的審判團裁定。晚一些年代的人們相信，月神南那在白天，太陽神烏圖在夜裡會對死者進行審判。他們沒空的時候則交由七名冥府判官裁決。判官團的性質有點像長老會，他們有權驅使冥府衙役行事，追捕那些企圖從冥府逃脫的傢伙，或是去抓那些命裡該死的人。這些衙役被稱作伽拉魔鬼，伽拉是現實生活中法院官吏的名稱，類似現在的警察。伽拉魔鬼冷酷無情，因為他們缺乏人類的感情和需求，既不吃也不喝，既不懂得飲酒也不懂得作樂，不知道天倫之樂，更不喜歡和孩子玩耍。相反，他們從父母膝下奪走孩子，從產床裡奪走產婦，從病房奪走老人，從戰場奪走勇士。伊南娜和杜牧茲都曾和這些冥府衙役打過交道，知道他們有多難纏。

生者漫遊

儘管絕大多數進入冥府的人有去無回，還是有少數幸運的傢伙由於小心謹慎，沒引起冥府守衛的注意，成功地潛入又返回。在《伊南娜下冥府》中，眼見伊南娜遲遲未歸，她的侍女去求智慧水神恩基幫助。恩基雖然嫌伊南娜老是找麻煩，還是從指甲縫裡刮出一些泥來，捏出兩個無性別的傢伙，吩咐他們像蒼蠅一樣利用門軸處的缺口通過七重大門，帶上恩基特製的復活之水和食物悄悄潛入地下世界。考慮到恩基是主管淡水與農用水渠運河的神，他手指縫裡的泥可能是修築水利工程時嵌進去的，復活之水和食物可能是農業灌溉用水和肥料。由於缺乏人類的性別屬性，因此這兩個傢伙只要不作聲就能進入地下世界不被發現。

與此相對的反面典型是《吉爾伽美什、恩基杜與冥府》中的恩基杜。在恩基杜下冥府為朋友拾取鼓和鼓槌之前，吉爾伽美什一一列舉進入冥府的注意事項，不厭其煩地教恩基杜：到冥府去不能穿漂亮的衣服，不能穿草鞋式的好涼鞋，不能用香膏塗抹身體。不能與鬼魂起爭執，不能動武，不論是用標槍還是手杖都不行。不能與人親吻，不管是愛妻還是愛子都不行。看到冥府女神赤身裸體躺著的時候，不可大聲說話，也不要用布去遮蓋她。但來自山野的粗獷之人恩基杜沒把這些禁忌放在心上，下冥府時身穿漂亮衣服，用香膏塗抹身體，拿著手杖，穿著好鞋，還在冥府大聲喧譁，這便引起了冥府諸神的注意，於是他們抓住恩基杜，不讓他再返回地上了。

冥府提供的任何東西都不能碰觸，尤其不能喝冥府的水，吃冥府的食物，這一點許多神話裡都曾提及。在《伊南娜下冥府》中，恩基在兩名無性特工出發前特別叮囑，哪怕女王「讓你們喝整條河流的水，吃一整塊田地的穀物，都不行。」這兩名泥人沒有打破禁忌，成功地回來了。不過另一個也受到恩基忠告的傢伙就沒這麼好的運氣了。戰神納戈爾踏上冥府的黑暗恐怖之地前，曾答應智慧水神他絕不會接受冥府的任何東西：食物、水、王冠，尤其會抗拒女王艾莉什基伽勒的魅力。但納戈爾只做到了前面的部分，在最後一點卻沒能把持住自己，於是就產生了本章下一篇《冥府女王艾莉什基伽勒成婚記》的神話故事。

第二節　冥府女王艾莉什基伽勒成婚記

美索不達米亞各民族對待死亡一般持宿命論態度：富人也好，窮人也好，它都會同等對待，誰也不放過。有兩篇不同的史詩提到，人類祖先曾幾乎得到永生的機會，最後卻功虧一簣。於是，在史詩的結尾，作者深有感觸地將人類追尋永恆的努力比作水中月、鏡中花，美麗而遙不可及。

儘管死亡不可避免，但不同的人死後會有不同的命運。人們一般相信多子多孫的人死後會享有較好的待遇，過著衣食無憂的日子；戰死沙場的將士們也能得到其他靈魂的敬意。但大多數人死後所能期望的最好結局只能是前往陰森恐怖的地獄，那是一個名叫埃爾卡拉的有去無回之地。

在美索不達米亞神話中，普通魂魄的命運判決書由冥府判官們裁定，超凡脫俗或罪大惡極的魂魄還會受到冥府最高統治者的親自審判。冥府的掌管者是冥王納戈爾（也叫厄拉）和冥后艾莉什基伽勒——一對黑暗、暴力的神靈，但他們之間的愛情故事卻充滿娛樂性。幾塊四千多年前的泥板上記錄了一個叫《冥府女王成婚記》的故事。儘管已殘缺不全，內容仍充滿陰謀、波折與背信棄義。更重要的，它還是個有圓滿結局的愛情故事，使冰冷的冥府似乎也洋溢著一股奇妙的芬芳。

冥后艾莉什基伽勒本是生活在天界的女神。作為天神安努之女，愛神伊什塔爾的姐姐，她的美貌與高貴的身分十分相配，但一場災難使她失去在天界的地位。深海巨龍庫爾（Kur）將艾莉什基伽勒劫持到深海，並囚禁在地下世界。

智慧之神埃阿率領眾神追至海洋，想要奪回被綁架的女神。但庫爾馬上躲進深海大量修建防禦工事，同時設下重重陷阱，準備突襲埃阿的船隊。很快，埃阿的船隊進入了兇險多漩渦的深海區，靜靜埋伏在礁石背後的庫爾見時機來臨，猛然躍起，用巨大的石塊向眾神的船隊砸去。頓時只見石塊如雨點般飛來，船頭和船尾都破漏進水。眼看船隊很快就要沉沒，埃阿鎮定下來，帶領眾神回擊。眾神憤怒的攻擊使庫爾疲於奔命，很快身受重傷，竄回深海洞窟中藏起來。埃阿把船弄沉，在船頭裝上利器，對準庫爾的藏身之處撞去。庫爾的防禦工事被破壞殆盡，他只好在水中負隅頑抗。埃阿充分發揮水神的戰鬥力，利用洋流對庫爾發起猛攻，很快殺死了已是強弩之末的庫爾。

埃阿見強敵已除，準備去冥府拯救女神。然而為時已晚，艾莉什基伽勒滯留在死者世界太久，沾染了死者的污濁氣息，神性被腐蝕殆盡，無法返回天界。眾神之王安努見狀十分痛惜，無可奈何地任命艾莉什基伽勒為陰間女王。至此，艾莉什基伽勒孤身一人待在陰冷漆黑的冥府，成為所有魂靈的統治者。智慧之神埃阿還制定了天界和冥府的管理條例：除信使外，天界諸神不可下降至冥府，同樣，冥神也不可升至天界。

時間如沙礫流過指縫一般，在眾神的愉悅與歡宴中過得飛快。對艾莉什基伽勒來說則是另一回事，她在孤獨寂寞中度過少女時代，身邊除了面目可怖的冥府諸神和妖魔外沒有其他人。不過，冥府在她的管理下秩序似乎還不錯，死者的鬼魂安分守己地待在陰間，魔鬼和疾病也只有在她的命令下才會撲向人間，消滅一定數量的人口。這等政績自然引起父親安努的關注。此時天界正在舉行一場盛宴，每位神靈都可以根據其地位享受相應的美食。

為表彰冥府女王的地位和功績，神王安努派信使卡卡前往冥府，通知艾莉什基伽勒讓她的使者前來天界領取她的那一份美食。諸神之使者卡卡順利地通過冥府的七重大門。他在冥府女王的寶座前彎腰行禮，向她轉達安努的邀請。艾莉什基伽勒高興地接受宴請，任命瘟疫之神尼穆塔為她的使者。

冥府使節尼穆塔隨著卡卡沿天梯來到天界，受到眾神的歡迎，他們紛紛從筵席上起身向他彎腰，以示對冥府女王的敬意。突然，一個傲慢的聲音打破了和睦的氣氛：「向散發惡臭的瘟神行禮可不符合我的作風，哪怕他是什麼女王的使者。」聞言，尼穆塔本就毫無血色的臉一下子白得發青，他循聲望去，發現對他出言不遜的是戰神納戈爾。「好啊，冥府會記住你。」尼穆塔盯著納格爾咬牙切齒道。

兩位神靈之間劍拔弩張，眼看衝突一觸即發，智慧之神埃阿急忙出聲呵斥。他命人帶神使去天國花園休息消氣，又把納戈爾拽到一邊痛批一頓。「你這有勇無謀的匹夫，你難道不知道冥后是誰？她是神王的寶貝女兒。當年我雖然殺死了綁匪深海巨龍庫爾，艾莉什基伽勒卻回不來了。安努連對我都一直耿耿於懷，你怎麼敢得罪她的使者？如果因此造成天界和冥府的對立，你要先考慮如何應對安努的怒火，然後想像被鬼魂吞噬的下場吧。」

埃阿的預言很快變成現實。尼穆塔返回冥府後，安努的處罰決定批示下來：納戈爾必須

此浮雕中的女性究竟是哪位神祇尚無定論，有些人說她是女神伊什塔爾，或是冥府女王艾莉什基伽勒，或是女魔拉瑪什圖。不過從她雙手的手勢，鳥爪形的雙腳及身旁的兩隻夜梟來看，比較有可能是冥府女王艾莉什基伽勒。

親自下降至冥府向冥府女王賠罪。這是很重的懲罰，很可能會有去無回。納戈爾只好向埃阿求助。埃阿建議他在動身之前先去神林選材，為他、安努，還有守護生命之樹的蛇神寧基茲達各製造一頂王冠，以取得他們的庇佑。那大概是類似護身符的東西吧。埃阿還忠告納戈爾絕不可接受冥府獻給他的任何東西：食物、水、王冠，最重要的是，抗拒來自艾莉什基伽勒本身的魅力。納戈爾虛心接受忠告。此外，他還祕密做好某種防護措施，這點除了埃阿外沒人知道。就這樣，戰神走下天階，踏上前往冥府的黑暗恐怖之路。

經過第一重大門時，看門人請他稍候，好向冥后通報高貴天神的到來。其實艾莉什基伽勒早知道此事，正和尼穆塔在王宮裡靜候。為防出差錯，艾莉什基伽勒指示尼穆塔先去看看來者是否就是怠慢他的戰神。尼穆塔從門縫窺視，認出正是此人。奇怪的是，他在納戈爾身上隱隱看到另一重身影，它存在於納戈爾體內卻又不與之重合，使戰神的面貌顯得有些模糊。尼穆塔向艾莉什基伽勒如實彙報他的所見所疑，冥后感到詫異，但想要懲罰納戈爾的怒氣占據上風。於是她下令打開七重門放納戈爾進來，命人把他帶上宮殿，她要在那裡親自處罰他。

在冥府的漆黑之中，目光銳利如戰神者也只能隱約看到艾莉什基伽勒在王座上凝視著他，她的周圍滿是令人生畏的死亡氣息，腳下則跪著瘟神尼穆塔。火爆的戰神這回謹記埃阿的教誨，在冥府最高統治者的王座前行禮。「您的父神安努派我來見您。」他說，「我不想向您解釋我失禮的原因，那不是我的風格，但我願意接受對我個人的處罰。」

「任何處罰？」艾莉什基伽勒嘴邊掠過一個冰冷的微笑，「你怠慢我的使者，侮辱了一位應受尊敬的女神，那是戰神的高傲之心在作祟麼？」一道黯淡的火光竄起，在地面凝結成一把漆黑的匕首。「我在想，如果沒了這顆心，以後你會知道如何正確對待冥府的榮耀。當然，你要是不願意，也可以選擇向我求饒。」

聽了她的話，戰神的眼裡冒出怒火，但他盡力克制著自己。他把一隻手按在額上，瞪起眼睛，朝尼穆塔望去，只見後者臉上露出詭祕的笑容。埃阿的囑咐在耳邊迴響：「記住，你是去賠罪的。收起火氣，不要把事情搞砸了。」納戈爾深吸一口氣，拿起匕首刺向胸口，切斷連接心臟的動脈，把一顆跳動的心臟呈送給艾莉什基伽勒。當然了，他平生第一次的自裁並沒導致死亡，因為黑暗女王只想挫挫他的傲氣，但失敗了。

「好啊，你把心給我了。你是我的了，我英武的戰神。」艾莉什基伽勒輕聲道，聲音小得只有尼穆塔能聽見。「你平息了冥府的怒火，受到了冥府的尊敬。現在，根據冥府的法則，我會稱你為厄拉（Erra）。」女王說道，然後揮手改變場景，黑暗的宮殿隨即便成富麗的宴會廳，源源不斷的美酒佳餚湧向餐桌。美酒當前，佳人在側，這情景固然賞心悅目，不過納戈爾沒忘掉埃阿的忠告。他拒絕接受呈獻給他的美酒、食物和王冠等冥府物品，即使是艾莉什基伽勒親手遞給他的。

幾天後，情況就不太妙了。饑餓會在一定程度上削弱人的意志力，哪怕它頑固如納戈爾的腦袋。最後一擊來自女王本人。沐浴後，艾莉什基伽勒換上優美的長袍，使她的容貌被襯托得更加嬌豔。納戈爾並非沒見過美麗的女神，相反地，在天界，女神不計其數。但艾莉什基伽勒與之完全不同，她的美貌由死亡賦予安詳靜逸，由黑暗賦予妖豔嫵媚，由冥府賦予雍容高貴。在容貌上大概只有愛神伊什塔爾可與之一較高下。所謂英雄難過美人關，納戈爾失去了理智，智慧之神的話被拋在腦後。兩人墜入情網，共同度過六個快樂的夜晚。

第七天，這對戀人的激情平息下來。納戈爾終於想起他的神職，於是告訴艾莉什基伽勒他要返回天界解決一些問題。當然他承諾他會回來的。艾莉什基伽勒戀戀不捨，但納戈爾去意已決。趁艾莉什基伽勒還在休息，他偷偷起身走向七重門。「你們的女主人派我去天界，讓我轉告父神安努一些事情。現在，讓我出去。」看門人的種種阻留詭計在戰神眼裡只是小菜一碟，他輕易地說服他們放他返回天界。

在漫長天階的盡頭，天界的門口，納戈爾發現三位主神安努、恩利爾和埃阿正在等他。他們看到他回來欣喜萬分，三人討論後決定讓智慧之神埃阿為戰神重塑一個身體，洗去陰間的污穢和記憶，恢復戰神納戈爾的榮光。同時製造種種偽裝，好讓艾莉什基伽勒無法認出他，因為冥府女王必定會派人上天界搜索他。

此時在冥府，艾莉什基伽勒正興高采烈地吩咐手下將府邸裝飾一新，以迎接即將到來的婚禮。冥后的喜悅很快被人打斷，瘟疫之神尼穆塔告訴她，厄拉在拂曉時分已不聲不響地回到天界。艾莉什基伽勒聞言一陣暈眩，竟從王座上跌落至地。「我的愛走了，他把我的歡樂都帶走了。我願意放棄一切以求他回來。」接著，她號啕大哭起來，高高在上的女王形象頓時蕩然無存。

「派我去天界吧，我的女王。哭泣無濟於事。」看到這種情景，尼穆塔請求道：「我會把背叛的天神抓回來給妳，妳將重新得到他。」

「你說得對，我的重臣。」艾莉什基伽勒拭去眼淚，咬牙切齒道：「你去告訴我的父神安努。我從小就孤零零地生活在這陰暗冰冷的地方，嫉妒地看著我的妹妹們在天界自由玩耍。現在我終於抓住一絲幸福，它卻又從指縫間溜走。去，告訴安努，厄拉必須回到我的身邊。他現在和將來都是我的。如果我的要求得不到滿足，我將打開冥府大門，把所有的鬼魂放回人間。到時候人間的亡靈數目將超過生靈，一切生靈都將被亡靈吞噬，一切生機將被摧毀。請他好好考慮我的要求，因為我是冥府女王艾莉什基伽勒。」

尼穆塔第二次出使天界，同樣受到諸神的熱烈歡迎，所有的神都向冥后的使者彎腰行禮。埃阿告訴尼穆塔，因為天神數量太多了，名字也差不多，所以他不知道他說的那個背信棄義幹壞事的「厄拉」到底是誰。最好的方法是讓眾神排成一排，讓他一個個看過去，看到了就把他抓出來。不瞭解天界編制的尼穆塔一聽有道理，就同意了。

尼穆塔審視眾神。出乎意料，他沒有發現納戈爾。納戈爾本來應該很好辨認：身材魁梧，高度超過天界平均水準。相貌不凡，滿臉大鬍子。他眼前的天神們個個英明神武，但都不是惹惱女王的那傢伙。他還留意到其中有個禿頂、斜眼、乾枯瘦小、長相怪異的傢伙，簡直難以相信他也是天神之一。埃阿的計謀十分成功。當然，面對尼穆塔時，他裝出十分惋惜的樣子，小心翼翼地把笑容藏在肚子裡。

一無所獲的尼穆塔眼看出使時間過去得差不多了，只好返回冥府，向冥后彙報他的失敗。艾莉什基伽勒傷心歸傷心，卻不糊塗。她令尼穆塔把會面經過毫無遺漏地向她彙報。她意識到是埃阿在搞鬼，說不定那猥瑣得不想讓人多看一眼的神就是厄拉。她命令尼穆塔立刻將那位神帶回冥府。「把他帶回來，並告訴埃阿，如果他敢再破壞我的好事，那就等著人間被亡靈吞噬吧。」

第三次出使天界的尼穆塔再次站在諸神之間。埃阿又讓眾神排排坐，由尼穆塔一個個看過去。尼穆塔的運氣比上次更糟，連猥瑣神都不見了。原來上次尼穆塔走之後，埃阿知道那位神太顯眼，就幫他變換了形貌。反正天界的俊男美女多得是，多一個也看不出來。

尼穆塔一日找不到厄拉，就一日不敢回去。因為不用擔心伙食問題，他就天天在天界徘徊，反正天界的食物不會像冥府的那樣腐蝕神性。他在等待機會，一旦厄拉露出馬腳，他就立刻拉他下冥府。就在他找諸神麻煩的同時，一場針對他的陰謀也在悄悄醞釀。納戈爾已經忘了他在冥府的經歷，只覺得這個傢伙礙事。他把埃阿拽到一邊密謀，建議在下一場宴會上往尼穆塔酒中混入天神的聖水。他的身體和思想都會因此得到淨化，從而獲得天界的神格，冥府神格就會被自動剝除。他將永不返回冥府，天神們也用不著擔心遭到「第三次突擊檢查」。埃阿覺得此計甚妙，同意了。

眼看尼穆塔的冥府神格就要不保，但艾莉什基伽勒的威脅救了他。在宴會上，悶悶不樂的尼穆塔覺得這樣拖下去不是辦法，於是他採取最後一招，把艾莉什基伽勒的威脅原封不動地轉達給三位神：安努、恩利爾和埃阿。正在笑咪咪喝酒三位主神傻眼了。如果人間被亡靈吞沒，天界也無法維持下去，天神將被魔鬼打敗。這將是一場空前的災難。天界的集體利益面臨危險，納戈爾的利益算得了什麼呢？於是埃阿果斷放棄了針對尼穆塔的純淨水計畫，派人找來納戈爾。神王安努在尼穆塔和埃阿、恩利爾面前宣布他的裁決：納戈爾對冥府無禮，有罪。他將被剝奪天神資格，必須跟冥府使者尼穆塔回到冥府，永不許返回天界。因為他的命運已和冥府女王糾纏在一起。

安努的最後一句意味深長的（但對失去記憶的納戈爾來說是莫名其妙的）裁決後，納戈爾恢復了戰神本來的威武面貌和全部力量。埃阿再次為納戈爾佩上了強而有力的護身符。納戈爾扛起戰斧，和尼穆塔一起走下長長的天階，走向通往冥府的道路。

由於什麼也不記得了，納戈爾只覺得自己倒楣無比。一名驍勇善戰的武士因為一個女人的威脅，因為所謂「天界的利益」，被剝奪神格，驅逐到冥府，他的怒氣沒把尼穆塔燒死真是奇蹟。

通過七重門時，看門人試圖從納戈爾身上取走天界護身符。納戈爾怒不可遏，他展示出戰神的威力，揮舞戰斧砍倒所有看門人，衝入艾莉什基伽勒的宮殿，一把抓住她的頭髮，把她拉下王座。鋒利的戰斧在艾莉什基伽勒美麗的脖子上閃耀，納戈爾縱聲大笑，「妳加在我身上的侮辱我會加倍奉還。現在跟妳的王位說再見吧！」

艾莉什基伽勒哭喊起來：「請等一下，我的愛人。請聽我說。」接著，她傾訴她的思念之情，並把納戈爾上次來冥府的始末統統告訴他。在這些話語，在這些嗚咽，在這些眼淚中包含了那麼多的愛情，它和一個女人因為看見一隻老鼠或者打破一個杯子發出的聲音真是天淵之別，以至於納戈爾因迷惑停了下來。「妳說這些事曾經發生，但我毫無印象。」他把戰斧挪開了一點，仍緊盯著艾莉什基伽勒，「拿出證據來，證明妳所說的，否則我的怒氣不會平息。」

艾莉什基伽勒拿出了他的心。「如果你願意留下來，你將是我的丈夫和主人。我會把統治冥府的智慧石板放在你手中，你將成為冥府之王，統治這廣袤的領地和所有的地下諸神。」這斷斷續續的聲音中包含了如此動人的魅力、如此強烈的誘惑，讓納戈爾情不自禁地接過心臟。手剛接觸到仍在跳動的心臟，他的記憶就恢復了。他想起上次在冥府的歡樂，以及回去後如何飲下天神牌純淨水而忘掉一切。他放下戰斧，扶起艾莉什基伽勒，拭去她臉上的淚水。「其實我也有個祕密。」他笑著說，「第一次來冥府之前，我真擔心自己遭到冥府惡魔懲罰回不來，就把神性分成兩份。即使我不得不留在冥府，至少也能有一半神性返回天界。這個計畫原本進行順利，不過我萬萬沒料到竟會被妳迷住。看來我就算有一百個分身，都會統統留在冥府了。」

「難怪我在您身上看到另一重身影，冥王大人。」趕來救駕的尼穆塔見狀急忙改口道，接著轉身走出大殿，張羅上次中斷的婚禮事宜去了。宮殿裡的兩隻愛情鳥又擁抱在一起，這回可不是六個夜晚，而是永遠了。

看到這一幕，神王安努意識到納戈爾的命運已無可避免地與冥府緊緊糾纏在一起，於是他順水推舟地派出使者卡卡前往冥府，祝賀納戈爾與艾莉什基伽勒成婚，永久地定居在冥府。

我派來的這位天神
他將永居埃爾卡拉
以天國之神的名義
以冥府諸神的名義

第三節　死神厄拉毀滅巴比倫

納戈爾是蘇美神話中的戰爭、死亡和毀滅之神，最初可能是庫塔城的地方神祇，代表炙烤大地的盛夏驕陽和阻礙農作物生產的午後烈日。後來由於他與巴比倫人的戰爭、瘟疫與死亡之神厄拉有許多相似之處，這兩位神祇逐漸融合，成了同一位神。

納戈爾通常被描繪成一個身著長袍，大步行走的強壯戰士，手持一把彎刀和一柄雙獅頭的狼牙棒，前進的步伐踩碎一個人的軀體。他常被與公牛或獅子聯結在一起，因為這兩種動物都代表了強大的自然和超自然力。他是自然界和人性中毀滅性力量的象徵，他經常揮舞著他的狼牙棒和彎刀，隨心所欲地進行破壞，卻從不會表現出懊悔，因為「毀滅是他的天性」，他這麼做並非「為了懲治罪惡」。這一點在《厄拉摧殘巴比倫》這個神話中表現得尤為明顯。

納戈爾現在已經是冥王了，人們把他稱作厄拉。眼下他正斜躺在臥榻上無所事事，感到昏沉又遲鈍，「就連他的武器都在抱怨，因為它在倉庫裡積滿灰塵。」他的兩個武器，一柄叫「烏魯穆」，另一柄叫「塞巴」，它們對納戈爾大呼小叫：「起來，厄拉！你怎麼好像沒打過仗似的，不敢面對血肉橫飛的場面了？別睡了，振作起來，跨上坐騎出去闖蕩，去吞噬來往的行人！快行動起來，看到別人在你面前俯首貼耳豈不美滋滋！讓高山為你震動，讓大海為你洶湧奔騰，讓勇士為你斷頭折腰。行動吧，厄拉！」

武器的話很合厄拉的心意，於是他召來他的使臣以舜（Ishum），要他安排戰備物資，準備打開冥宮大門出去大肆殺戮一番。但以舜雖然是厄拉的心腹，性格卻較他的主人仁慈冷靜許多，他見主人又要出發，心知人類又要遭殃，頓生憐憫之心，便勸說道：「主人，之前大神們對你大肆殺戮已經不太滿意了，你再度席捲大地殺死無數人類的話，不知又要惹來怎樣的怒火。」

「住嘴，以舜。」聽聞此言，厄拉很不高興，「你是我的手下，得聽我的話。我是天上的公牛，是地上的雄獅，是一切的征服者。所有神祇裡我是最強悍的，地上的人敢不聽我的話，不把我放在眼裡，就應該受到懲罰。至於天上的大神嘛，你幾時見我放在心上？你看著，讓我來鼓動瑪律杜克離開他的巴比倫，把他從御座上轟下來，我會懲治他手下的那些逆民。」

厄拉一行人徑直來到巴比倫，走進眾神之王瑪律杜克的神廟「埃薩吉拉」（Ésagila），對高居在王座上的瑪律杜克說道：「我的主神，你王權的象徵籠罩著神聖的光環，亮得像天上光芒萬丈的日光，還鑲嵌著亮晶晶的星星珍珠。」瑪律杜克心中歡喜，把王冠和王座的來歷對厄拉一一細數，但厄拉的心思哪裡在這上頭？他對瑪律杜克說：「我的主神啊，你的王權象徵現在有遭人偷取的危險，快離開這個地方，讓火神吉比爾淨化你的衣服，然後你再回來。英勇無畏的厄拉會把那些兇橫的惡魔趕到一去不歸之國，為你消滅那些謀權篡位的傢伙！」

瑪律杜克半信半疑，他擔心他不在的時候，人類會被冥府的鬼魂趁機吞噬。但厄拉向瑪律杜克保證，在他離開的時候，厄拉會守在神廟門口，像天界公牛守護安努和恩利爾一樣保護人類不受侵害。厄拉的話令瑪律杜克很滿意，於是他離開王座，啟程前往阿努納奇的居所。

瑪律杜克前腳剛走，厄拉就急不可耐地向以舜下了命令：「打開大門，我要出征。期待已久的時刻終於來了，我要打敗太陽，讓世界陷入黑暗；我要摧毀城鎮，讓黑頭髮的阿卡德人屍骨堆積如山；我要翻江倒海，斷絕海中的生機；我要血洗大地，讓凡間生靈塗炭。」

厄拉滔滔不絕說得起勁，以舜卻心急如焚，暗自思忖：「能對抗厄拉的勇士神正在病中，眼下的情形就像當初尼努爾塔追捕鳥怪安祖時沒能把網展開，真是要命。」他極力勸說他的主人：「你對黑頭髮的人類和神祇其實沒啥壞心眼吧？你已經抓住了天的韁繩，你已經成了國度之主，伊吉吉和阿努納奇們都在你面前瑟瑟發抖。或許你已心滿意足？讓我們轉換思路，幹點別的吧！」

但正在興頭上的厄拉哪裡聽得進去，他手持狼牙棒和彎刀血洗了巴比倫，殺光了城中的居民，留下一地屍骸後又撲向烏魯克，撲到伊什塔爾的神廟，把它夷為平地。然而他還是不肯甘休，喃喃自語道：「殺戮令我熱血沸騰，我要殺死一切活人，讓他們暴屍荒野；我要摧毀一切房屋，讓大地滿目瘡痍。」

以舜對主人的暴行實在無法忍受，他一遍又一遍地勸說道：「我的主人，有罪的和無罪的，忠誠的和不忠誠的，獻祭和不獻祭的人，統統被你殺掉了。長壽的老人、溫柔的少女、啼哭的嬰孩，也紛紛做了亡魂。你連休息一下也不成嗎？讓一切都歸於黑暗，甚至連眾神的宮殿都崩塌，對你有什麼好處呢？眾神只會厭棄你，人類只會詛咒你，沒有人會向你獻祭，沒有人會為你供奉，這對你又有什麼幫助呢？你恣意妄為地害人，反倒會害了自己。請你回想一下，你有多少天沒有嗅到人類獻上的麥餅和烤肉的香味了？難道你自己還沒有感覺嗎？」

以舜的話像一盆冷水澆滅了厄拉心頭的邪火，他冷靜下來，答道：「不錯，眼下巴比倫的鄰國正野心勃勃，虎視眈眈，蓄意挑起爭鬥，我會助巴比倫人一臂之力，幫他們打敗敵人。」於是厄拉改變方向，征服了諸城鎮，將它們夷為平地；粉碎了山，斬殺了那裡的獸群；攪亂了海，把水裡的海獸毀滅；踐踏了蘆葦，放把火燒為灰燼。然後他走向天神和地神的居所，伊吉吉們和阿努納奇們看到這個兇神惡煞到來，個個噤若寒蟬，厄拉卻開口道：

「諸位，別怕，我之前確實經常作孽，幹盡壞事，腦子裡全是殺人，但現在我已改過自新。以舜不是在我之前開路嗎？他跑到哪裡去了？咦，你們的埃阿大神怎麼還不端上供品？你們是嗅不到香氣的呀！」以舜應對道：「主人啊，在你發火的時候，誰敢到你面前來呢？現在你心情平靜了，大家就能聚過來聽你說話了。」

厄拉聽聞此言心中頗為愉悅，臉色發著光，當眾發誓並許諾道：「在大災之後，大地上的人類將會重新興盛，人們會再次過上幸福和樂的日子。軟弱的巴比倫人將再次強大，巴比倫的婦女將再度多產。城鎮會在廢墟上重建，牧畜將在草原上繁衍。消失的神靈會回歸巴比倫，毀壞的大神廟會重生光輝。幼發拉底河和底格里斯河將再次河水充盈，巴比倫會再度崛起，成為諸城之王。」

過了幾年，一切果然像厄拉許諾的那樣逐漸好了起來，大地生機盎然，草原上六畜興旺，田地五穀豐登，巴比倫人安居樂業，城邦實力蒸蒸日上。百姓齊頌讚歌，感謝神靈的恩德，還編寫了一首頌詩，讚美以舜如何撫平厄拉的殺心，使厄拉改邪歸正，將功補過。厄拉聽到這支頌歌十分高興，對人們表揚他的謀臣以舜也滿心歡喜，祝福道：「讓這首歌千秋萬載，代代流傳。讓所有的國度側耳傾聽，每寸土地都把我的名字頌揚。」

這個神話可能反映了西元前十二世紀到西元前九世紀之間的部落、游牧民族（如阿拉姆人或蘇特人）對巴比倫的入侵。通過厄拉，人們把敵人入侵、城鎮毀滅、平民遭受屠戮的悲劇歸結到某些神祇毫無理性的暴怒上。因為如果諸神真的掌控一切，關心自己的造物，把人類的利益放在心中，那麼人間就不該有那麼多痛苦。雖然人們經常遭受損失、失望、病痛和死亡的折磨，那都只是納戈爾——也就是厄拉的錯，其他神祇還是關心人類的。

擴展閱讀

美索不達米亞冥府的常駐魔鬼

總體來說，兩河流域的城市居民過得還不錯，因為他們畢竟是第一批享受城市生活種種好處的人，但他們認為自身的繁盛和生命時時刻刻都暴露在超自然力量的威力之下。因為人類的世界充滿了神靈和各種超自然生物，後者大致又可分為魔鬼、怪物、惡靈等等。對古代美索不達米亞的圖像學研究顯示，惡靈指憤怒的鬼魂，即那些非自然死亡，或沒有被妥善安葬的人的鬼魂，例如溺水或陣亡的死者；「怪物」是半人半獸，四肢著地的生物；「魔鬼」則通常指直立行走、半人半獸的生物，他們的威力和破壞性也相對最大。

在現代人看來，魔鬼一詞總是與邪惡相連，帶給人類種種災難，但在古代世界，人們的認知並非如此。英語中的「demon」翻譯自希臘語中的「daimon」，原意為「精魂」。一個魔鬼可能是邪惡的，也可能是友善的，這取決於它來訪的意圖和造成的後果；它可能自行其是，也可能受神靈派遣來懲罰某人，或是前來提醒某人履行某項對神或社會的義務。

在阿卡德人的大洪水神話《阿特拉－哈西斯》中，人類由於壽命過長，繁殖速度又快，出生的人遠比死去的人數量多，很快這個群體就變得太多太吵。

人類的喧譁聲吵得暴躁風神恩利爾頭痛欲裂，他決定用一場大洪水來清除人類。但由於智慧水神恩基事先通風報信，人類中的一小部分倖存下來，再度繁衍生息。洪水退去後，恩基提出一個人類「改造計畫」，即創造一種壽命較短的人類，並釋放各種疾病、不舉不孕、野獸襲擊，還有各式各樣的災難和不幸。魔鬼就是這個改造計畫的一部分，只要某個神認為應該派出它們，它們就會撲向那個倒楣的傢伙。以下是古代美索不達米亞冥府的一些知名魔鬼（大部分魔鬼都住在冥府）。

◎帕祖祖

諸多魔鬼中，帕祖祖（Pazuzu）可能是最知名的一個：它是美索不達米亞成千上萬的魔鬼中唯一一個成功打入好萊塢的，在經典恐怖片《大法師》（The Exorcist）中擔任了大反派。不過有一點《大法師》搞錯了，雖然帕祖祖毫無疑問是邪惡的，但並不會傷害兒童，相反地，他能保護兒童和孕婦免受其他魔鬼的傷害。

帕祖祖起初是一個亞述－巴比倫神話中的魔鬼，他是冥府魔鬼之王漢比（Hanbi，也叫做漢巴，Hanba）之子，也是蘇美史詩《吉爾伽美什與永生之國》中守護永生之國雪松林的森林管理者胡巴巴（Hubaba）的兄弟。與生活在地表森林的兄弟不同，帕祖祖生活在地下世界。他能控制西風和西南風，在旱季帶來饑荒，在雨季帶來暴雨和蝗災。不過若是人類祈禱和運用的方法合宜，帕祖祖也能發揮積極的功效，將他的自然毀滅能力轉為仁慈的保護力。

帕祖祖的造型很適切地反映了他所代表的破壞性風向及附帶的危險特質。在《大法師》的開頭場景中，牧師在哈特拉（Hatra）古城中看到的真人大小的雕像，很準確地還原了帕祖祖的模樣：狗臉凸眼，身上長滿鱗片，還長有猛禽的爪子，蛇頭形的陽具和巨大的翅膀。不過，古代美索不達米亞人並不會真的雕刻這麼大的帕祖祖——實際上，當時的人們極少描繪與地下世界有關的惡魔或神靈，因為他們擔心那樣做會吸引他們的注意。這也是為何很少有人刻畫冥府女王艾莉什基伽勒的雕像，因為沒人會有興趣和她碰個正著——不過帕祖祖的小雕像或護身符效果就完全不同了：它們會把帕祖祖的注意力吸引到佩戴者或小雕像所在的房間，這樣當帕祖祖前來，因為個頭較小，就不容易讓凡人害怕，相反，凡人可以請求它的保護，請它把破壞力轉向別的對象。帕祖祖小雕像主要放在孩子的房間裡，或是靠近門口或窗戶的地方，它可以像醫療女神谷菈的守護犬——尼姆魯德小雕像一樣保護孩子，以防惡靈、魔鬼或鬼魂，尤其是帕祖祖的死對頭拉瑪什圖的傷害。

◎拉瑪什圖

拉瑪什圖是古代美索不達米亞神話中的女魔鬼，也有可能是女神，因為她是天神安的女兒。不過如果以女神的標準來看，拉瑪什圖的外表不同尋常：她全身覆蓋烏黑粗糙毛髮，獅頭驢牙驢耳，手裡握著蛇，該長腿的地方長著鳥爪，長長的指甲彎曲而銳利。她的身邊常有一堆狗和豬相伴，據說它們是她的僕役，在一些出土的經文裡，她有時還被描繪為跪著或站在驢子旁餵豬。

拉瑪什圖經常奪走新生兒，令產婦難產，或令孕婦失去孩子。據說她搶走嬰兒後，會吸他們的血，啃他們的骨頭，還會吸食人類的血液，帶來噩夢、污染和疾病，因此人們對她非常恐懼。

帕祖祖是拉瑪什圖最大的對手，但在某些神話裡，他也被說成是拉瑪什圖的情人。他們關係親密，直到拉瑪什圖為了更多權力殺死了一位重要的神。目睹這些暴行後，眾神把相反的力量送給帕祖祖，讓他成為她的敵人，在拉瑪什圖可能危及孕婦和嬰兒的地方，帕祖祖作為護衛將孕婦與嬰兒從拉瑪什圖的魔爪中拯救出來，因為他知道她如何下手，能在她到達之前先行找到了她們。

◎阿紮格

在前文《武士國王尼努爾塔》中，我們曾提到天神安與地母基生下巨大的石魔阿紮格，阿紮格透過與庫爾（山脈）不斷交配，繁衍了許多後代。一些美索不達米亞治療符文中提到，這些阿紮格的後裔能以讓人發高燒的方式襲擊人類，進而將人殺害。

◎吉丁

吉丁（Gidim）是死者的鬼魂。由於他們在地下世界的日子很淒慘，親屬們必須定期為他們供奉食物和飲料。如果不餵飽他們，他們會變得焦躁不安，可能會從地下世界回來，通過耳朵進入人體，危害人的身體健康。不過有時也會有法師故意把他們召喚出來詢問未來。

◎伽拉

冥府衙役，負責把不幸的人拖到地下世界。美索不達米亞人幽默地把這些冥府爪牙稱作伽拉，這是現實生活中法院官吏的名稱，類似現在的警察。他們在某些方面很像獵人，在關於杜牧茲之死的故事中，杜牧茲祈求內兄太陽神烏圖把自己變成羚羊，也是為了説明伽拉魔鬼的這一特性。不過伽拉魔鬼毀壞杜牧茲的羊圈、踢翻他的奶桶等行為，説明伽拉魔鬼的形象中還融合了一部分土匪的特質。對美索不達米亞人來説，土匪是一個實實在在的威脅。

◎莉莉圖

莉莉圖屬於一個魔鬼家族，家族裡有一個男妖利路（lilu）和兩個女妖：莉莉圖和阿爾達特－莉莉（Ardat Lili，意為少女利路）。利路出沒於沙漠和曠野，對孕婦和嬰兒尤其危險；莉莉圖是利路的轉性版，而阿爾達特－莉莉沒有性器，無法進行正常的性活動，因此她以攻擊性行為作為補償，因此她會導致男性不舉和女性不孕。阿爾達特－莉莉常在魔法文本中出現，和希伯來人的莉莉絲有一些相似之處。不過人們對她的形象並不瞭解，一塊出土的牌匾上，一頭長有蠍尾的母狼即將吞噬一個年輕女孩，據信這頭母狼代表阿爾達特－莉莉。

◎七魔與七神

七魔是一組魔鬼的總稱，他們是天神安和地母基的後代，也是冥王納戈爾／厄拉的得力助手。在一組魔法咒語中，七魔被稱為翁杜格（undug），後者是一類特定魔鬼的專屬稱謂，即可是邪惡的，也可以是友善的魔鬼。與七魔相對的是七神，他們是一群仁慈神靈的總稱，人們可以用魔法咒語召喚他們的力量對抗邪惡的魔鬼，不過咒語得重複七次，因為每次只能招來一位神祇，驅逐一個魔鬼。七神的象徵是七個圓點，或是七顆星辰，也就是我們所指的昴宿七星。

◎薩馬納

妨礙人類繁衍的魔鬼尤其令人惱火，薩馬納（Samana）就是其中的典型。據說他長有龍牙、鷹爪和蠍尾，會影響農作物和牧群的豐產，他還對嬰兒和人類的性事有特殊的胃口。有一個針對他的蘇美防護咒語列出了他如何妨礙年輕女子的月事，讓年輕男子不舉等等。具有如此毀滅力量的魔鬼本應被諸神牢牢束縛，但薩馬那卻常受健康與醫療女神谷菈的驅使，因為以人類的性生活為攻擊目標，眾神可以把人口數量控制在一個能容忍的範圍內。

第五章　大洪水神話

第一節　祖蘇德拉——最古老的蘇美大洪水神話

第七天終於來了。

傍晚，天色陰沉，落著絲絲苦雨。人們驚慌失措，亂作一團。成群結隊的平民背著包袱，拖兒帶女，匆匆忙忙向停泊在河邊的一艘方形大船跑去。孩子們哭著拽住母親的衣襟，磕磕絆絆地跟著父母跑著。老人、婦女摔倒了，又爬起來急奔，顧不得拭去滿身泥汙。

人們漸漸集合在河岸邊，望著站在船上的中年男子。他身材高大，衣著樸素而高貴，頭髮在火把的映照下閃爍著跳動不定的灰色，但離變白還很遠。他就是方舟的建造者、蘇美國王——祖蘇德拉（Ziusudra）。他注視著慌亂的人群，揮舞雙手向等候的百姓喊道：

「讓我的親屬過來！」

「把飛禽走獸、糧食種子搬上來！」

「讓工匠們都上來！」

在他的指揮下，許多人和動物上了船。跳板被火光照得雪亮，被點名的幸運兒擁擠著往上走，許多人走得很慌忙。剩下的人還有很多，黑壓壓的一片。他們仰著臉，靜靜地站著，臉上充滿渴望。一種死亡恐怖的氣氛，像雲霧一樣蕩漾在他們頭頂。此刻，這艘方形大船不再是普通的船，它的名字是逃亡、是拯救。

船已經快滿了，國王又念出一批人名。最後這群人奔跑著衝上船，最後一批貨物也被搬運上去。國王哽咽著揮揮手，跳板被猛然抽離，船旋即離開河岸。一開始，它似乎並沒有動。陸地彷彿在倒退，但不容易察覺。絕望的人們蜂擁向前，試圖跳上船舷，然而一條只有幾步寬的水流將他們和船分隔開來，這也是得救和滅亡的分野。隨後在幽暗的夜空下，船完全脫離河岸，浮在混濁的水面上，已經不可能接近了。岸上的人發出悲慘的呼號，無助的雙手伸向蒼天，豎起了一片手臂的森林。

天亮前雨停了，大船慢慢駛向江面。大河死氣沉沉的，彷彿已在即將來臨的厄運中窒息。

破曉時分，天邊又湧起層層烏雲。濃密的雲團飛馳，迅速將天空抹黑。群山被遮蔽了，太陽不見蹤影，天地間昏暗得像午夜來臨。驚雷滾滾掠過天

美索不達米亞有三個大洪水故事文本：蘇美人祖蘇德拉的洪水故事，《阿特拉－哈西斯》史詩，及史詩《吉爾伽美什》中人類始祖烏特納皮什提姆的故事。

空，那是風暴之神阿達德飛過天空，向人類預告暴風雨就要來臨。閃電炸出血紅的光，落在瑟瑟發抖的大地上，引起大火。山林和田野都燃燒起來，整個國土上烈焰騰空，猩紅的火光映襯著黑沉沉的烏雲，更顯得陰森可怖。懶洋洋的江面因為疾風而變得生氣勃勃，洶湧著動盪起來。從水底發出淒厲的呼嘯，簡直可以說是溺死者的亡魂在人們腳下哭號。接著大雨從天而降，熄滅大火，世界頓時又變得一團漆黑。

烏怪安祖撕裂天幕，天上的水傾瀉下來。接著冥后艾莉什基伽勒拔掉地下深淵的支柱，冥王納戈爾打開了深淵的閘門，地下深淵的水洶湧倒灌，在地面與天水融合，連成一片。狂風挾著驚濤駭浪撲向大地。濁浪排空，一座座蘆葦搭成的泥屋一下就沒了蹤影。大樹被連根拔起，隨著波濤橫衝直撞。人哭喊著奔跑，洪水卻在他們身後嘩嘩狂笑。大浪湧來，人像小草一樣被沖上半空。大水肆無忌憚地吞沒大地上的一切，在這人類的最後時刻，茫茫水面上只有一艘大船，承載著人類延續的希望，隨波逐流……

黑漆漆的船艙裡，祖蘇德拉與眾人擠成一團，他的目光穿過狹小的船窗，投向霧茫茫的窗外。他唯一能看到的生靈是甲板上裸著上身、赤腳站定，拚盡全力扳住木舵的舵手，狂暴的雨打得他睜不開眼睛，冰涼的水凍得他微微打顫，呼嘯的風讓他站立不穩，滔天的浪更是搖晃著船板，幾乎要把人顛落水中。方舟像葉子一樣被拋上波峰，甩下浪谷，但他還是緊緊握住船舵，躲避湍流和洪水中挾帶的各種雜物，竭力避免船被撞得粉碎的命運。除此之外，艙外一片混沌。祖蘇德拉望著眼前的景象，不由得回憶起以前的日子。

那時候的生活是多麼美好啊！阿努納奇大神們創造了天地，眾神各司其職，世界井然有序。後來恩基和寧瑪赫在安和恩利爾的宣導下創造了黑頭髮的蘇美人，又將王冠和王座賜給人類。人們也不負期望，建立了五大城市，包括祖蘇德拉自己的舒魯派克城（Shuruppag）。那時天藍雲白、風和日麗、水草豐美、土地肥沃，大麥小麥堆成了金黃色的小山丘，冒著泡的啤酒裝滿了一個又一個木桶，美味的黃油和乳酪堆滿了一艘又一艘平底船。人們在暢享豐收喜悅的同時也不忘按時向眾神獻祭，包裹在牛皮裡的脂肪在火上灼烤的香味直沖雲霄。

然而一夕之間風雲突變，阿努納奇大神們突然翻臉，只因人類的喧譁打擾了他們的嬉戲和安眠，他們便在眾神會議上決議，要用大洪水淹死人類。一想到眾神的無情和在大水中喪生的同胞，祖蘇德拉不由潸然淚下：「最狠心的便是恩利爾，他竟然要我們悉數滅絕，若非恩基偷偷向我們報信，讓我們趕製一艘大船，我們也難免要葬身魚腹！」祖蘇德拉彷彿又聽到恩基——那位創造人類的善神——焦急的呼喊：「蘆舍啊！泥牆啊！你聽好了！快快逃命！快拆毀房屋，修築大船，清點能拿的財物。要快，七天後，天降苦雨，洪水就會到來！」恩基還說，要建造一艘寬度和深度一樣的大船，還要在船身上塗滿瀝青和焦油，才能抵禦大水的衝擊和浸泡，人類才能度過這場劫難。

船艙中的空氣污濁，淒風苦雨間雜著婦孺低低的哭泣聲。恍惚間，祖蘇拉德感到自己又回到了城裡，和眾人一起建造大船。全城的人都趕來幫忙，他宰殺牛羊，請眾人吃飽，打開酒窖，讓眾人喝足。人們砍伐木材，打造船板，拆毀房舍，抱來茅草。男子架起鍋爐，叮叮咚咚地敲打龍骨；婦女奔跑著，運送造船材料和食物；老人忙著點燃鍋爐；孩子們搬來一塊塊瀝青，投進冒著泡的熔爐，手和臉都被煙火熏得黑漆漆的。

第五天，船的骨架搭建起來了。

第七天，大船完全竣工準備下水。

就在這天傍晚，天色轉陰，不一會兒竟飄落苦雨，祖蘇德拉知道，末日終於到了。如今，大船在風雨中飄搖，參與造船的人之中有多少已葬身魚腹？逃出生天者寥寥無幾，人類的出路又在哪裡？祖蘇德拉越想越傷心，越想越覺得前途渺茫，忍不住哭泣道：「眾神啊，為何要拋棄忠誠於你的人類！恩基，寧瑪赫，人類的父母，你們在哪兒呢？」

此時，恩基正和眾神一起擠在天神安的宮殿外廊上，俯瞰著大洪水發呆。諸神都沒料到大洪水竟然如此兇猛，把他們在地上的住所也都全部沖垮，他們不得不火燒屁股般地從神廟跑到安的居所來避難，平時寬敞巍峨的天界神殿被擠得沒處下腳。有許多神跑得過於匆忙，連自己的神權象徵都來不及帶，眼下他們望著人間的漫漫汪洋，心中悔恨不已，痛恨自己輕率之下盲從了恩利爾的決定。人類之母寧瑪赫等女神更是哭得涕淚交流，痛恨自己沒有竭力反對恩利爾的計畫。一片混亂中，唯有極力主張消滅人類的恩利爾絲毫不為所動，冷酷的眼眸中閃動著一絲得意的精光。

大洪水足足肆虐了六天六夜，一處處城鎮、一座座神廟、一片片草場、一塊塊田地，都被浸泡在黃濁的泥水中，萬物猶如創世之初一般混沌，只有風在哀哀地低號。舵手見浪頭逐漸變小，水中雜物也變得稀疏，自己的體力也已如強弩之末，便回到艙內休息，與眾人擠成一團。

第七天，隨波逐流的船終於不再搖晃，水面完全平靜下來。祖蘇德拉打開艙門，雨停了，太陽已經出來了，溫暖的陽光灑在艙內，霧濛濛的水汽一掃而空。河面平靜如許，彷彿前幾天排山倒海的暴風雨只是一場噩夢，但除了方舟內的倖存者，所有的生命

《創世紀》中說，上帝為了懲罰人類的罪惡，決定毀滅人類，由於只有挪亞是個善人，所以上帝傳授了造方舟的方法，讓他逃避災難。挪亞一邊造船，一邊搜集各種動物，最後在洪水來臨之際帶著一家人和雌雄成對的動物上船。

已葬身水底。

船在一處高地擱淺，放眼望去，遠處還有一連串小小的土丘冒出水面，但還看不到成片的陸地。祖蘇德拉打開鳥籠，放出幾隻鴿子。鴿子撲搧著翅膀飛上藍天，漸漸遠去，身影越來越小，消失在雲中。但過了一會兒它們又飛了回來，因為找不到落腳地。

過了一段時間，祖蘇德拉又把燕子放了出去。燕子輕盈地飛上藍天，快活地嘰喳著，享受陽光和微風的輕拂。可是過了一陣子，它們也回來了，因為找不到可以築巢的地方。

太陽西沉，橙紅的日輪在昏黃的水域投下跳動的光暈。祖蘇德拉再度放出兩隻大烏鴉，它們呱呱叫著飛向落日，在燃燒的晚霞中變成一對黑色的剪影，再也沒有回來。它們找到了棲身地，大地已從洪水中再次誕生！

祖蘇德拉興奮極了，他打開艙門，迎接清新柔和的風，放走所有的飛禽走獸，然後帶著劫後餘生的人類走下大船，在洪水退卻後黝黑的淤泥上開始耕作，重建家園，安居下來。

有人說，他們來到了大河匯入波斯灣的入海口，來到為水神恩基所喜愛的人間樂園、永生之地——迪勒蒙。祖蘇德拉也被眾神接納為神，世世代代享受後人的供奉。

第二節　阿特拉－哈西斯——巴比倫大洪水神話

古代美索不達米亞人認為，大洪水是一件具有歷史意義的重大事件，蘇美王表便以這場洪水為界，將王表分為兩部分。阿特拉－哈西斯是大洪水之前舒魯派克城的王，他在大洪水中僥倖逃出生天，並幸運地獲得眾神授予的永生。流傳至今的完整版本主要是巴比倫版，因此下面出場的神祇使用的是他們在巴比倫神話中的名字。

很久很久以前，大地上還沒有人類，天上地下只有眾多神靈各司其職。工作的分配由抽籤或者推選確定，安努掌管天空，恩利爾掌管大地，埃阿掌管地下的淡水和海洋。除了三位主神，還有月亮、太陽、金星等幾位大神，他們統稱為阿努納奇，管理著被稱作伊吉吉的小神，伊吉吉負責開掘底格里斯河和幼發拉底河以完成灌溉。

伊吉吉們整日勞作，開鑿河渠，修築堤壩，掘地燒磚，耕種田地……可以說全年無休，實在苦不堪言。就這樣過了三千六百年，小神們終於累得受不了，開始消極怠工，聚在一起七嘴八舌地發牢騷。

「我真吃不消了，整天忙個不停，我的手臂都酸得抬不起來了。」

「我也是，我的腿累得都快斷了，這樣下去我就要報廢了。」

「可是不工作，我們就會沒飯吃，沒衣服穿了。要是能不工作就吃穿不愁就好了。」

「說真的，這樣下去不是辦法，兄弟姐妹們，我們得一起去找恩利爾。他是眾神的統領和顧問，得替我們解決問題。」

「有道理，也許我們應該寫個陳情書之類的，反應我們的意見，讓大神們幫我們解決問題。」

但是，事情並不像伊吉吉們所想的那麼樂觀，他們上報的意見不是只回覆了個「已閱」就再無下文，就是回饋「正在討論」便不了了之。總之，過去了好長一段時間（以神的標準來說），情況依然沒有任何改善。最後，伊吉吉們終於受不了了，一天晚上，他們聚眾前往恩利爾神殿門口遊行示威，把能燒的都燒毀了，把能砸的都砸碎了，恩利爾的神殿被圍得水泄不通。幸好有門衛阻擋，他們才沒有衝進神殿。

當時恩利爾正在呼呼大睡，突然聽到近臣努斯庫通報，說他的後代起來反抗他。恩利爾聽聞消息臉色慘白。努斯庫勸說道：「我的主人啊，包圍神殿的都是你的孩子們，不用害怕孩子們。還是派出使者去請安努神和埃阿共商大事吧。」

恩利爾立刻派出使者祕密請來安努和埃阿，召開阿努納奇大神會議。恩利爾首先站起來發表意見：「這到底是怎麼回事？是誰帶頭鬧事，都蜂擁到我神殿門口了，這也太不像話！」安努神勸撫恩利爾道：「還是讓努斯庫去門口調查一下是誰帶頭罷工的，罷工的理由是什麼。努斯庫啊，打開門到外面去，以阿努納奇的名義詢問他們，罷工是誰發起的！」

於是努斯庫走到神殿門口，以阿努納奇的名義詢問是誰發起的叛亂。伊吉吉們異口同聲地回答：「是我們一起宣戰的！是我們要休息！我們的工作太累、太苦了，要把我們折磨死了！」努斯庫就這樣回覆了恩利爾，但恩利爾並不滿意，仍想找出罷工的首領，再運用阿努納奇的權威和力量將其處決，這樣剩下的伊吉吉就會乖乖去工作了。

安努和埃阿指出，伊吉吉們的話也不無道理，他們的工作確實太累了。安努說道：「我們不應該處死任何一個伊吉吉，他們負擔很重，抱怨也是理所當然。」埃阿也在一旁插話：「我們也應該為孩子們著想，應當承認他們確實挺辛苦的，怎麼能反過來加害他們呢？」

蘇美城邦想像圖

「漂亮話誰都會說。」恩利爾反唇相譏，「你倒是想個辦法啊，能讓伊吉吉們不辛苦，又不用工作。」

幾位男神爭來辯去，左思右想，始終找不出解決之道，神殿外的喧譁聲卻越來越大，眼看情況就要不可收拾。努斯庫突然感慨道：「要是降生女神在這裡就好了，也許她可以讓大家多創造一些伊吉吉，然後輪班工作，輪班休息。」

這時，埃阿突然有了主意，覺得與其多創造伊吉吉，不如開發一種他們的替代品，這種生物要既能像伊吉吉一樣工作，又能為眾神定期獻祭，還具備快速大量繁衍的能力，足以彌補他們損耗的速度。

大家都覺得這個主意不錯，著實可行，便派人請來了眾神的產婆瑪米，她也被叫做寧圖或子宮女神貝勒特－伊莉（Belet-ili）。恩利爾道：「大女神瑪米，妳是負責繁育的女神，我們準備創造一批全新的物種，這些造物要既能像伊吉吉一樣幹活，又能快速大量繁衍，以便接手恩利爾分配的任務，替神靈們承擔繁重的勞役。」

接著埃阿在恩利爾給的條件之下補充說明了製作方法：首先，他會在每月的一日、七日和十五日設置聖池舉行沐浴儀式，以便使眾神的身心得到淨化。「屆時我們要在年輕的伊吉吉裡挑選一個殺掉，讓瑪米把他的血和智慧與泥土混合，這樣神性就能和人性混合在一起，我們將會永遠聽到鼓點聲。」這裡的鼓點聲，可能是指後來人類祭祀眾神時擊鼓的聲音，也可能指人類的心跳聲。

眾神一致同意埃阿的建議，於是瑪米和埃阿一起前往一個祕密所在，殺死了一名叫做伊拉威－伊拉（Ilawela）的神，又召集了十四位降生女神，把神的血肉與泥土混合後踩實，由她們創造出七名女性、七名男性，人類就這樣誕生了。

一開始時，人類日出而作，日落而息，承擔了眾神的許多工作，伊吉吉小神們無不歡天喜地，因為他們再也不用累個半死了。阿努納奇大神們也暗自高興，因為他們再也不用擔心半夜睡覺時被孩子們堵在門口抗議了。

這樣度過了愉快的六百年，神的創造活動引發了意想不到的麻煩。恩利爾發現這個計畫並不是那麼美妙，因為人類數量實在太多，山川田野、平原丘陵、城鎮鄉村，到處都是人類，人類的喧譁聲已成了一種無法忽視的噪音污染，「太吵了，就像一群牛在吼叫似的」。或許是因為空氣和水都是良好的隔音材料，天神安努和水神埃阿倒沒感覺到多大的紛擾，但居住在埃庫爾神

希臘神話中也有一則人類受勸誡後造船躲避洪水的故事：宙斯因為對人類的罪行萬分厭惡，就在地上大放洪水，除了琉克里翁和碧拉夫婦之外的人全都變成了魚。

廟的恩利爾卻經常被吵得失眠。於是，就像巴比倫創世神話中始祖神阿普蘇想殺死吵得他睡不著覺的後代一樣，恩利爾也想消滅讓他不得安寧的創造物，至少清除一小部分，降低一點噪音。

恩利爾至少嘗試了三次。第一次他指派瘟疫之神納姆塔拉（Namtara）去大地巡遊，瘟疫立刻肆虐人間，成千上萬的人死去了，剩下的人也在恐懼中呻吟：「難道眾神要讓我們毀滅嗎？」若不是埃阿和舒魯派克城的王阿特拉－哈西斯關係特別密切，保持著一種特殊的保護與被保護的關係，恩利爾的計畫本可以成功。埃阿找機會悄悄聯繫阿特拉－哈西斯，告訴他瘟疫的由來，還指示他一個破解之法：讓人民不要再供奉其他地方的神祇，專心供奉瘟疫之神，向他獻上鮮花、啤酒和麵餅，這樣他就不好意思再降下瘟疫了。

埃阿的指示立刻被執行了，阿特拉－哈西斯安排長老團組織人手修築瘟疫之神的神廟，城裡居民也殷勤地供奉各種鮮花、美酒、麵餅取悅瘟神。果然，瘟神因為接受了人們超出常規的供奉而沾沾自喜，不再前往大地巡遊。人們逃過了一劫，再度繁衍起來。

然而又過了六百年後，人口數量再一次膨脹起來，噪音問題重新困擾眾神。恩利爾有了經驗，知道瘟神靠不住，就派出雨神阿達德，命他滴雨不下，令田地荒蕪、水渠乾涸、莊稼歉收。就在人們快要餓死的時候，埃阿又通知阿特拉－哈西斯，讓他安排人們依照此前供奉瘟神納姆塔拉的規模大肆敬拜阿達德。阿達德在得到超乎他預期的豐盛祭祀和貢品後便不好意思做得那麼絕，悄悄地在夜間施捨露水，在清晨放出晨霧，讓莊稼和牧草能夠活下來。人類再次躲過天災，繼續生存。

這樣過了幾百年，大地上的人口第三度膨脹，遠超之前的數量。恩利爾對人類的厭惡程度進一步加深，發動了第三次襲擊。這次他安排天、地、地下深淵聯合發起旱災，還安排神祇進行監督，以確保命令能確實執行，不允許神貪污受賄，擅自改變天命。於是，天降的淡水悉數斷絕，鹹水滲入田野和牧場，大地寸草不生，牧場變成荒漠，田野結出鹽鹼。人類耗盡了所有存儲的糧食，吃完了所有能捉到的動物，甚至互相交換吃掉自己的孩子。人間餓殍遍野，景象慘不忍睹。幾年之後，黑頭髮的人類幾乎滅絕。埃阿實在看不下去，偷偷安排了一些泉眼，讓人類能苟延殘喘。

見人類清除計畫一再受阻，恩利爾怒不可遏，他招來眾神，嚴厲地呵斥他們破壞自己的大計，要求眾神合作，嚴格執行他的下一個計畫，最終使大地擺脫人類。恩利爾計畫釋放一場滔天洪水，毀滅大地上一切的生靈，為此，他要求雨神阿達德、水神埃阿、冥王納戈爾與艾莉什基迦爾等神配合自己的行動，而且嚴禁任何神祇向人類透露消息，尤其申飭了三番兩次走漏風聲的埃阿。

但智慧之神埃阿早有對策，他沒有跟阿特拉－哈西斯講話，而是對著他家茅屋的蘆葦牆發出警告，因為他知道阿特拉－哈西斯正在牆的另一端琢磨自己最近做的一個噩夢。「請注意、請注意，仔細聽、仔細聽，拆掉你的房子，改建一艘大船，船要有頂棚，船艙要密封，上下塗滿瀝青，讓阿普蘇的水無法滲入。扔掉你的財產，多多儲備糧食，專注拯救生命。一切要在七日內完成，大洪水將在第七天來臨。」

生死攸關之際，阿特拉－哈西斯聚精會神地聽著蘆葦牆轉播的天界密報，隨後命令他的工匠即刻著手打造大船。由於過度緊張，「他的心急得快跳出來了，連膽汁都嘔了出來」。但他堅持搜集各種生物，從最大的野獸到最小的鳥類，每種各一對。他剛來得及讓親眷們上船，封好艙門，解開纜繩，雨神阿達德就開始在迅速聚集的暴雨雲中大吼起來。接下去就和祖蘇德拉故事裡的一樣，地下的水沖到地表，天上的水傾洩了下來，天地間一片汪洋，除了阿特拉－哈西斯和他的親屬們，其餘的人類全都被洪水淹死了，「像水裡的蜻蜓一樣浮了起來」。

埃阿看到自己的創造物遭受滅頂之災，悲痛欲絕，安努和尼努爾塔也心生憐憫，後悔不該同意恩利爾的提案。瑪米和十四名生育女神望著大地上波濤翻滾，聽到人類呼救哀號，不由肝腸寸斷，懊喪自己竟會同意恩利爾的計畫。瑪米聲淚俱下地控訴道：「不幸和災難波及大地，黑暗擋住了光明，我們創造的人類浮屍遍野，我在這裡哭泣又有什麼用呢？他們再也不會生還了。今後，再也沒有勤懇的人類供奉我們了，我們不能高高在上，享受富有又自由的生活了。以後再也沒有替我們工作、承擔重任的人類了！」瑪米越說越氣，環顧四周，問道：「恩利爾躲到哪兒去了？他出了這個好主意，應當承擔這場大屠殺的責任。他不顧後果，你們也盲目服從，現在看看遍地的死者吧，我要為他們哭泣，也要為你們哀號，因為你們將重蹈過往終日無休的命運！」眾神一想到以後又得自己幹活，不由心生畏懼。這場混亂中唯有恩利爾是例外，他看到自己計畫得逞，心中很是滿意，但又不想和其他神起衝突，便暫時躲了起來。

七天七夜過去了。阿特拉－哈西斯聽到艙外風雨聲漸漸減弱，便打開艙門，見方舟已在一處小山丘擱淺，大洪水已經退去。他走出船艙，深吸了一口潮濕然而新鮮的空氣，讓清風拂過臉頰，然後從艙內取出食品和啤酒，恭敬地向眾神獻祭，感謝神靈的不殺之恩。已經餓了好幾天的眾神立刻像蒼蠅一樣聚了過來，圍在貢品旁貪婪地吸著久違了的香氣。唯一的例外是恩利爾，他見自己的偉大計畫又失敗了，勃然大怒，向眾神大發雷霆：「怎麼還會有人逃過這場災難！」他指責眾神背信棄義，違背了當初一起發下的絕不洩密的誓言。安努則說：「除了埃阿，誰還能做出這種事？我們可沒有洩露天機。」

恩利爾正待發作，眾神的產婆瑪米已先聲奪人，奔過來怒叱道：「恩利爾、安努，你們這兩個罪魁禍首，竟然兇殘到這個地步。人類確實是吵了一點，但他們供奉祭祀我們，我們怎麼能下此毒手？現在眾神饑腸轆轆，悔恨不已，悔不該相信你們的話。你們的臉已黯淡無光，怎麼竟然還想懲罰埃阿？」

眾神七嘴八舌，多數支持埃阿，因為人類活著對他們有利；少數支持恩利爾，要嚴懲違背恩利爾誓言的神。恩利爾見輿論對他不利，便不再堅持已見，轉而要求埃阿另謀他策。

埃阿表示，阿特拉－哈西斯是受高人托夢指點才準備逃生的方舟，這說明此人命不該絕，理應將其提升為永生者。不過他也答應恩利爾，他會再度與瑪米合作，創造一種壽命稍短的新人類。他倆還攜手創造三種人來降低出生率：一種是不孕不育的人，第二種是專門偷走和殺害嬰幼兒的魔怪，第三種是獻身宗教、誓志獨身、視懷孕為禁忌的婦女。這個神話就這樣把某些人的不孕不育，歸因為對其他人過度生育的補償，是為了將人類的數量控制在神祇可以容忍的範圍內。

擴展閱讀

大洪水神話演化史

許多人或許聽過挪亞方舟的故事，《聖經．創世紀》中說，上帝為了懲罰人類的罪惡，決定毀滅人類。由於挪亞是個善人，所以上帝傳授了他製造方舟的方法。挪亞一邊造船，一邊搜集各種動物，還不時勸誡周圍的人要行善，警告他們洪水要來了，但誰也不聽。

傳說挪亞修造了一艘龐大的方舟，帶著一家人和眾多雌雄成對的動物上船，隨後大雨如瀑布般從天而降，不分晝夜地下了四十天，掀起了滔天洪水，連最高的山峰都淹沒了，大地上萬物齊暗，只剩下挪亞方舟在萬頃波濤中隨波逐流。洪水氾濫了一百五十天後才逐漸退去，開始有山頭冒出水面，又過了一年多後大地才逐漸恢復原貌。挪亞放出一些鳥類試探，直到確定洪水退卻後才帶著家人和飛禽走獸走出方舟，在大地上再次繁衍生息。

希臘和印度有與之類似的「琉克里翁大洪水」和「摩奴（Manu）大洪水」神話，情節與挪亞方舟的故事十分相似：大雨下個不停，把世上的人都淹死了，只有身為主角的好人造船逃過一劫，在洪水退去後開始新的生活。這種相似令人好奇，到底是在幾千年前的某個時期，各地都天降暴雨，洪水氾濫，還是同一類故事在流傳過程中出現了變種？

從出土的考古文獻看，現存最早的版本是蘇美的祖蘇德拉洪水故事，它記錄在約西元前三千年寫成的一塊泥板上。美索不達米亞有三個大洪水故事文本：蘇美人祖蘇德拉的洪水故事，史詩《阿特拉－哈西斯》，以及史詩《吉爾伽美什》中人類始祖烏特納皮什提姆（Utnapishtim）的故事。雖然細節和名字各有不同，但基本上描述了同一個事件。

祖蘇德拉洪水故事的開篇部分已損壞，殘存的碎片中依稀能看到這樣的故事：國王兼祭司祖蘇德拉正在雕刻一尊木製神像，以便膜拜並祈求神諭，結果他被告知了一個眾神的重大決定：「我們將親手（降下）一場洪水，使人類滅絕。」接下來暴雨傾盆，足足持續了七天，祖蘇德拉躲在一艘船中逃亡。當他終於打開艙蓋時，發現已到了永生之地迪勒蒙，太陽神烏圖出現了。祖蘇德拉用一頭牛和一頭羊向天神安和風神恩利爾獻祭，眾神在迪勒蒙授予他永生。

祖蘇德拉洪水神話中看不到人類的起源，也看不到眾神為何要降下洪水使人類滅絕，但在《阿特拉－哈西斯》史詩中這些是非常重要的情節。史詩作者伊皮克－阿雅（Ipiq-Aya）是西元前十七世紀漢摩拉比之孫阿米－薩杜卡（Ammi-Saduqa）統治時期的詩人，住在古巴比倫王國的城市西帕爾。他修改潤色蘇美的大洪水神話，形成了阿特拉－哈西斯的故事。

◎創造人類

按照伊皮克－阿雅的說法，智慧水神埃阿挑選了一名叫伊拉威－伊拉的小神，將他殺死，把血肉交給大母神瑪米。瑪米將血肉與泥土摻和在一起踩實，創造了第一批人類，用以接替眾神承擔天地間的一切勞役。這一段故事似乎是蘇美創世神話「人類的起源」的翻版，但增加了伊吉吉們因為全年無休起而反抗恩利爾的情節。

後來，在巴比倫創世神話《埃努瑪．埃利什》中，創造人類的功勞被歸於新生代神王瑪律杜克名下，這個版本裡沒有提到黏土，也沒有提到降生女神，只是說瑪律杜克在打敗眾神之母提亞瑪特後，藉助父親埃阿的幫助，用叛軍首領欽古的血肉創造了人類。創造人類的目的依然是替代神祇勞作，但動機不再是為了安撫伊吉吉，讓他們不要罷工，而是為了彰顯神威，顯示自己神王的地位。

《阿特拉－哈西斯》史詩中造人的神話對周邊國度的神話也產生了影響。一則希臘神話提到，雅典娜和普羅米修斯攜手創造了第一批人類，正如瑪米和恩基或埃阿創造人類那樣。雅典娜傳授普羅米修斯建築學、天文學、數學、航海學、醫學、冶金術和其他有用的技藝，普羅米修斯又把這些技藝傳授給了人類，正如蘇美的眾神們決定讓穀物女神、畜牧女神等神為人類傳授各種技能一樣。

這些早期人類的壽命很長，無病無災、無憂無慮，長期以來一直令宙斯厭惡，在普羅米修斯的懇求下，宙斯才暫時寬恕他們，但人類日益增長的力量和才能令他惱怒。有一天，在一場為人類和神祇劃分牲品的集會上，雙方就公牛的哪一部分應該獻給神作祭品，哪一部分可以留給人類，發生了爭論，普羅米修斯受邀仲裁。他用公牛皮縫了兩個袋子，把他從牛身上割下來的部分裝了進去。他在一個袋子裡裝滿牛肉，但都藏在牛胃下；在另一個袋子裡裝滿骨頭，但藏在厚厚的一層牛油下。當普羅米修斯請宙斯選擇時，宙斯選了裝骨頭和油脂的那個袋子。普羅米修斯在背後嘲笑宙斯，於是，宙斯以拒絕向人類提供火作為對普羅米修斯的懲罰，他喊道：「讓人類生吞他們的肉吧！」

普羅米修斯立刻去找雅典娜，請她讓他從後門進入奧林匹斯山，雅典娜同意了。普羅米修斯一到奧林匹斯山，就用燃燒的太陽車點燃了火把，又從火把上取下一塊火炭，藏入一根大茴香稈的中空部分。然後他熄滅火把，悄悄溜下山，把火傳給了人類。

宙斯發誓要報復，他制定了一個邪惡的計畫，準備讓人類付出代價。他命令工匠之神赫菲斯托斯（Hephaestus）用黏土製作了一個「面如長生不老女神」的美麗少女，讓四風賦予她生命；讓雅典娜為她穿上美麗的長袍，戴上精巧的冠冕；讓所有其他的女神來幫助雅典娜裝扮少女。這位有史以來最美麗的女人即潘朵拉（Pandora），宙斯將她作為禮物送給伊比米修斯（Epimetheus），由荷米斯護送。伊比米修斯雖然事先收到了哥哥普羅米修斯的警告，但還是與潘朵拉成了婚。不久，潘朵拉打開了一個普羅米修斯曾警告伊比米修斯不要打開的魔盒——普羅米修斯煞費苦心地把一切可能折磨人類的痛苦，如衰老、苦役、疾病、瘋狂、墮落和盛怒，都封在魔盒裡（也有人說是宙斯裝進去後送給潘朵拉的）。現在這些痛苦蜂擁而出，在伊比米修斯和潘朵拉的身體上到處螫刺，從此各種各樣的災難和不幸充滿了大地、天空和海洋。

普羅米修斯造人和潘朵拉的神話複製了《阿特拉－哈西斯》史詩中的主要人物和他們的性格。神王宙斯和脾氣暴躁的恩利爾一樣嚴厲而殘忍，為了懲罰人類降下種種災難；創造人類的智慧水神恩基／埃阿一角被分成普羅米修斯和赫菲斯托斯；普羅米修斯如恩基／埃阿一般聰明機智、關愛人類，赫菲斯托斯則承擔了工匠神的角色；雅典娜扮演的角色是人類的創造者女神瑪米。在古希臘詩人赫西奧德《工作與時日》中，雅典娜是這個故事中的主要女神，在裝扮潘朵拉一事上，其他女神都是她的助手，與《阿特拉－哈西斯》史詩中幫助瑪米的生產女神對應。潘朵拉魔盒事件的後續也與《阿特拉－哈西斯》史詩類似：魔盒雖然帶給人類種種災難，卻沒有消滅人類，於是宙斯決定釋放大洪水，從地表上徹底清除人類。

◎大洪水的起因

《阿特拉—哈西斯》史詩中的大洪水發生在主角阿特拉—哈西斯生活的舒魯派克城，這座古城大致位於今日兩河流域南部的法拉丘（Tell el-Far´a）。這一地區在古時經常洪水氾濫，幼發拉底河的河水有時會沖出河道，漫過兩河之間的土地，侵入較低窪的底格里斯河；底格里斯河本身則常常會水位暴漲，衝破河堤。考古和地質證據表明，這樣的洪水在當時是相當普遍的現象。

據推測，大約在西元前二千八百年曾有一場特別嚴重的大洪水。考古出土的同一時期淤泥層厚達三公尺，淤泥中沒有任何人類活動的跡象，要淤積這麼厚的淤泥，水深至少要達到八公尺，而且還要停留很長一段時間，由此可以判斷當時發生了多麼嚴重的水災。或許這場洪水正是祖蘇拉德洪水神話或阿特拉—哈西斯洪水神話的原型：恩利爾嫌人類太吵鬧而放出洪水，旨在徹底消滅人類。幸而阿特拉—哈西斯在埃阿的預警下建造了方舟，與妻子一起坐船逃生，從恩利爾的怒火中拯救人類，使其免於毀滅，最後他在永生之地被眾神授予不朽。

◎大洪水神話的廣泛流傳

由此，阿特拉—哈西斯成了享有巨大聲望的古老人物，人們用各式各樣的名字和綽號來稱呼他，這些名字和綽號又被翻譯成不同的語言，有時是重新釋意，有時是縮寫，他的名聲在五千年裡傳遍世界。

許多古代神話和宗教作品都試圖與阿特拉－哈西斯扯上關係，比如《吉爾伽美什》史詩中就出現了大洪水故事，雖然這一段劇情與主線並無直接關聯。當時，吉爾伽美什在失去摯友恩基杜後悲痛萬分，決定去請教居住在遠方的先祖烏馬拉．圖圖之子——烏特那皮什提姆，問他人類要如何才能得到永生，因為烏特那皮什提姆是個被諸神允許獲得永生的凡人。

吉爾伽美什經歷了重重艱難險阻，跨過蠍人夫婦看守的落日之山，渡過廣闊海洋的死亡之水，最終見到了烏特那皮什提姆。但是這位人類始祖告訴他，人類是不可能獲得永生的。吉爾伽美什不服，問烏特那皮什提姆，他也曾是凡人，卻又為什麼能得到永生？烏特那皮什提姆便說出了大洪水的由來，還有自己造船的細節。他聽從埃阿的祕密指示，提前搜集好造船所需的材料，在第五天裡搭好船的骨架，將船造成平底方舟型，船體空間有一百二十肘高，分為六層，每層有九個房間，房內有消防栓，船殼內外都塗滿瀝青。他把家眷和所有的生物都帶上了船。

太陽神沙瑪什曾與他約定：「黃昏時，黑暗之主降下大雨，那時你們就走進船艙，關閉艙門。」隨後大雨下了六天六夜。烏特那皮什提姆長篇大論地描述了洪水氾濫時天地間的慘狀。到了第七天，雨停了。大地徹底被洪水淹沒，目之所及一片汪洋。到了第十二天，洪水開始慢慢消退，烏特那皮什提姆的船擱淺在尼仕爾山上。他們擱淺後的第七天，烏特那皮什提姆放出一隻鴿子，但是由於找不到落腳的陸地，鴿子飛了回來。次日他又放出燕子，燕子也因為找不到陸地而飛回來。最後他放出烏鴉，烏鴉看到了陸地，盤旋著飛走了。於是烏特那皮什提姆放走了所有的飛禽。他在山頂設置了七隻又七隻的酒盞祭祀神靈，又把蘆葦、杉樹和香木放在祭壇上，於是神靈循著香味來了。

恩利爾見到還有人類活著，異常生氣，因為他發起洪水就是為了消滅所有的人類。埃阿勸說道：「有罪者應該治罪，無罪的卻應該寬恕。想要減少人類，與其泛起洪水，不如讓猛獸逞兇，讓饑荒和瘟疫降臨……何況有人托夢給烏特那皮什提姆，他已經知曉了神的祕密。」恩利爾聽從了勸說，便賜福給烏特那皮什提姆，讓他和妻子獲得永生，並在諸河流的河口生活。

「烏特納皮什提姆」的意思便是「找到生命的人」，這在蘇美語中與「祖蘇德拉」含義近似。「阿特拉－哈西斯」的意思則是「格外睿智」，它的名號ruqu對應「祖蘇德拉」中sudra，意為「遙遠」。普羅米修斯名字的意思是「先見之明」，有可能是對阿特拉－哈西斯名字意思的希臘化翻譯，而烏特那皮什提姆的縮寫那什（na-h）很早以前就在巴勒斯坦一帶念作挪亞。有些學者認為，羅馬神話中尤里西斯（對應希臘神話中的奧德修斯——Odysseus），其名Ulysses可能來自西臺神話中的ulu（ya）s，也就是西臺人對阿特拉－哈西斯的別名「遙遠」的譯名。奧德修斯這個名字，以及他為了矇騙獨眼巨人波利菲穆斯（Polyphemus）所使用的假名歐得斯（Oudeis），都可能是基於烏特納皮什提姆Ut-napishtim的音譯文字UDZI。敍利亞的烏加里特迦南神話中，手藝精湛的工匠之神科塔－瓦－哈西斯（Kothar-wa-hasis），其名也與阿特拉－哈西斯有關。在所有這些稱謂中，要將真名與名號區分開是非常困難的。

希臘神話中也有一則人類受勸誡後造船躲避洪水的故事：普羅米修斯的兒子琉克里翁聽從父親的勸告，在宙斯毀滅青銅時代的人類前夕製造了一艘方舟。宙斯讓天空降下大雨，希臘東部色撒利的群山裂開，世界陷入一片汪洋。琉克里翁的方舟在水上漂了九天九夜，最後停在帕耳納索斯山峰旁。在安全上岸後，他和妻子碧拉向逃亡者的保護者宙斯之父獻上祭品，然後來到泰美斯神廟祈禱，神廟頂上還殘留著海草，祭壇裡也都是冰涼的水。他們謙卑地懇求讓人類重生，宙斯從遠處聽到他們的聲音，派荷米斯確保無論他們提出什麼要求都會立即得到滿足。泰美斯現身道：「把你們的頭裹起來，把你們母親的骸骨拋在身後！」由於琉克里翁和妻子碧拉的母親並非同一位，而且都已經去世了，所以他們認為提坦女神指的是地母，她的骸骨就是河岸上的石塊。因此，他倆裹上頭巾，彎腰撿起石頭丟到身後；琉克里翁丟的石塊變成了男人，碧拉丟的石頭變成了女人。人類因此而重生，從那以後，「一個人」（laos）和「一塊石頭」（laas）在許多語言中幾乎是同一個詞。

印度的摩奴洪水神話與阿特拉－哈西斯神話或琉克里翁神話，雖然在細節上有許多不同，但基本要素是一致的：某日早上，日神蘇利耶之子摩奴在洗手時遇到一條小魚，小魚對摩奴說：「好好照顧我，我會保護你。」摩奴答應了。他先把小魚放在陶罐裡餵養，一段時間之後小魚長大了很多，罐子裡裝不下了。摩奴就挖了一個水塘，把魚養在水塘裡。後來又換了幾次容器，每次魚都長得更大，摩奴就把它放進恒河。最終魚長得十分巨大，準備回到大海。它告訴摩奴，洪水即將到來，摩奴必須先造好船，等到水淹沒大地時，它會拖著他的船到達安全的地方。

這塊出土的黏土板中記錄了《吉爾伽美什》史詩中有關大洪水的片段。

後來事情果然如魚所說，摩奴和七位仙人（印度神話中的仙人依然是凡人，只是透過修行獲得了法力）登船，將船繫在魚的犄角上。魚拖著船航行了很多年，最終到了雪峰下，摩奴等人就在那裡上岸，他發現洪水已經捲走了世上的一切生靈。這時魚現出了自己的本相——毗濕奴（Visnu）。毗濕奴要求摩奴堅持修行，摩奴照辦了。他把黃油、牛奶、乳清投入水中，第二年，在他投入祭品的地方出現了一個女孩，自稱是摩奴的女兒。這個女孩和仙人們及摩奴繁衍出子孫，人類再次繁盛起來。

這個洪水神話在印度出現得比較晚。《吠陀經》（成書於西元前一千五百年至西元前一千年）中並沒有關於洪水的神話。據考證，印度的這個洪水神話大約出現在西元前六百年之後，和雅利安人東進入侵恒河河谷以及亞歷山大大帝入侵印度有密切關聯。

這些古老的洪水故事很可能源於美索不達米亞地區的傳說，但細節有所不同，這些細節的多樣性說明了民間故事千變萬化的特點。其中某些基本元素被廣泛地應用於新的組合中，並根據民族利益和不同的文學背景加以改編。比如在《創世紀》中，鴿子為挪亞帶回了一片橄欖葉子，橄欖是巴勒斯坦的植物，因為美索不達米亞沒有橄欖樹。

據研究舊約的學者考證，《創世紀》是舊約中最晚成型的文本之一，是「巴比倫之囚」末期的作品。「巴比倫之囚」是指新巴比倫王國的國王尼布甲尼撒二世在西元前五八七年攻入巴勒斯坦，滅了猶太國，將大批民眾、工匠、祭司和王室成員擄往巴比倫的事件。巴比倫洪水傳說和《創世紀》中挪亞方舟洪水傳說之間的相似性毋庸置疑，而挪亞方舟故事的成型時間，無疑要晚於蘇美的祖蘇德拉洪水故事和巴比倫的阿特拉－哈西斯洪水故事。但後者究竟是在何時、透過何種管道傳到希伯來，目前尚無定論。

第六章 英雄國王們

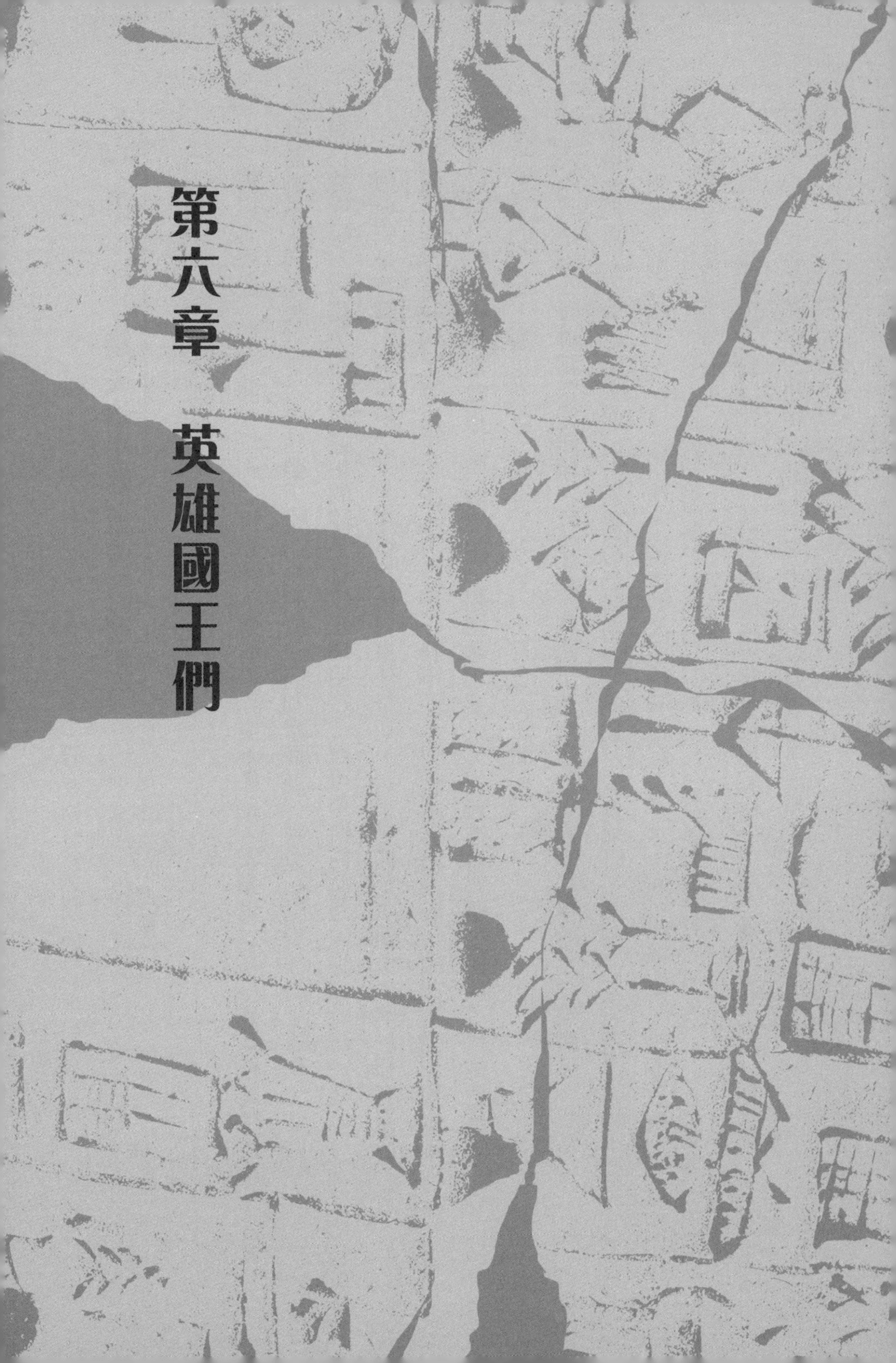

第一節　錯失永生機會的阿達帕

曾經有那麼一段時間，眾神的世界和人類的世界並不遙遠，人類可以在得到眾神許可後拜訪神域，阿達帕就曾被邀請到天堂，來到安和恩利爾面前，還差一點就獲得了永生。然而死亡終究是不可避免的，阿達帕的故事就旨在說明這一無可奈何的命運。

阿達帕是智慧水神埃阿之子，在埃利都城擔任祭司，副業是捕魚。他像埃阿一樣有淵博的知識，能洞察一切，為人也很公正，辦事一絲不苟，對神祇非常虔誠，因此深受人和眾神的喜愛。每一天，他都會親自與麵包師一起做麵包麥餅，親自搖櫓駕船去捕魚，然後把魚燒得香噴噴的，配上麵包麥餅一起奉給神祇，一日也未曾間斷。

某日清晨，眾神都還沒起床，阿達帕照例起了個大早，先去埃利都的水神廟祈禱，然後搖櫓去捕魚。不料行至半途，南風忽然挾暴雨而至，頓時天昏地暗，風高浪急，阿達帕的小船瞬間被打翻沉沒，人也掉進水裡，洶湧的波濤捲著他沉入了水中的魚蝦世界，要不是通水性，阿達帕老命休矣。

阿達帕氣極了，脫口咒罵：「該死的南風，我可沒招惹你，你卻打翻我的小船，害我差點溺水。我要折斷你的翅膀，讓你再也不敢橫行霸道，無法無天。」

阿達帕的詛咒剛出口就兌現了，南風的翅膀頓時被折斷。南風夾著受傷的雙翅落荒而逃，一連七天都不敢露面。

七天過去了，大地不見南風吹拂，天神安努感覺有些蹊蹺，便招來自己的心腹使臣問：「發生了什麼事，怎麼七天都沒南風颳來？」使臣不敢怠慢，派人去查，瞭解情況後嚇了一跳，連忙回覆安努：「我的主人，是埃阿之子阿達帕詛咒了南風，讓南風折斷了翅膀，嚇得南風不敢出來。」

「荒謬！」素來脾氣溫和的天神安努發火了，「一介凡人怎麼敢這麼大膽！」他立刻派人去找阿達帕，讓他當面向自己解釋。

水神埃阿很快從眼線處得知了安努派人傳喚阿達帕的消息，搶先一步找來兒子面授機宜：「阿達帕，你這番去天上，要小心謹慎、不卑不亢。神王安努已經知曉你詛咒南風，令其雙翅折斷之事，他會如何降罪於你，連我也不知曉。此行你需梳洗沐浴，剪掉頭髮，穿上喪服。當行近天門時，你會看到兩位大神吉什茲達（Gishzida）與杜牧茲守門，如他們問你為何身穿喪服前來，你一定要回答說，是為了在大地上消失的吉什茲達神和杜牧茲神服喪。他們二位聽了你的話定會高興，便會在安努面前替你美言，妥善照顧你。安努或許還會讓你吃死亡麵包，喝死亡之水，你可千萬別碰；他若是讓你穿天國之衣，你倒可以穿上，他也有可能賜予你塗抹身體的香膏，你也可以接受。以上這些，務必牢記。」

埃阿還想再叮囑幾句，安努的使者已經到了。使者厲聲對阿達帕道：「阿達帕，你詛咒南風，折斷它的翅膀，神王命你上天走一趟。」

阿達帕不敢怠慢，趕忙梳洗一番，換上喪服，剪掉頭髮，跟著使者來到天界。天門旁的兩位守門人對他大喝一聲：「站住！你是何人？為何這般打扮！穿著一身喪服來到天國，你想做什麼？」

阿達帕抬頭一看，是吉什茲達和杜牧茲兩位神祇。吉什茲達雙肩各長有一蛇，杜牧茲則是一副牧人裝扮，脖子上掛有牧笛，很好辨認。阿達帕故意裝作不認識他們，謙卑地答道：「大地上兩位神尊消失了，我是為他們穿起喪服的。」

「那兩位消失的神尊是誰？」

「吉什茲達神和杜牧茲神。」

這兩位神聽到自己的名字，臉色馬上好轉，相視一笑便放行了，自己也尾隨進去。

安努從王座上俯瞰阿達帕，面露不豫之色，問道：「阿達帕，你要說實話，你為何折斷了南風的翅膀？」

阿達帕如實告知當時的情況，尤其強調說，南風把他吹落水裡倒不要緊，但打翻他的小船，讓船沉入海底卻萬萬不可，因為沒了這條船，他就無法出去捕魚，也就不能向眾神獻上香噴噴的烤魚，盡心履行他祭司的神聖職責了，這如何能忍！情急之下，他才詛咒了南風。

只是沒料到話一出口，南風的翅膀竟然真的斷了。

杜牧茲在一旁插話，稱讚阿達帕每天在都為生活奔忙，卻不忘按時以上好的祭品供奉眾神，真是淳樸善良的好人。吉什茲達也幫腔說，這件事他看得清清楚楚，當時風平浪靜，阿達帕正高興地捕魚，南風突然竄過來，一下子就把阿達帕的小船掀翻了，難怪阿達帕會生氣。

安努聽後怒氣消散，直誇阿達帕是神虔誠的兒子，非但不再想懲罰他，反而打算給他一些賞賜。安努略一思忖，命人端來永生之水和永生麵包，準備讓阿達帕成為他們中的一員。不過安努並沒有告訴阿達帕端上來的麵包和水是什麼。

阿達帕牢記父親埃阿的叮囑，謝過安努的好意，但對端到他面前的永生麵包，他搖頭謝絕，對於端到他面前的永生之水，他一口未喝。安努有些不解，又命人給阿達帕端來一瓶塗抹身體的香膏，阿達帕伸手接過，塗滿全身；安努又命人拿來一件工藝精良的長袍，阿達帕也高興地換上了。

安努有些迷惑，問：「阿達帕，你過來。你為何不吃不喝呢？你可知道，我命人端給你的可是永生之水和永生麵包，你拒絕享用，這樣你是不能長生不老，像眾神一樣永生的。我聽人說你博學睿智，可是今天看來，你怎麼這麼傻呢？」

阿達帕恍然大悟，急忙解釋道：「我的陛下，並非我對您不敬，是我的父親埃阿吩咐我，在您這裡不能喝水，不能吃東西，不然就會死亡。」

「既然如此，那你註定無法永生了。這也是沒有辦法的事。」安努無可奈何地揮揮手，吩咐使者把阿達帕送回人間。但安努始終覺得有一絲遺憾，便命使臣把埃阿請到天界，把事情經過說給他聽，又問他為何會有如此離奇的想法。埃阿不敢隱瞞，不得不照實說來。安努聽後哈哈大笑，指著埃阿遺憾地說：「天下哪有你這等自作聰明的傢伙，你交代兒子按你吩咐行事，結果卻斷送了他永生的機會！」

阿達帕回到埃利都，望著蒼茫的天穹感慨萬千，知道自己已無法與天同壽，必須像凡人一樣日益衰老，直到死亡，但他接受了自己的命運，在餘生中仍像此前一樣盡心盡責。安努也沒有忘記阿達帕，給予他和埃利都人額外的恩賜，創造了醫療女神寧卡拉克，也就是女神谷菈以保護人們的健康，讓埃利都人盡可能地生活安逸、幸福長壽。

第二節　上天求子的埃塔納

大洪水肆虐後，人類所剩無幾，國王的神冠也被天庭收回，安放在神王安努的王座前。但人類很快又在大地上繁衍生息起來，阿努納奇大神們決定讓人類修築一座城市，城名叫做基什。

隨著人類數量增多，行政管理逐漸變得混亂，於是阿努納奇決定把王冠和王權交還給人類，讓人間自己形成秩序。安努指示女神伊什塔爾，盡可能地為基什城物色一位出色的國王。伊什塔爾眺望大地，四處考察，見有一名牧羊人用巧妙的手法管理著為數可觀的羊群，便向安努推薦，打算讓他來做基什的王，安努批准了。於是，伊什塔爾命人將王冠和王座都從天上送下來，賜給了這位名叫埃塔納的牧人。

埃塔納任職期間兢兢業業，修建了神廟，設立了瞭望台，還組織基什人開鑿運河，修築水渠，大興水利，開墾荒地，耕耘良田，恰逢風調雨順，基什城興旺發展，人們的日子頗為順遂。阿努納奇們十分滿意，埃塔納的威望也很高。美中不足的是，他與王后結婚多年一直沒有子女，這意味日後王權將會旁落。埃納塔為此經常愁容滿面，他多次在神廟裡向眾神跪拜祈禱，祈求天神能賜予他們夫婦一個孩子，因為王位必須後繼有人。

就在埃塔納為膝下無子而焦慮時，他為風暴神阿達德建造的神廟旁的一棵楊樹上，一隻鷹和一條蛇也在為孩子的事爭執。起初，蛇一家在樹根做窩，鷹一家在樹頂築巢，兩家相安無事，還各自孕育出幼崽，交情日益好了起來。兩家還約定，一起捕獵，一起養孩子。此後，蛇襲擊了野牛、野羊後就把肉拖到窩附近，鷹捕捉了老虎、豹子就把肉運到巢裡，兩家分食。這樣無論哪一家有收穫，孩子都能很快成長起來。

然而，鷹的孩子長得很快，打獵來的肉不夠分了。鷹想了一個壞主意，它思忖：肉就在樹根裡住著，何必捨近求遠呢？拿樹根下的小蛇當食物不就好了？然而老鷹剛把想法說出口，小鷹就勸誡父親說：「父親啊，這可不是什麼好主意，違背誓約，是會受到太陽神沙瑪什懲罰的呀！」但孩子的勸告父親一點也沒聽進去，它一心想著吃肉，就飛落到樹根，把蛇的孩子吃掉了。

晚上，蛇帶著獵物回來，把肉拖到窩的入口，卻不見小蛇們來吃，心知孩子們定是凶多吉少，很可能被老鷹吃掉了。於是它暗中查證，發現果然不出所料，便立刻向太陽神沙瑪什控訴老鷹背信棄義，祈求沙瑪什懲罰幹了壞事的老鷹。

沙瑪什很同情蛇，便指示道：「蛇啊，跨過高山，越過原野，繼續前行，你會在那裡找到死去的野牛，你要咬破牛腹，鑽進牛肚，把身體隱藏起來。天上的飛鳥想要吃野牛肉，就會飛落下來，你的敵人老鷹也會來的，它一飛來你就咬住它，拔掉它身上的毛，把它扔進深坑裡。」蛇照做了，果然，許多禿鷲、鷹、雕之類的羽禽都飛來吃野牛肉。

不久後，蛇的死敵老鷹也帶著小鷹飛來。老鷹說：「孩子們，我們下去吃牛肉吧。」小鷹勸道：「父親啊，不要飛下去。蛇八成躲在野牛肚子裡，伺機伏擊我們。」

但老鷹沒把孩子的話當回事，它飛落野牛身旁尋找比較美味的部位。由於軟嫩可口的肉已經被先來的飛鳥吃掉，老鷹便準備對柔軟的牛肚下嘴。它剛把喙伸進牛肚，埋伏已久的蛇猛然出擊，咬傷了它的脖子，揪下它翅膀上的飛羽，還一邊罵道：「你不僅讓你的孩子吃掉我的孩子，還想殺掉我。太陽神沙瑪什讓我懲罰你！」老鷹乞求蛇寬恕它，但蛇已經拔光了老鷹身上所有的羽毛，把它扔進了深坑。

老鷹在坑裡苦不堪言，也向沙瑪什祈禱，一面祈求，一面說：「沙瑪什啊，我已經受到了應得的懲罰。請你給我一個贖罪的機會吧。」於是富有同情心的沙瑪什指示：「因為背信棄義，你受到了痛苦的懲罰。可是，我還是會給你一個改過自新的機會，基什城的王埃塔納會來這裡救你出來，你要盡其所能幫助他。」

在山的另一邊，沙瑪什指示埃塔納翻山越嶺，找到那個囚禁老鷹的深坑，把它救出來，治好了它的傷，讓老鷹帶他上天去尋找「生育草」。埃塔納照做了。

脫困的老鷹十分感激埃塔納，說：「唉喲，我的恩人，多謝你相救，這些天我真是難受死了。我會想辦法報答你的，你有什麼心願，我一定盡力替你達成。」

「我是奉太陽神沙瑪什的旨意來救你的。太陽神說，你能解決我的憂愁。」

「什麼憂愁？」

「是這樣的。我是基什城人類的國王，我一向對神虔誠，對人公正，神祇信任我，人們愛戴我。我的家庭和睦，身體也健康，唯獨有一件事令我憂愁，那就是沒有孩子繼承王位。我希望能得到一支生育草，讓我能有個孩子，讓我的王位後繼有人。太陽神說，你能替我完成這個心願。」

「生育草啊？我聽說只有女神伊什塔爾才有。」

「那我們就去找她？你知道她現在在哪裡嗎？」

老鷹單腳跳來跳去，一邊跳還不停地換腳。接著它向埃塔納說起自己不久前做過的一個夢。

「我倆飛到了天上，走進神安努、恩利爾、埃阿的神殿門口向他們行禮，然後又走進月神辛、太陽神沙瑪什、暴風神阿達德、生育女神伊什塔爾的神殿門口，向他們行禮。

「然後我倆走進了一座美輪美奐的宮殿，裡面陳設的家具富麗堂皇，尤其是一個氣派的王座——上面坐著美麗的伊什塔爾，一頭獅子正在她腳下安睡，像狗一樣溫順。沒想到我剛往那邊一看，獅子就跳了起來，向我撲過來。我一驚嚇，就從夢中醒了過來。」

「太好了！」埃塔納高興極了，「快帶我上天尋找伊什塔爾女神吧。我要求她賜予我生育草。」

「沒問題，我的恩人，我一定能幫你實現心願。來吧，讓我載你飛到安努的聖殿裡。」

埃塔納於是爬到老鷹背上。鷹叮囑他：「恩人，緊緊抱住我的脖子，把胸緊緊貼到我的背上，千萬別亂動。」

埃塔納緊緊抱住老鷹脖子，抓牢鷹的羽毛，安放好雙腳，俯在鷹背上：「準備好了，起飛吧！」

老鷹於是搧動翅膀，載著埃塔納飛上天去。飛了兩個小時後，老鷹對埃塔納說：「看哪我的朋友，大地那麼平坦，河流就像一條條細帶子。」埃塔納向下望去，大地向外伸展，河流在大地上蜿蜒，景色非常美麗。

老鷹繼續向上飛去。又過了兩個小時，老鷹說：「看哪，我的朋友，你看大地那麼遼闊，湖泊就像一顆顆的珍珠。」埃塔納向下望去，覺得風有點大，吹得耳朵痛。他努力想分辨他的城市，可是從這個高度只能看到一個很小的點。

又過了兩個小時，老鷹還在往上飛：「看哪，我的朋友，你看大地開始退縮，大海多麼美麗。」

埃塔納只覺得雲匆匆從臉頰邊掠過。真奇怪，從地上看起來，雲像由柔軟的棉花和飄飄然的銀子構成，可是飛近時，埃塔納只覺得冷得發顫，而且渾身被灰色的霧氣沾濕了。他睜大眼睛往下看去，只能看到大地和海洋的分野，黃中帶有綠點的那一側顯然是大地，藍色中點綴了幾個灰綠點的大概是海洋。

「還沒到啊？」埃塔納感到自己的聲音開始發抖了。

「就快了，就快了。」

他們繼續往上飛著，兩個小時、三個小時、四個小時，他們已經快飛出雲層了。埃塔納勉強睜開眼睛，大地和海洋已經看不見了，他只能看到腳下白茫茫一片，不時有一些淘氣的雲翻騰出雲海，像海浪一樣高高躍起。他又艱難地扭轉脖子向四周望去，但見長風高旋，天幕四垂，陽光也比在大地上看起來明亮、耀眼得多。

「還要多久啊？」埃塔納感覺自己嘴巴已快張不開了，聲音一出口就會被風捲走。

「就快了，就快了。」老鷹說，「看，上面就是安努的天宮，再飛幾個小時就到了。」

埃塔納覺得自己的四肢已經被凍僵了，他全身都在顫抖。他勉強抬頭向上望去，天空竟然呈現發紫的深藍，完全不是從地面上看起來那種清爽可愛的蔚藍，天穹深邃得像要把人吞沒。他尖叫起來：「別飛了、別飛了，老鷹啊，我們快回去！我要回去！」

於是老鷹改變方向，開始向地面降落。

飛進了雲層，埃塔納緊緊摟著老鷹。

飛下了雲層，埃塔納緊緊摟著老鷹。

飛得更低了，高山和河流已依稀可見。但突然吹來一陣狂風，老鷹和埃塔納被風吹得跌跌撞撞，不知所蹤。

泥板到這裡就缺失了，我們不知埃特納是死是活。不過從別的版本記載來看，埃塔納似乎倖存下來。後來他做了個夢，夢見他和老鷹一起飛進了天堂之門。夢醒後他信心大增，決定再來一次鷹背之旅，我們不太清楚那隻鷹是原來的老鷹，還是它的孩子小鷹，總之這一次埃塔納沒有驚慌，終於飛躍了天堂之門。看來這次埃塔納成功來到了伊什塔爾女神面前，求取到了生育草，因為按照蘇美王表，埃塔納活了一千六百歲，繼位者是他的孩子，名叫巴力赫（Balih）。

第三節　天堂女王的首席寵兒恩麥卡爾

吉爾伽美什是美索不達米亞三大超級英雄中最偉大和最著名的一位，但並不是最早的一位。很久很久以前，在蘇美的傳說時代，有一位偉大的「恩」（En）[1]，也就是大祭司兼國王，統治著烏魯克，他就是恩麥卡爾，蘇美三大超級英雄中最早的一位。以他的功績為基礎形成了一首史詩，描述了他在一場智鬥中如何使用狡黠的計謀打敗了他的對手兼情敵阿拉塔（Aratta）國王，鞏固了他作為女神伊南娜首席寵兒的地位。在這一過程中，他為古老的蘇美帶來了文字所能寫盡的一切好處。

恩麥卡爾作為烏魯克城的恩，也是蘇美最重要的女神伊南娜的神夫，也就是儀式上的丈

1 編按：蘇美城邦的統治者，同時也是大祭司，他們被稱為「恩」，女性大祭司則被成為「寧」。

夫。烏魯克的繁榮與伊南娜的眷寵密切相關，就與伊南娜的關係而言，恩麥卡爾並不是獨一無二的，因為伊南娜女神同時還眷顧著其他城市的恩們。但恩卡麥爾是她最寵愛的丈夫，他希望能持續保持這一地位。

為了討好強大又任性的女神伊南娜，恩麥卡爾打算在烏魯克為女神興建一座華麗的神廟，讓它在城市的泥磚建築中如「礦脈中的白銀」那般耀眼。不過，要實現這個計畫有一個小小的困難：裝飾這樣一座新的神廟需要大量貴金屬和珍貴的寶石，恩麥卡爾卻一點也沒有。不過，恩麥卡爾知道在哪裡可以找到，在「翻越七座大山」的遠方，一座叫做阿拉塔（大約在今天的伊朗境內）的城市，那裡的王擁有大量黃金和珍貴的寶石，足以建造烏魯克的新神廟。

為了使阿拉塔的王臣服，恩麥卡爾使用了他最強力的武器，也就是變化無常的伊南娜的寵愛。阿拉塔的王恩蘇赫吉安納（En-suhgir-ana），作為一名恩，也是伊南娜女神的丈夫之一——實際上，每一個城邦的王都是伊南娜女神名義上的丈夫，只不過，伊南娜承認她最寵愛的丈夫是烏魯克的恩麥卡爾，因此恩麥卡爾祈求伊南娜，在阿拉塔的王答應提供烏魯克建造神廟所需的財寶之前，不為那座城市降下雨水，而伊南娜同意了。

之後，恩麥卡爾派出一名特使前往深受乾旱困擾的阿拉塔，威脅要摧毀這座城市。但阿拉塔王並沒有因為阿拉塔遭受乾旱和饑荒的威脅而屈服，他輕蔑地回答：「回去告訴你的主人，他的威脅對我毫無意義，阿拉塔絕不會向烏魯克屈服！」特使向他表明，恩麥卡爾此舉獲得了伊南娜的授權，阿拉塔日益困難的局勢全是這位任性的女神造成的。

阿拉塔王恩蘇赫吉安納氣得七竅生煙，他知道，要是沒有伊南娜女神的支持，想要戰勝恩麥卡爾是沒有希望的。但他又不甘心就這麼屈服，於是，他建議雙方展開一場智鬥，他給恩麥卡爾出了三道似乎無解的難題：

第一項要求是要恩麥卡爾為阿拉塔提供糧食以緩解饑荒，但恩麥卡爾必須用網，而不能用袋子來裝糧食。恩麥卡爾很快就找到解決方法，因為站在他那邊的不僅有女神伊南娜。糧食女神尼薩巴把她的祕密告訴恩麥卡爾，根據她的指示，恩麥卡爾把發酵的糧食送到阿拉塔。發酵的穀粒已經變大，所以不會從網眼裡掉出去。隨同這批糧食一起送到阿拉塔去的還有一個口信：要求阿拉塔按照投降的慣例，接受一根來自烏魯克的權杖。阿拉塔王同意了，但條件是這根權杖「既不能是木頭的，也不能是金子的，也不能是銅的……」接下來是一長串盡他所知的材料的名稱。

恩麥卡爾又找到了辦法，這次要感謝恩基的干預。根據他的建議，恩麥卡爾找到一種蘇美人從來沒見過的蘆葦製成一根權杖。於是阿拉塔王的計謀又落空了。

對方又提出第三個挑戰：「讓兩個城市的摔角冠軍來舉行一場比賽來決定勝負。但恩麥卡爾派出的選手身上的服裝必須既不是黑色，也不是白色，既不是棕，也不是綠，總之什麼顏色也不是。」這一次恩麥卡爾不用神的幫忙就找到了辦法：他派去的選手身上穿的衣服由未經漂染的布製成，屬於無名的顏色。

記錄這一故事的泥板到這裡破損了一大塊，我們無法確切得知這場比賽的結局，但推測是恩麥卡爾的人獲得了勝利。不過這位烏魯克的恩已經失去了耐心。他又派出一名特使到阿拉塔，讓他傳達以下威脅：「我不能被迫把這座城市的人像樹上的鴿群一樣驅散嗎？……我不能被迫計算它的居民在奴隸市場上的售價嗎？……我不能被迫從它的廢墟上掃出塵埃嗎？」

這一大串威脅長得嚇人，恩麥卡爾擔心他的特使記不住，便使用一個使朝野大吃一驚的方式——他寫了一封信。這是世界上第一封信。

書面文字成了談判的工具，起了決定性的作用。阿拉塔的王看著那塊泥板，深深感受到「口氣嚴厲，事態不妙」，知道他只能認輸，奉上恩麥卡爾所需的寶物。於是烏魯克的伊南娜神殿得到了黃金和珍貴的寶石作為裝飾，而恩麥卡爾得到了讚美：「人們將永遠記住，他為我們的城市帶來了黃金。」

烏魯克和阿拉塔之間的競爭由來已久，雖然經常是烏魯克勝出，但阿拉塔並沒有停止反擊。蘇美三大超級英雄之一的恩麥卡爾至少還與阿拉塔王之間發生了另一場鬥爭，但這次他靠的不是眾神的恩寵或自己的狡黠，而是藉助了一名魔法師的力量。這次阿拉塔的那位王可能就是恩麥卡爾的老對手恩蘇赫吉安納，也可能是他的繼任者，反正恩麥卡爾又獲勝了。

這一回，阿拉塔王派一名特使來到烏魯克，為伊南娜的首席丈夫帶來一個口信：恩麥卡爾必須臣服於阿拉塔王，因為只有阿拉塔王才是伊南娜真正的新郎，只有阿拉塔王才能「和她一起甜蜜地睡在一張精美的大床上」。恩麥卡爾也許可以在夢中見到這位女神，但只有阿拉塔王才能面對面地見到女神本人。

這個口信當然激怒了恩麥卡爾。在蘇美所有的統治者中，伊南娜最寵愛的情人不就是他恩麥卡爾嗎？讓阿拉塔王留著他「精美的大床」好了，恩麥卡爾將繼續在伊南娜那撒滿鮮花的床上嬉戲。這件事不僅關係到他的性福生活，還與他的權威密切相關，因為蘇美統治者的權力是以與伊南娜的關係為基礎的。於是恩麥卡爾繪聲繪色地向阿拉塔特使描繪他和伊南娜女神共度良宵的一些細節，然後打發特使回去向他的主人轉達他的輕蔑。

阿拉塔王碰了個釘子，於是詢問大臣們下一步該怎麼辦，此時阿拉塔恰好有一名來自遠方的魔法廢墟之城——哈馬祖的難民，名叫做烏吉努納（Ur-Namma），據說他有很強大的魔法。當時，魔法與醫術、占卜之間並沒有區別，每一樣東西都有相應的咒語，通常形成於久遠的傳統。已知最古老的咒語出自西元前兩千四百年，有跡象表明，過了一千年之後這些咒語仍在使用，而且積累了更多的儀式，已經有相當大的規模。這種儀式通常包括準備念出咒語、恰當的手勢與正確的原料，如羊毛、麵粉、洋蔥、甚至海水，它們全都含有某種象徵性的力量。更匪夷所思的原料還有蝙蝠血和蠍子碎末等，用來在儀式中封住門的四周。之所以使用這種魔法是因為人們認為他們的困難是超自然生物造成的，念咒無疑是獲得解脫的正確方法。

對付魔法與咒語，唯一的方法是使用反魔法，包括由精通此道的魔法師詳細制定的咒語和舉行的儀式，如果應對得當，不僅能讓人在危機四伏的環境中倖存，甚至還能發揮積極的功效，嚇跑較小的妖魔或惡靈，或是驅使他們反過來保護人類。當然，真正有效的魔法必須由訓練有素的魔法師施展才行。魔法師們通常要價不菲，雖然由魔法師製作，並書寫著咒語的護身符並不昂貴，但雇傭魔法師親自施法就很貴了，並非人人負擔得起。

阿拉塔王接受了大臣的建議，派這名魔法師前去烏魯克盡可能造成最大的災難，並為他準備了豐盛的食物餞行，「他命令把各種藥草給他吃，把最好的水給他喝」。

烏吉努納前往烏魯克途中在幼發拉底河沿岸的艾利什停留，這地方當時屬於恩麥卡爾的領地。烏吉努納在此停留，是為了展示自己的實力。他進入牛圈和羊舍，詛咒牛羊，又在各處大肆破壞，使得「小牛遭到了厄運」。牧人們餓著肚子，哭著乞求女神的幫助，因為艾利什是屬於穀物女神尼薩巴的，而她是恩麥卡爾的朋友。

女神果然幫助了他們：一位年老的女巫師薩格巴魯（Sagburru）出現在河邊，和烏吉努納展開了一連串魔法師之間的激烈較量，情況大致是這樣的：把一件銅器扔進河裡，命它從河裡變成一種動物。第一次較量，烏吉努納從河裡拉出一條肥魚，可是那位老女巫薩格巴魯變出一隻老鷹，一把抓住魚飛進山裡去了。第二回合，烏吉努納變出一頭母羊和一頭小羊，而薩格巴魯則變出一匹狼把母羊叼走了。第三回合，烏吉努納變出一頭母牛和一頭小牛，而薩格巴魯則變出一隻雄獅，輕鬆把它們撕碎。第四回合，烏吉努納從河裡變出兩隻山羊，又被薩格巴魯的豹子吃掉。最後一回合，烏吉努納的瞪羚被薩格巴魯的猛虎解決了。

烏吉努納大為窘迫，「他面如土色，不知所措」，而女巫薩格巴魯輕蔑地訓斥他：「巫師，你的魔法可能確實有兩下子，可是你的腦子在哪兒呢？」他怎麼沒意識到，對在尼薩巴保護下的東西進行破壞，就是在挑戰女神本人啊！

烏吉努納苦苦哀求女巫師饒他一命，可是她指著被毀壞的牛圈說：「你觸犯了禁忌，你使奶油和牛奶都短缺了。」於是她當場殺死他，把他的屍體扔進寬闊的幼發拉底河裡。

吃了這一次敗仗，阿拉塔王自知不受女神寵愛的自己無法抵抗恩麥卡爾，便放棄了先前對烏魯克的要求，另外派出一名特使。然而，這次帶去的訊息與上次有天壤之別，因為阿拉塔王被烏吉努納的死嚇壞了，他卑躬屈膝地向恩麥卡爾表示：「你是伊南娜女神最寵愛的。」接著又自我貶低：「從一生下來，我就不是你的敵手，你才是老大，我根本不能跟你比。」

就這樣，恩麥卡爾又一次戰勝了對手，不過這次他連手指都沒動一下，就有女巫師替他打了勝仗。他的確是眾「女」神的寵兒。

第四節　吉爾伽美什的父親盧伽爾班達

上一篇我們說到，備受伊南娜寵愛的烏魯克國王恩麥卡爾與阿拉塔王鬥智鬥勇好幾輪。他們之間的鬥爭並非總是使用魔法或黠謀，有時也會動用武力。有一回，恩卡麥爾派出烏魯克的一支精銳部隊去與阿拉塔王交戰，吉爾伽美什的父親盧伽爾班達就在這支烏魯克精英隊伍中擔任一名將領。他在去阿拉塔城的途中經歷了一番非凡的冒險，這次冒險既為他贏得了威望，也為他後來獲得女神寧松的青睞，成為烏魯克王奠定了基礎，這個神話是這樣的：

一行人正日夜兼程行走在前往阿拉塔城的山路上，不料盧伽爾班達因為行軍疲憊，竟然發起來燒來。高燒連日不退，盧伽爾班達全身發冷，不斷顫抖，最後陷入昏迷。他的同伴不知所措，軍令又不得耽誤，只好把他安置在一個乾燥涼爽的山洞裡休養。

盧伽爾班達躺在山洞中陷入昏迷，同伴們等了小半日不見他醒轉，就按照蘇美人的習俗在他身邊放置了水和食物，還把他的武器放在他身邊。這樣，如果他活過來，便能用這些東西充饑和防身；萬一他不幸病死，這些東西也可算是不失體面的隨葬品，等同伴們打完仗回來便為他收屍安葬。就這樣，同伴們帶著眼淚和哀傷離開了山洞，留下盧伽爾班達聽天由命。

盧伽爾班達命不該絕，昏迷多時後竟然醒了過來，只是還有點低燒。周圍的荒蕪寂靜令他害怕，他是在富裕熱鬧的城市烏魯克長大的，很少在野外久待，陌生的群山在他看來十分可怖，於是他向太陽神烏圖和他的孿生姐妹伊南娜祈禱：「迷失了的狗很可憐，迷失了的人更淒慘……請不要把我拋棄在荒蕪中！……請不要讓我繼續在世上最可怕的地方生病，不要讓我四肢壞死，在山裡像淒慘的狗一樣死去。」

這塊黏土板上的楔形文字記載著吉爾伽美什之父盧伽爾班達在山洞中遇險的故事。

烏圖和伊南娜聽到了他的祈求，讓他做了個複雜的夢，作為給他的提示。於是盧伽爾班達又陷入了昏睡，在夢中，他發現群山正沐浴在銀色的月光中，而他正在幽深的草木中漫遊。這時有一位神化身公牛給予他啟示，叫他抓住幾隻野山羊，更要緊的是逮住山裡的野公牛作為獻祭的犧牲品，灼烤野牛的脂肪和骨頭獻祭給眾神。

盧伽爾班達醒來後，夢境依然栩栩如生，他的燒也已經退了。他對神的提示心領神會，立刻拿起戰斧和匕首走近深山，抓住山林的野公牛，連同「像麥穗一樣成堆的」野山羊一起獻給了初升的太陽，連遠處的蛇都能聞到空氣中的血腥味，香甜的烤肉味直沖雲霄，烏圖和伊南娜聞到後都心滿意足。

不過盧伽爾班達的考驗並未結束，他又遭遇了可怕的安祖鳥。這種安祖鳥就是當年偷走眾神命運石板，戰神尼努爾塔與之苦戰的那種鷙鳥，對它們絕不可等閒視之。因此當盧伽爾班達艱難地攀上懸崖，爬上恩利爾的鷹樹，發現鳥巢裡只有一隻雛鳥時，他也小心翼翼地以禮相待——畢竟誰也沒法預料它的父母何時會回來。盧伽爾班達掏出背囊裡戰友們留給他的麥餅、蜂蜜，還有鹹肉和羊油餵給雛鳥，還搜集來白色的雪松嫩枝裝飾雛鳥的頭，用碳粉妝點它的眼睛。最後，他還在鳥巢上安放了很多鮮花，裝飾得漂漂亮亮的，再小心翼翼地後退，躲在附近的山裡凝神觀望。

不一會兒，安祖鳥夫婦帶著捕獲的獵物回來了，泥板上說，安祖鳥的爪子各抓一頭公牛，背上還扛著一頭，輕鬆地飛了回來，一邊呼喚著幼崽。公鳥見幼仔沒有回應，急得大吼一聲，聲音響徹天空，一瞬間地動山搖，山神們都嚇得躲進了石頭縫。但當它們發現幼仔安然無恙，端坐在裝飾優美的鳥巢中後不由得大喜，說：「不管是誰為我家做了精美裝修，我都會感謝你，如果你是神，我就視你為友，如果你是人類，我將安排你一生好運。」盧伽爾班達這才從藏身處慢慢地走了出來，向安祖鳥說了一堆奉承話，說得安祖鳥心花怒放，表示會滿足他的任何要求。於是盧伽爾班達向安祖鳥要求獲得能輕輕鬆鬆就到達任何地方的能力。

安祖鳥履行了自己的諾言，盧伽爾班達現在有了這項新的超能力，他健步如飛地跑去加入對阿拉塔城的圍攻，他的同伴和國王恩麥卡爾都在那裡與阿拉塔人苦戰。這場戰鬥已經持續了整整一年，但阿拉塔的守城者始終不肯投降，箭和梭標就像雨點一樣從城牆上落下，烏魯克的軍隊裡每天都有很多人陣亡，軍糧供給也逐漸成了問題，而城裡的糧食、水源和兵力卻沒有任何要消耗殆盡的跡象。

恩麥卡爾知道這種跡象表明他已失去了女神伊南娜的寵愛，於是決定徵求一名善跑的使臣帶著他的口信，越過群山回到烏魯克的神廟去見女神，並許諾說：「如果伊南娜能庇佑我

吉爾伽美什之父盧伽爾班達在深山中遇到的安祖鳥，與波斯神話《列王紀》中紮爾王子遇到的西木爾鳥，以及《天方夜譚》中的大鵬有許多相似之處。人類若能巧妙地對待它們，受到了它們的青睞，就能獲得很大助力。

和部下安全返回，那麼我就放下長矛，讓伊南娜親自砸碎我的盾牌。」

盧伽爾班達暗自思忖，眼下自己有了一雙飛毛腿，正是發揮作用的時候，於是他自動請纓。儘管同伴提醒他，沒有人能獨自一人翻過萬重群山，他將有去無回，盧伽爾班達還是決定一個人去。多虧安祖鳥賜給他的超能力，他當天夜裡就跑回了烏魯克，正趕上那天烏魯克人在女神的神廟裡向她供奉祭品的祭祀活動，他把口信捎給了女祭司。伊南娜透過女祭司答覆道：她對恩麥卡爾願意放棄戰爭的誓願不感興趣，她更喜希望恩麥卡爾能砍倒女神廟聖池旁的一棵孤零零的檉柳樹，還要親手抓住池裡的一條大魚做為供神的犧牲品。如果恩麥卡爾能做到這兩點，她就能切斷提供阿拉塔力量的源頭——淡水深淵，保證恩麥卡爾能戰勝阿拉塔的王。

收到這一重要情報後，盧伽爾班達立即飛速將其傳達給恩麥卡爾。恩卡麥爾照伊南娜的指示行事後，戰況立刻大為好轉，他很快就打敗阿拉塔人，滿載各種貴金屬、寶石，擄走各種工匠，凱旋而歸。當初恩麥卡爾之所以出征阿拉塔，為的就是這些珍貴的戰利品。這樁功績也為盧伽爾班達帶來很多榮譽，為他日後與女神寧松結合，成為烏魯克的下一任王奠定了基礎。

第五節　追求永生的吉爾伽美什

很久以前，在蘇美的傳說時代，有一位偉大的恩統治著烏魯克，他就是吉爾伽美什，蘇美三大超級英雄中最後和最著名的一位。他之所以名垂千古，全是由於那部以他命名的史詩。即使到了今天，史詩中關於友誼、失去朋友和害怕死亡的描述，依然在人們心中激起共鳴。

吉爾伽美什的原型很可能是一位早期的蘇美國王，據說他親自建造了烏魯克城，但在隨後的幾百年，他在蘇美各地都被當作神來崇拜。在這一地區文明發展的每一階段，在各種雕塑和浮雕中，他都是一位孔武有力、蓄著鬍鬚的武士。他的出身也因此被神化——他是半神盧伽爾班達和女神寧松的兒子，「三分之二是神，三分之一是人」。

儘管這位神人王子身材魁梧，臂力超群，面貌英俊，為眾矚目，幾乎完美無缺，他卻有個不大受歡迎的缺點：好色。按理說他應該是烏魯克的保護人，但更多時候他就像一頭「不受約束的野公牛」。泥板史詩上直截了當地記錄著：只要是年輕姑娘，不論她是武士的女兒，還是青年男子的新娘，吉爾伽美什都不放過。

可以想像，烏魯克人民群眾是如何怨聲載道，受到騷擾的女人們紛紛向天神控訴，終於驚動了主管創造的母神阿露露。她同意了人們的請求，根據天神安努的建議，創造了一個敵得過吉爾伽美什的對手，好讓他倆去相互爭鬥，讓烏魯克享有和平！阿露露取來一堆泥土，從戰神尼努爾塔處汲取力氣，捏出了一個足以匹敵吉爾伽美什的造物：他在所有方面都與那位居住在城市裡的烏魯克統治者相反：恩基杜渾身是毛，頭髮捲曲得像波浪，更像野獸而不像人，他與野獸同吃同住，並不時施以援手，把它們從獵人設置的陷阱裡拯救出來。

後來，一個獵人因為陷阱被毀而發愁，更因為見到這位「人猿泰山」而驚恐萬分，便向自己的父親求助。父親建議他去找吉爾伽美什，請他派出一位神妓前去對付恩基杜，因為根據他的經驗，他知道最強壯的人也可能有一個弱點：他預計恩基杜一旦屈服於女性的魅力，就會失去他對動物的魅力，之後事情就好辦了。於是獵人找到了吉爾伽美什，後者同意獵人父親的看法，讓獵人把神妓珊赫（shamhat）帶去找恩基杜。

於是，獵人帶著珊赫來到野外，在水潭邊等候。三天後，恩基杜果然來水潭喝水了。神妓解開衣襟，撩起長袍，大膽地從隱藏之所走上前去施展誘惑。

六天七夜，兩人的交媾震撼大地。一切如吉爾伽美什所料，恩基杜發現，這個使他失去清白的災難讓他失去了野獸朋友們，但是也有所補償。珊赫表示，只要他願意跟她前往烏魯克，等著他的將是快樂的一生，那裡的伊什塔爾神殿裡有許多漂亮姑娘，更重要的是，在那裡，他還能找到像他一樣有野牛般力量的吉爾伽美什，他們一定會成為真正的朋友。

恩基杜又一次接受了珊赫的誘惑，同意隨她一起到城裡去。但他補充說：如果吉爾伽美什真的「像野牛一樣有力」，他非向他挑戰不可。於是珊赫給恩基杜穿上一些她自己的衣服，帶他到烏魯克。吉爾伽美什早已得到一些模糊不清的預警的夢，這些夢告訴他那位野人即將到來。第一個夢裡，有一個東西如雷霆般從而天降，砸到了地上，而他無法把它舉起。第二個夢裡，一把銅斧被扔到烏魯克的街頭，人們團團圍觀，吉爾伽美什擠進人群後把它取在手中，滿心歡喜。寧松向吉爾伽美什解釋道，雷霆和銅斧都象徵將有一名強而有力的人到來，吉爾伽美什要學習和他成為相親相愛的朋友。

與此同時，恩基杜和珊赫在途中經過一個牧羊人的營地，這個野人歡喜地發現麵包和酒比生肉好吃。為了回饋牧人，他幫助牧人們擒獅獵狼，保護牧群安寧。故事中這一段插曲的結尾是這樣的：一名年輕男子匆匆跑過，恩基杜問他為何如此匆忙。青年回答：城裡即將舉行一場婚禮，吉爾伽美什作為烏魯克的主宰，要對新娘行使他作為統治者的權利。

恩基杜聞言臉色變得青紫，立刻啟程前往烏魯克，在婚禮上，他的到來引起轟動。人們歡欣鼓舞，因為神終於讓他們的統治者棋逢對手。吉爾伽美什一到屋前，兩人便展開了一場讓觀眾目瞪口呆的搏鬥，毀壞了門框，連牆都崩塌了。

令吉爾伽美什沮喪的是，他無法戰勝這個像山一樣結實的人。恩基杜贏得了這場比賽。但得勝的恩基杜極有風度地向吉爾伽美什認了輸，說：「你的母親生下你就是要使你獨一無二。眾人之王的位置，恩利爾已指定了你。」他把吉爾伽美什從地上扶起來，他倆彼此親吻，成了朋友。

對烏魯克的居民來說，兩人和好帶給大家巨大的解脫。吉爾伽美什不再像以前一樣對城裡的女人感興趣了。正如他夢中所預言的，他終於找到一個勢均力敵的夥伴，他珍惜和恩基杜的關係，幾乎如同珍愛婚姻關係一樣。但是過了一陣子，恩基杜開始日漸消瘦。城裡生活的各種享受，包括神妓們，似乎與他不合。他常常唉聲歎氣、熱淚縱橫。更糟糕的是，他的力量逐漸萎縮了。

吉爾伽美什知道怎麼解決朋友的問題——他們需要一次冒險。他早就想好了一個去處。遠在西方濃密的雪松林裡，有一隻叫做胡瓦瓦（Huwawa）的怪獸，除掉它似乎是一件頗有意思的事。可是恩基杜在森林裡過野人生活的時候曾經見過胡瓦瓦，知道他們此去會遇到什麼情況。他問吉爾伽美什：「它噴出來的是火，呼出來的是死亡。你怎麼打得過它？」再說，指派胡瓦瓦看守森林的是暴躁的大神恩利爾。恩基杜認為「這是一個不可能的任務」。

然而吉爾伽美什心意已決，他以英雄的氣概宣稱：「人生在世，不過是浮塵雲煙。我就

吉爾伽美什與恩基杜殺死胡瓦瓦

是死，也要獲得榮耀，讓人們牢記我是因為討伐胡瓦瓦而光榮戰死。」隨後他又提出一個鼓吹恩基杜的理由：烏魯克的工匠們會為兩人鑄造強大的武器，人們從沒見過這樣的武器。恩基杜受到吉爾伽美什的嘲弄，加上新武器的誘惑，於是同意參加這次遠征。

這次西行漫長而艱難，「從新月到滿月，再加上三天」，兩位冒險者終於遇到怪獸胡瓦瓦。怪獸則輕蔑地說：「那個傻瓜吉爾伽美什和那個野獸般的傢伙，應該先自問來找我幹嘛？」它說要咬斷他們的喉嚨，把他們的屍體扔給鳥獸享用。

激烈的戰鬥中吉爾伽美什差點就要認輸了，但恩基杜不斷地鼓勵他。這場激戰伴隨著可怕的雷雨，大地也因此而開裂。最後，胡瓦瓦匍匐在吉爾伽美什腳下求饒。吉爾伽美什本想暫時不要殺死胡瓦瓦，可是恩基杜忘了當初他的顧慮，說：「我的朋友，敵人的話不可靠，把它了結了，把它粉碎掉。」於是吉爾伽美什用刀捅死胡瓦瓦，恩基杜則一刀砍掉它的頭。

這是一件他倆都要後悔的事，因為他們忘了胡瓦瓦是恩利爾指派的森林守護者，暴躁的恩利爾是位睚眥必報的神。不過眼下只有勝利的喜悅，吉爾伽美什回到烏魯克，換下骯髒的衣服，整個人煥然一新，為他的魅力所傾倒的不僅是人間的女人，連烏魯克的守護女神伊什塔爾也直截了當地向他求愛：

「吉爾伽美什，來做我的情人吧！把你的勝利果實獻給我。你來當我的丈夫，我來當你的妻子。」這位女神還說了一長串她作為妻子將帶給丈夫的各種好處，特別是城邦的國王們都將向他拜倒。

吉爾伽美什理應巧妙應對女神伊什塔爾，因為他已經得罪了恩利爾，再得罪伊什塔爾可沒什麼好處。但是吉爾伽美什被戰勝胡瓦瓦的勝利沖昏了頭，他驕傲地拒絕了伊什塔爾願意提供的好處，傲慢地回答：「伊什塔爾是什麼東西？」「擋不住風的一扇破門窗，一座會傷害英雄的殿堂。」他還進一步把她比做漏水的皮囊，一雙擠腳的破鞋。更糟的是，他還歷數女神過去的情人。他殘酷地說：「來，讓我來為妳描述一下妳的情人。」他一一回顧伊什塔爾的情人們，他們都曾經拜倒在伊什塔爾的裙下，後來又都遭到厄運。最後吉爾伽美什總結道：「可見我若是當了妳的情人，我的結局也會和他們一模一樣。」

可以想像，聽了這樣的話，就是最溫柔的女人也會火冒三丈，任性又自戀的伊什塔爾自然更是惱羞成怒，她衝到父親天神安努、母親安圖那裡哭訴：「吉爾伽美什羞辱了我。」安努溫和地指出，她是不是有什麼地方得罪了他們，才導致吉爾伽美什對她惡言相向，既然她對吉爾伽美什不滿，就應該自己去對付他。但是伊什塔爾要用一種特別的方式對付他。她威脅安努，如果安努不把神牛給她，她就讓死去的人復活，把活著的人都吃掉。作為交換條件，她已經準備好應付七個歉年的糧食。

這頭神牛果然名不虛傳，它在烏魯克打了一個響鼻，地就裂開一條縫，吞噬了一百個年輕男子；第二個響鼻後，又有兩、三百個年輕人掉了進去；再一個響鼻，連恩基杜本人也掉了進去。但是恩基杜對牛很瞭解，哪怕它很凶。他從裂縫裡跳出來抓住牛角，使得野牛只能朝著他的臉噴唾沫星子。恩基杜大聲叫吉爾伽美什把劍刺進牛角之間，割裂它的頸腱，把它殺死在地。

伊什塔爾氣瘋了。「那個辱罵過我的人竟把神牛給殺了。」可是恩基杜並不在乎，他撕下神牛的一條腿，扔在伊什塔爾臉上，還威脅說要把她像神牛一樣處理掉。更令伊什塔爾不能忍受的是，吉爾伽美什招來烏魯克的匠人，命他們觀賞神牛的巨角。把巨角裡的牛油抽出來，作為供油獻給自己的父親盧伽爾班達，隨後在宮中大擺慶功宴。

吉爾伽美什殺死公牛

然而，就在他們宿醉未醒之時，恩基杜做了個夢，一個十分兇險的夢——眾神在開會商議，討論兩位英雄日益狂妄的氣焰，籌畫著如何給予相應的懲罰。恩利爾由於痛失強大的公牛，堅持兩人中間必須死掉一個。太陽神沙瑪什試圖替恩基杜說話，反遭到了恩利爾憤怒的數落。

「恩基杜該死，吉爾伽美什可以留下。」恩利爾最後說道，他沒有忘掉他那被殺的守林員胡瓦瓦。恩基杜醒來後心煩意亂，不僅因為自己要死了，還因為要與吉爾伽美什分離。按照神的安排，恩基杜並非光榮地戰死，而是死於一種逐漸羸弱的疾病。他開始懷念在森林中無憂無慮的快樂日子，埋怨自己的處境，詛咒引誘他的神妓珊赫把他帶到這種境地。這時太陽神沙瑪什來干預了，說恩基杜沒有權利詛咒珊赫：

「是誰給了你配得上於神祇享用的佳餚，
給了你配得上於國王飲用的美酒，
給了你漂亮的長袍，
然後又給了你親愛的朋友吉爾伽美什？」

恩基杜平息了憤怒，的確，這些都是美妙的禮物。他收回了對珊赫的詛咒，代之以祝福。但是恩基杜的末日是不可避免的。他日益衰弱，終於在第十二個晚上死去。吉爾伽美什撫屍慟哭六天七夜，拒絕舉行葬禮，直到「一隻可怕的蠕蟲從他鼻子裡掉出來」。

吉爾伽美什的心態發生了巨大變化，從前他認為只要死後留下美名就夠了。現在，面對死亡這個可怕的現實，他開始明白英雄氣概沒有什麼意義。他憂心忡忡地想到自己的末日，「我也會死嗎？我和恩基杜有什麼兩樣？我在原野徘徊，我恐懼死亡」。

關於吉爾伽美什的史詩原本可到此結束，但故事卻由此轉入一個新的方向。吉爾伽美什暗自思忖，也許能找到一個戰勝死亡的方法，他搜索枯腸，終於想到他的一個遠祖——烏特納皮什提姆的故事。他曾來到眾神面前，被天神們授予永生，有沒有可能像他那樣找到不死的方法呢？

吉爾伽美什又開始了新的遠征，但這次遠征的目標是征服死亡本身，而冒險的獎勵則是永生。他向西行進，越過群山，走向馬蘇山腳下那扇每晚開啟以便接納太陽的地下世界的大門。通往地下世界的大門由可怕的蠍人夫婦把守。吉爾伽美什感到害怕，但仍然有禮地向他們打招呼。那蠍人立刻看出來者有非同尋常之處，他的妻子則重複了史詩開頭的一句話：「三分之二是神，三分之一是人。」但是他們一聽說吉爾伽美什打算通過太陽過夜的隧道，都勸他不要去，因為這一路上是完全的黑暗，根本不可能成行。

但他們最終還是允許了吉爾伽美什前往。經過漫長的黑暗，突然間，吉爾伽美什來到光輝燦爛的陽光下，一座魔法般美麗的山谷展現在眼前。他沿著長滿紅寶石般的碩果與翡翠般綠葉的樹林走向海邊，遇到居住在這裡的啤酒店老闆娘西杜莉（Siduri）。她一看到形容枯槁、衣衫襤褸的吉爾伽美什就把他鎖在門外。可是當吉爾伽美什把恩基杜之死和他難以克服的悲痛告訴她後，她開始同情吉爾伽美什，告訴他，他要尋找的人類始祖就住在海洋對面。「只有太陽可以渡過這片可怕的海域，任何生物一觸及海水就會死去。」老闆娘說，「但是有一個擺渡人，他是始祖的僕人，如果可能的話，就讓他渡你過海。如果不能，你就退回來。」她補充道，吉爾伽美什一定能認出誰是擺渡人，因為他身邊有一些奇怪的「石頭做的東西」。

一些學者認為，西杜莉是掌管穀物發酵和釀造的女神，尤其是啤酒和葡萄酒的釀造女神。在較早的巴比倫史詩版本裡，她盡力勸阻吉爾伽美什繼續危險的永生之旅，建議他轉而追求簡單確定的現世享樂。在較晚的阿卡德版本中，她的重要性被降低了，轉而讓烏特納皮什提姆去教育吉爾伽美什關於生與死的重大哲學問題。西杜莉可能是伊什塔爾的一個化身，她向吉爾伽美什提供前往永生之地的方法，作為交換，吉爾伽美什回來時要做她的情人。不管吉爾伽美什有沒有識破真相，總之他答應了酒店老闆娘的條件，以此獲得了關於前進方向的建議。

和擺渡人的遭遇一開始很不愉快，急於求成的吉爾伽美什一把抓住擺渡人，在打鬥中還打碎了一些石頭做的東西。但是後來他們冷靜下來，擺渡人坐下來聽吉爾伽美什講述自己的遭遇。擺渡人很同情這位英雄對朋友的愛和對永生的追求，便告訴他怎麼才能渡過險惡的海洋。吉爾伽美什剛才打碎的那些石頭，就是擺渡人用來撐船過海的槳，所以我們的英雄只得在山谷裡砍下三百根樹幹作為代替品，因為每根木頭只能用一次就被海水腐蝕，所以必須要準備那麼多。

現在吉爾伽美什的遠征似乎離成功更近了，因為人類始祖烏特納皮什提姆就在對岸等著，好奇又困惑地看著陌生的來訪者。他儘管年事極高，卻仍然生龍活虎，死亡對他來說顯然不是威脅。吉爾伽美什的希望越發高漲，卻幾乎馬上被撲滅了，因為烏特納皮什提姆明確地告訴他：你的長途追尋是徒勞的。因為諸神在創造你們的時候，用的是叛神的肉摻和泥土製作的，所以不管你是吉爾伽美什，還是一個傻瓜，在某個時刻都是不可避免要死的。

「可是我看你跟我沒什麼不同啊！」吉爾伽美什大叫。「那就讓我告訴你一個我從沒透露過的祕密吧。」於是，烏特納皮什提姆便把大洪水的故事告訴了吉爾伽美什。考古學家發現同一時期的淤泥層證實了史詩的內容。這個故事和《創世紀》裡挪亞的故事非常相似，一定都出自同一個源頭。

很久之前，烏特納皮什提姆還住在古城舒魯派克，眾神在多次試圖減少人類數量都不成功後，決定一勞永逸地用洪水淹沒大地。當時由於明令禁止諸神向人類通風報信，智慧之神恩基便向蘆葦草屋說話，間接地說出這一計畫。「草屋，磚牆，注意聽；草屋，磚牆，注意注意。」這時，烏特納皮什提姆正坐在牆的另一面，仔細收聽轉播的逃亡計畫：「拆掉房子，造一條大船，扔掉財產，在船上裝滿各種生物的種子。」

這一切都被隱祕而嚴格地執行了。到了第七天，狂風暴雨從天而降，掀起滔天洪水，天昏地暗間，烏特納皮什提姆在船上看到，「所有的人類全都變回泥土。整個洪泛區平得如同房頂一樣。」船在茫茫水面漂泊，最後在一處山頂擱淺。烏特納皮什提姆放出一隻鴿子，但它又飛了回來，因為它無處棲身。第二天他放出一隻燕子，結果也一樣。但到了第三天，他放出一隻烏鴉，它卻沒有回來，看來洪水在退落。

洪水的創造者風神恩利爾憤怒地叫道：「絕不允許任何人逃過這場浩劫！」但是恩基使他冷靜下來：「製造噪音的人類的確應該受到懲罰，可是要把地上的一切消滅乾淨，那太過分了。誰來供奉神靈，誰來獻祭貢品呢？」恩利爾被說服了，召開了眾神大會。眾神看出多虧了烏特納皮什提姆人類才沒有滅絕，他勇敢的行為應該受到獎賞。恩利爾便把烏特納皮什提姆夫婦帶到眾神面前，並祝福他們獲得永生。

但這個故事並不能給吉爾伽美什一絲一毫的希望，因為烏特納皮什提姆指出：「誰能替你去說服眾神呢？」不僅如此，烏特納皮什提姆還建議吉爾伽美什先試試能否六天七夜不睡覺，因為如果這位英雄想要戰勝死亡，那首先就得戰勝睡眠。相比挑戰永生，睡眠試煉不是一個容易得多的任務嗎？

吉爾伽美什堅持了三天，但最終睡眠戰勝了他。醒來時他感到絕望，他長久的追求以失敗告終了。他歎道：「現在不管我到哪裡，死亡就跟到哪裡了。」他悶悶不樂地再次登上小船，渡過致命的海洋（史詩這裡沒提到他用什麼代替船槳，可能是烏特納皮什提姆居住的地方也有樹林）。他快要消失在海平線時，烏特納皮什提姆的妻子數落丈夫的小氣：「吉爾伽美什吃盡苦頭才來到你這裡，你就不能給他什麼東西帶回去嗎？」烏特納皮什提姆心軟了，就設法告訴吉爾伽美什，在地下深處的淡水之淵阿普蘇，長有一種根部像駱駝刺的草，如果能得到這種植物，他就可以返老還童。

吉爾伽美什立刻打開進入阿普蘇的大門，在身上綁了一塊大石頭然後跳進門去。他終於找到那棵草，興高采烈地回到地面，這麼多辛苦總算沒有白費。這一次他格外謹慎，決定把草帶回烏魯克，先給一位老者嚐一點，看看它的效力如何。

然而功虧一簣。吉爾伽美什在回程中又熱又累，決定在冷水泉裡洗澡休息一下。正當他在泉水中放鬆時，一條蛇嗅到還童草的香味，悄悄地前來把它偷吃掉了，同時褪下一層皮。吉爾伽美什看到眼前那毫無用處的蛇蛻，知道自己失去了還童草，不由得號啕大哭：「我受盡辛萬苦，為的是什麼？我自己一無所獲，都便宜了那條蛇。」從此他放棄了追求永生。不管吉爾伽美什還是別的什麼人，都不可能永生不死了。

但經過這場失敗，吉爾伽美什不管內心多麼不情願，還是設法控制了自從恩基杜死後一直纏繞著他不放的恐懼，接受了凡人註定一死的命運。吉爾伽美什的旅程結束在他開始的地方，那就是在烏魯克的城牆腳下。據說吉爾伽美什的晚年就用來美化這座城市。雖然他沒能實現生命的永恆，卻決心要永遠活在人們的記憶中。

就這點來說，吉爾伽美什成功了。

擴展閱讀

吉爾伽美什進化記

有關吉爾伽美什的故事最早大約可追溯至西元前兩千一百年，不過留存至今的文字記錄要晚得多。最早的故事是用蘇美文字寫的，可能是烏爾城的宮廷詩人根據此前口耳相傳了幾百年的傳說所作。早先的版本比較簡單，與女神伊南娜的首席寵兒恩麥卡爾的功績、吉爾伽美什之父盧伽爾班達的傳說一樣，都只是富有想像力和神佑奇蹟的冒險故事。

吉爾伽美什是以西元前兩千六百年統治烏魯克城的國王為原型的。根據蘇美王表記載，他是烏魯克第一王朝的第五位統治者，據說他的父親盧伽爾班達是半神，母親則是女神寧松。這種神的血脈是不可或缺的，因為在蘇美，統治城鎮的「恩」是王政和神權一體的化身，恩的意思是「主」，除了國王還兼任大祭司，是城邦守護神伊南娜的代理者。恩每年都必需與伊南娜舉行一次神婚，這場婚禮除了確保他的

吉爾伽美什與恩基杜之間的摔跤比賽。

神夫地位，更重要的是確保土地豐產。恩如果能使五穀豐登、居民富足，那就不僅能在活著的時候得到居民的擁戴，死後也能擁有更高的聲望，會被視為半神受到崇拜，接受人們的祈禱和獻祭。

恩的職責不僅在宗教事務上，也是城邦的軍事首領，需要參與城邦之間的霸主爭奪戰。當時，兩河流域諸城邦的政治形勢有點像古典時期的希臘，許多城邦對霸主地位躍躍欲試，但沒有哪個城邦擁有壓倒性的力量。要在這種形勢下繁榮發展，吉爾伽美什必須精通外交與戰爭，他在這兩方面也確實表現不錯。早在史詩成文之前，就已有一些口頭流傳的頌歌將他神化。有關吉爾伽美什的最早傳説，是一首稱頌他如何戰勝臨近城邦基什國王阿伽（Akka）的武功歌，產生的時間要比以他命名的史詩早得多。

基什的國王阿伽派出一名使臣前往烏魯克，要求吉爾伽美什對他俯首稱臣，否則阿伽王便要發動戰爭。吉爾伽美什召集烏魯克長老們商議對策，他本人自然極力主張抵抗到底，但烏魯克的長老們認為基什城實力強大，主張投降。於是吉爾伽美什又召集城裡的軍事貴族們開會，他們都同意抵抗，並開始著手修築防禦工事。

見烏魯克不願投降，不久後阿伽王便率領大軍包圍了烏魯克，企圖在氣勢上壓倒烏魯克的守軍。但吉爾伽美什絲毫不懼，他命令恩基杜搜集各種武器（在這個故事裡，恩基杜是他忠心耿耿的左右手），向阿伽王展示自己的強大武力。阿伽王驚駭不已，「頭腦混亂，不知所措」。

吉爾伽美什還派出他的一名近衛出使敵人的營地，但使臣一出城門就被基什的士兵抓住送到阿伽王的營帳，這時恰巧吉爾伽美什的一名侍衛在烏魯克的城牆上往外張望了一下，阿伽王的士兵就問那位使臣：「那位就是你們的王？」使臣輕蔑地說：「那人怎麼配作我們的王。我們的王容貌如獅般雄壯，眼眸如野牛般威猛，長鬚如琉璃般閃亮。他一出現，便能將所有外國的軍隊打敗，把你的王在營帳中生擒。」

阿伽王的士兵當然不會因為使臣的一番話就被鎮服，反而把他暴打了一頓。但恰在此時，吉爾伽美什「帶著威懾人心的閃光」走上了城牆，同時城門打開，恩基杜率領全城的戰士全副武裝地出征。基什的士兵大驚失色，指著吉爾伽美什問：「那人就是你們的王嗎？」「那人正是我們的王。」使臣答道。他話音剛落，基什士兵就軍心渙散，沒過多久就被烏魯克軍隊打敗了，國王阿伽也被活捉。不過吉爾伽美什並沒有為難他，只是說自己昔日曾受過阿伽之恩，今天在太陽神烏圖面前把往日之恩還給了阿伽王，然後就慷慨大度地把他放了。阿伽王也表示對吉爾伽美什心悅誠服，今後絕不會再冒犯烏魯克。根據這一傳說，在基什城獨立後的許多年，巴比倫王國的王們都還自稱冠有基什之王的稱號。

這個故事大約是以蘇美歷史上各城邦之間的戰爭為基礎的，不含任何神話的元素，不過隨著時間推移，吉爾伽美什傳說的劇情和細節都在不斷豐富。除了《吉爾伽美什與阿伽王》外，蘇美人還留下幾個文本，包括《吉爾伽美什、恩基杜與冥府》、《吉爾伽美什與永生者家園》、《吉爾伽美什與天界公牛》、《吉爾伽美什之死》等。

《吉爾伽美什與天界公牛》殘存至今的部分已相當零碎，難以分辨裡面的內容；《吉爾伽美什之死》本來是一首長詩，現在只剩下兩個片段，大致意思是說：恩利爾告訴這位英雄，他註定無法避免死亡，但作為補償，他將在有生之年享有人類所曾有過的最高榮譽和最強的軍事能力。吉爾伽美什就這樣度過了很多年，完成了許多豐功偉業。據說烏魯克堅固的城牆就是他發起修築的（其實城牆修築的時間要比他出現早至少一千年），但最後他終於「躺下了，沒有再站起來」。

接下來的一段詩文寫道：吉爾伽美什已經來到地下世界，處於那些地下神靈和比他早死的前輩英雄之間。不過他不是一個人去的，有一大串妻妾、隨從、樂師、侍衛陪著他一起來到幽冥世界。詩文還描寫了吉爾伽美什如何向冥府神靈獻祭，希望他們能善待這群新來的傢伙。這個文本可能是為了銘記一次大規模的人牲殉葬，追隨吉爾伽美什走完他最後旅程的人很可能被依照指令殺死了，以便讓他們在死後繼續侍奉他們的主人。

《吉爾伽美什與永生之國》始於西元前二千多年蘇美人的口頭創作，是《吉爾伽美什》史詩中「兩位英雄遠征雪松林討伐護林怪獸胡瓦瓦」的原型故事。兩篇故事中的情節非常相似，不過後者有一些明顯的改編。

在蘇美神話中，吉爾伽美什與恩基杜商議，在決定命運的日子（即死亡）來臨之前，他想遠征永生之國來提高自己的名聲。恩基杜對他說：要去往那裡，必須和太陽神烏圖商量，因為這一片長滿雪松的神域屬於神祇——智慧水神恩基的領地，他讓太陽神烏圖從大地上取來清澈泉水，造出了這個綠蔭繽紛、碩果累累的人間樂園迪勒蒙，因為迪勒蒙是「太陽升起的地方」，代表純潔、乾淨、光明，是受諸神喜愛的幸福島和喜樂之地。

於是，吉爾伽美什向太陽神獻上各式各樣的祭品，向他請求入境許可。由於吉爾伽美什流著熱淚的懇求（加上豐厚的禮物），太陽神勉強同意了，但同時提出，他要派出七個妖魔試驗一下吉爾伽美什的能力。吉爾伽美什帶著恩基杜和五十個年輕人踏上遠征之路，那七個妖魔果然製造出種種麻煩和惡劣天氣，但他們成功地打敗了妖魔，翻越了七座高山。

然而就在翻越第七座山的時候，吉爾伽美什因為疲勞在山谷中沉沉睡去，睡了足足六天七夜。恩基杜感到害怕，多次搖晃吉爾伽美什，終於把他喚醒，接著好幾次問他還要不要繼續前行，恩基杜還說：「我的主人啊，請您繼續遠征吧。至於我，為了向您的母親傳達您遠征和戰鬥的勝利，請允許我返回烏魯克吧。」

但吉爾伽美什沒有允許恩基杜回去，他說：「我的目的是永生之國，不是烏魯克。」他還說，他的母親寧松女神和父親盧伽爾班達有命令，他不英勇地戰鬥到底就不能回去。於是他們繼續前進，好不容易才走到永生之國的入口，砍倒七棵雪松當梯子，然後衝進了胡瓦瓦的老巢，猛烈地攻擊這個守林怪獸。面對吉爾伽美什和恩基杜聯手暴風驟雨般的攻擊，怪獸胡瓦瓦感到難以抵擋，它一邊向太陽神求助，一邊向吉爾伽美什求饒。吉爾伽美什本想寬宏大量地放過它，但恩基杜勸他斬草除根，於是兩人砍掉了胡瓦瓦的腦袋，帶著胡瓦瓦的屍體回到烏魯克，獻給了恩利爾和寧莉爾。

相比之下，《吉爾伽美什》史詩中沒有提過進入雪松林需要太陽神的許可，也沒有提過太陽神接受了入境申請，派出——龍、蠍人、蛇等七個妖魔考核吉爾伽美什的能力。史詩把永生之國拆分成了兩個地方，其一是胡瓦瓦居住的雪松林，那裡沒有神祇居住，只是普通的森林。史詩中並刪去了蘇美版本中與吉爾伽美什同行的五十名青年，卻增加了一些長老們在吉爾伽美什出發前對他的勸告：「吉爾伽美什啊，你年輕，太過躁進，你不知道……那胡瓦瓦的吼聲就是洪水，它呼出來的氣就是火焰，它的吐息能輕易致人於死地。」這樣的描述，殺死胡瓦瓦的吉爾伽美什和恩基杜立刻就從爭奪雪松資源的軍事首領，升級成了史詩級別的神話英雄。永生之國的另一部分，是吉爾伽美什的遠祖烏特納皮什提姆居住的太陽神域——烏特納皮什提姆是蘇美大洪水神話主人翁祖蘇德拉的阿卡德變體，他在大洪水後，來到了迪勒蒙獲得了永生。史詩中，吉爾伽美什在恩基杜死後踏上了尋找先祖的漫漫長路，從烏魯克啟程，乘坐一條瑪甘船沿幼發拉底河逆流而上，試圖到敘利亞的馬里這個古代地中海商路的大轉運站，再前往迪勒蒙——這裡的商路橫穿沙漠後一分為二，一條向西南去往大馬士革，一條向西通往黎巴嫩北部入口霍姆斯。但他們運氣不好，風暴中，船在在幼發拉底河傾覆了，只有吉爾伽美什一人逃出生天。他徒步向西行進，越過群山，走向瑪舒山下那扇每晚開啟以便接納太陽的地下世界的大門，遭遇了看守大門的蠍人夫婦。不過蠍人夫婦沒有像在蘇美版本中那樣為難他，因為他們看出此人有非同尋常之處，「三分之二是神，三分之一是人」。

我們還注意到，《吉爾伽美什與永生之國》的結尾祥和安寧，吉爾伽美什和恩基杜帶著胡瓦瓦的屍體返回烏魯克，獻給了恩利爾和寧莉爾，沒有引來恩利爾的怒火，也沒有吸引女神伊南娜的注意。恩基杜更不是因為這樁事件種下禍根，他的死亡另有他故。在前文「太陽神烏圖－沙瑪什」中，我們曾提到《吉爾伽美什、恩基杜與冥府》的故事。這一詩篇主要介紹兩件事：其一是恩基杜為何要進入冥府；其二是恩基杜的魂魄向吉爾伽美什介紹自己在冥府的各種見聞。恩基杜入冥府的原因主要是這樣的：伊南娜女神種植了一棵生命樹，正待砍伐製作寶座和躺椅，卻發現樹根盤踞著大蛇，樹梢上有鷲鳥築巢，樹中間還住了個女妖。女神為此傷神，吉爾伽美什便請纓為她消滅了這三害。作為報答，伊南娜送給吉爾伽美什鼓和鼓槌，吉爾伽美什高興地擊起鼓，不料一個不小心，這兩件禮物從地縫掉進了冥府。恩基杜自告奮勇，願意為吉爾伽美什下冥府取回這兩件寶物。吉爾伽美什在恩基杜出發前曾仔細叮囑他在冥府的注意事項，但恩基杜一項也沒有遵守，因此被冥神扣住，無法再返回人間。

如果把《吉爾伽美什、恩基杜與冥府》的情節與《吉爾伽美什》史詩的內容加以比較，就會發現兩者在恩基杜的死因、吉爾伽美什與女神的關係、吉爾伽美什與恩基杜的關係這幾點都存在明顯差異。在《吉爾伽美什、恩基杜與冥府》中，恩基杜是因為沒有遵守吉爾伽美什的囑咐才被永遠留在冥府的，而在《吉爾伽美什》史詩中，恩基杜是被恩利爾下令處死的，因為他殺死了恩利爾的守護者胡瓦瓦。

再者，吉爾伽美什與女神伊南娜或伊什塔爾的關係在兩個文本裡也大不相同。在《吉爾伽美什、恩基杜與冥府》中，伊南娜的個性和戰鬥力與她平素的強悍和武德充沛大為不同，她竟然無法收拾三個妖魔，而且吉爾伽美什對女神較為恭敬，出手替她排憂解難。但在《吉爾伽美什》史詩中，伊什塔爾（伊南娜的對等神）在吉爾伽美什戰勝胡瓦瓦後向他求愛，卻遭到了無情的拒絕，而且吉爾伽美什還對女神出言不遜，大肆詆毀，甚至歷數女神之前的情人，說他們都因為女神的愛才遭到毀滅。伊什塔爾自然大為震怒，派出了天界公牛襲擊烏魯克，公牛卻反被吉爾伽美什和恩基杜殺死。天神安努由於痛失強大的公牛，堅持吉爾伽美什和恩基杜兩人中間必須死掉一個，而恩利爾選擇了恩基杜。

《吉爾伽美什》史詩中，恩基杜和吉爾伽美什是生死相依的朋友，沒有主奴之分和貴賤之別，而在《吉爾伽美什、恩基杜和冥府》等詩文中，恩基杜稱吉爾伽美什為主人，說明恩基杜的地位是僕從、家奴或護衛侍者，而非與吉爾伽美什地位平等的朋友。這些差異都表明《吉爾伽美什》史詩是在之前版本的基礎上再加工、再創作才完成的。

到大約西元前一千六百年，我們現在所知的《吉爾伽美什》史詩已具雛形，以阿卡德文寫成。阿卡德人精選了蘇美人留下來的吉爾伽美什神話，將其彙編為一個完整的故事，並在原來的基礎上增補了一些細節，調整了一些人物設定，使情節更連貫。到了西元前十一世紀，巴比倫的文職人員辛－勒格－溫尼尼（Sin-lege-unini）對《吉爾伽美什》史詩進行了最後一道潤色加工，從而創造出了世界上最早的英雄史詩，它代表了舊巴比倫王國文學的最高成就，所使用的史詩模式至今仍為後來的英雄史詩作者採用。

這些英雄史詩有一個特點，那就是總有一名英雄占據了故事的中心。史詩的目的不是為了闡述某個王國、某座城池或某個民族的命運，而只關注某一位英雄的命運。史詩的目的往往也很單純，「不是榮耀，便是死亡」。雖然有時也會岔開話題講述一些別的話題，比如《吉爾伽美什》史詩裡會提到人類誕生和大洪水的話題，但總是會回歸到英雄的命運本身。後來希臘、印度、阿拉伯、西歐、北歐等地的詩人在《奧德賽》、《薄伽梵歌》、《埃涅阿斯紀》、《貝奧武夫》等史詩中所使用的技巧與此有驚人的相似之處。

確實，巴比倫文藝作品的遺產是非常驚人的。可以毫不誇張地說，吉爾伽美什神話群中的許多元素，對西亞地區各民族的文學有巨大的影響，其後又透過西臺和腓尼基人對年代晚得多的希臘神話產生了影響，我們可以在「奧菲斯下冥府」、「奧德修斯漂流記」等神話中找到對應的情節和橋段。希臘人稱吉爾伽美什為吉爾伽毛斯（Gilgamos），在西元前二世紀的《論動物的天性》一書中，吉爾伽毛斯被說成是在命運之神的安排下出生的一名私生子。他的外公是巴比倫的國王，在他出生之前曾得到一則預言，說自己的外孫註定會篡奪自己的王位，於是國王就把女兒關了起來。但由於命運之神的安排，公主還是懷孕了，生的嬰兒就是吉爾伽毛斯。看守因為害怕國王懲罰，就把嬰兒從囚禁公主的塔樓中扔了下去。幸好一隻雕飛過，用翅膀接住孩子，把他送到附近的庭院裡。庭院看守見孩子如此可愛，便收養了他，將其撫養長大，並取名為吉爾伽毛斯。後來這孩子果然成了巴比倫的王。

希臘人非常喜愛《吉爾伽美什》史詩，把其中的許多情節嫁接到希臘神話的英雄事蹟中。比如希臘大英雄海克力斯（Hercules）的十二項功績就與吉爾伽美什的經歷有許多相似之處。像吉爾伽美什一樣，海克力斯也殺死了一頭可怕的林中怪獸（第一項功績：殺死尼米亞的獅子）；抓住天界公牛的牛角，並打敗了它（第七項功績：奪取克里特島的公牛）；找到了一種能令人不死的神祕藥草（海克力斯與巨人反叛事件）；沿著太陽每日的路線航行，穿越死亡之海前往遙遠的厄律忒亞島奪取革律翁國王的牛群（第十項功績：取回革律翁的牛群）；他還造訪了女神赫斯珀里得斯姐妹的花園，殺死了花園中一條盤旋在聖樹上的大蛇拉冬，奪走了由聖樹出產的戰利品（第十一項功績：摘取赫斯珀里得斯花園的金蘋果）。

還有人說，推崇同性戀情的希臘尤為喜愛吉爾伽美什和同伴恩基杜之間的生死情誼，雅典王翟修斯（Theseus）和同伴庇里托俄斯（Pirithous）的關係與吉爾伽美什和恩基杜的關係有些類似，兩人都去了冥府，但庇里托俄斯沒能回來。據說荷馬史詩《伊利亞德》中希臘聯軍英雄阿基里斯（Achilles）和他的堂兄派特羅克洛斯（Patroclus）的生死情誼與吉爾伽美

希臘人非常喜愛吉爾伽美什，希臘大英雄海克力斯的十二項功績就與吉爾伽美什有許多相似之處，就像吉爾伽美什一樣，海克力斯也殺死了一頭可怕的林中怪獸。

什和恩基杜的關係也有些類似。阿基里斯和派特羅克洛斯的情誼又進一步激發了後世人的情感，到了古典時代中後期，據說許多希臘同性戀人都會去兩人的墓前山盟海誓。

對今人而言，《吉爾伽美什》史詩是有史以來最具有戲劇性和張力的故事之一。在追尋榮耀與永生的過程中，吉爾伽美什遭遇了許多有關性與暴力、愛與死亡、友誼與離別的故事，就像所有偉大的追求一樣，他看似失敗而告終，但在失敗中英雄對自己更加瞭解，從而日趨成熟。在史詩的最後，吉爾伽美什坦然接受了凡人註定一死的命運，但他決心要以另一種形式得到永生。

從某種意義上來說，他確實做到了。

後記　古代美索不達米亞文明的遺產

斗轉星移，時光荏苒。曾經水草豐美、城邦林立的土地，現在已是荒蕪貧瘠的沙漠，底格里斯河與幼發拉底河之間的滾滾黃沙掩蓋著古城牆、神廟和王宮的殘垣斷壁。站在高坡放眼望去，遠方地平線上沙漠與天空的交匯處，矗立著許多廢墟形成的巨大風化土丘。那也許是一座搖搖欲墜的塔樓，也許是所剩無幾的城牆，被風撕裂得只剩下骨架，殘存的泥磚像鱗片一樣掉落在周圍的沙地上。

這些巨大的建築物之所以會衰敗，主要原因是由它們是由易腐朽的泥磚所建，由於長期缺乏維護，不可避免地會被風沙侵蝕塌落。雖然使用的材質脆弱，但古人所造的一些建築，即使以今天的標準看都令人驚歎。舉例而言，烏爾古城的神廟高達近百公尺，也就是三十多層樓的高度，完全是用泥磚砌成的。

考古學家們對其中一些遺址進行了細緻的修復，盡可能使它們恢復從前的樣貌。但總的來說，美索不達米亞的遺跡並不像許多古代文化遺跡，比如埃及金字塔那樣令人印象深刻。它們看起來更像是遠古榮光孤獨悲涼的紀念碑，年復一年、不可挽回地消失在曾經孕育了它們的大地裡。不難想像，對後來那些在乾旱平原放牧牛羊的沙漠游牧民族來說，遠方由古代異族修築的朽爛塔樓是異教神祇的塵世之家。《舊約》中的先知也不厭其煩地宣稱，那裡是塵世間所有邪惡的發源地，是惡魔的老巢。

很多人聽說過巴別塔的故事：大洪水後，挪亞的子孫在新的世界繁衍生息，大家都說同一種語言。由於人類數量越來越多，生活就成了問題，眾人決定向東遷居。他們成群結隊地往東而行，最後來到一處平原。他們決定在此定居，要修建一座城市，還要修築一座直通雲霄的通天塔，作為給留給子孫後代的紀念物。人們取來泥土燒磚，用河泥製作灰漿。燒磚的燒磚，修塔的修塔，日復一日，那塔也越來越高。

此事驚動了上帝，他親臨現場，看到高聳入雲的通天塔，又驚又怒，認為這是人類傲慢和虛榮的象徵，是對自己尊嚴的冒犯。於是他決定「變亂」人類的語言，讓他們聽不懂彼此的話，這樣就無法同心協力，統一行動了。就這樣，每一個人說話都只有周圍的人聽得懂，稍遠的人就聽不明白。塔頂的人向塔底喊話，打了半天手勢，塔底的人也聽不懂是要做什麼，要磚塊還是要灰漿。沒過多久，人心就渙散了，大家先後離去，通天塔的修建半途而廢。

然而，神祇將人類語言變亂的神話，其實在蘇美時期就有原型，可能源自蘇美神話中烏魯克國王恩麥卡爾的年代。恩麥卡爾派遣特使造訪遠方的阿拉塔城國王，特使提到，過去曾有一個黃金時代，那時「沒有蛇，沒有蠍子……人類沒有敵人」。那時人人都可以用同一種語言直接與眾神首領恩利爾談話。但後來不知何故，或許是因為司掌魔法與文明的智慧水神恩基不喜歡人類的所作所為，決定「使他們的語言各不相同」，從此人類的語言就變得各種各樣，失去了與神、與遠方民族直接溝通的能力。

巴比倫城的修築和毀滅也發生過很多次。早在古巴比倫王國時期就有幾位國王對它進行過修建。巴別塔這樣的階梯型高塔在當地也並不少見，只是規模和名聲遠遠遜色。正如摧毀神廟一樣，異族征服者也熱衷於摧毀高塔，所以巴別塔在歷史上經過無數次毀壞，又經無數次重建或擴建。

尼布甲尼撒二世之父那波勃萊薩建立新巴比倫王國之後，決定重建被亞述人毀掉的巴別塔。他留下的銘文寫道：「巴別塔年久失修，因此瑪律杜克命我重建。他要我把塔基牢固地建在城市之中，而尖頂要直插雲霄。」不過據尼布甲尼撒二世所寫的銘文來看，他父親只將塔建到十五公尺高，瑪律杜克神廟大部分的塔身和塔頂是尼布甲尼撒修建的。他的宗旨是「加高塔身，與天齊肩」，為此命人砍伐了許多黎巴嫩優質雪松，並鎏金裝飾塔頂神廟，使之熠熠生輝。

大約一百五十年後，古希臘學者希羅多德遊歷巴比倫時，巴別塔的整體結構還保存得較為完好。據他說，巴別塔建在八層巨大的高臺上，越高越小。塔基每邊大約九十公尺，高約九十公尺。塔的上下各有一座瑪律杜克神廟，稱上廟和下廟。牆外沿設有螺旋形階梯，可以繞塔而上直達塔頂，中腰設有供朝聖者休息的座位。下廟供有神像，上廟則用深藍色玻璃磚建成，飾以大量黃金，可謂富麗堂皇，美輪美奐，朝聖者遠遠就能望見。

《聖經》上說，高塔修築者們的語言變亂是巴別塔遭廢棄的原因，實際上，巴別塔的毀滅是因為波斯人的入侵。西元前五三九年，波斯王居魯士率大軍攻佔了巴比倫，迦勒底人的巴比倫王朝就此結束。不過，居魯士並不像前任的許多王那麼迷信，他相信的是實力，因此他沒有像以前的征服者那樣瘋狂摧毀戰敗者的宮殿和神廟，讓他們失去神的庇佑。居魯士甚至要求他的部下把他的陵寢外形修成小型巴別塔的樣式。

巴別塔被保存下來，但以前定期舉行的大規模瑪律杜克朝聖活動被禁止了。波斯王雖然能容忍被征服民族保有自己的信仰，但絕不贊成他們時常聚在一起。時間一長，巴別塔就逐漸荒廢，而徹底毀滅是在波斯帝國後期。在殘酷鎮壓了巴比倫人的反抗後，波斯王薛西斯（Xerxes）下令徹底摧毀巴比倫，巴別塔也在劫難逃，徹底變成了一堆瓦礫。

《聖經》對巴比倫或巴別塔都不抱好感，認為它們代表邪惡，「變亂」一詞在希伯來語中讀作「巴比倫」，然而在阿卡德語中，巴比倫卻是「神之門」的意思。它還有另一個名字，大致意思是「天地間的基石所在」，總之是神聖的。兩者相較大相徑庭，其奧祕或許要透過歷史上巴比倫與希伯來人的關係來解釋。在新巴比倫王國時期，國王尼布甲尼撒二世曾多次遠征巴勒斯坦，迫使猶太等國稱臣。西元前五八六年，他滅亡了猶太國，拆毀耶路撒冷的城牆，燒毀神廟，把城裡的男女老少全部擄走，只留下少數最窮的人。這就是歷史上著名的「巴比倫之囚」。亡國為奴的切骨痛恨，使希伯來人把巴比倫稱為「冒犯上帝的城市」，對它發出可怕的詛咒：「沙漠裡的野獸和島上的野獸將住在那裡，夜梟將住在那裡，它將永遠無人居住，世世代代無人居住。」

在某種程度上，這個詛咒應驗了一部分。因為在十九世紀八〇年代兩河流域考古熱興起之前的數千年裡，除了零零星星的希臘和埃及文獻，我們對巴比倫以及比它更早的蘇美文明的瞭解，幾乎都來自《舊約》，而希伯來人憎惡比他們富有強盛的蘇美和阿卡德鄰居，自然不會對他們說什麼好話。《聖經》中幾乎沒提到過蘇美，儘管據說人類祖先亞伯拉罕（Abraham）就來自蘇美的古城烏爾，而烏爾城即使在當時也已經很古老了。希伯來的先知們厭惡這些秉持多神信仰的鄰居，他們相對奢華的生活方式被認為是誘人墮落的邪惡，他們強大的武力也被認為是對四鄰嚴重的威脅。於是，先知們以獨特的貶低技巧來講述他們眼中的異教城鎮。以巴比倫為例，《聖經》中提到過巴比倫好幾百處，其中有一些是中性的，大部分是辱罵的，而說好話的幾乎沒有。比如在《以賽亞書》中，以賽亞以得意的心情寫道：「巴比倫傾倒了，覆滅了，它一切雕刻的偶像都打碎於地。」（見《以賽亞書》21.9），《啟示錄》中，巴比倫被說成「世上淫婦和一切可憎之物的母。」（見《啟示錄》17.5），雖然作者使徒約翰實際上是在指羅馬——在早期基督徒眼中羅馬是充滿罪惡的深淵，但「巴比倫淫婦」之類的惡名從此蓋棺定論。

氣候變遷也加劇這一詛咒。今天在這一地區的旅行者可能很難相信，這裡曾存在過大城市——例如，恩利爾的聖城——尼普爾城的遺址現在滿是流沙，恩基的聖地——埃利都也遍地亂石。更多城邦的遺骸湮沒在黃土之下，基本上不會引起後人的注意。就這樣，除了曾被譽為古代西方七大奇蹟之一的巴比倫空中花園偶爾還有人提及，兩河的其他文明遺產幾乎被人遺忘，昔日強大的城市被流沙淹沒，它們輝煌的成就被人奪走，自身被卻大量負面宣傳所遮蔽。

儘管如此，古代美索不達米亞文明仍以驚人的韌性留存著。美索不達米亞的灌溉和防洪技術已被廣泛應用了幾千年；天文學方面，美索不達米亞人根據月亮運行編製了太陰曆，能粗略預測月蝕與日蝕，將日月和五大行星作為一週的名稱。這些知識被西亞各民族廣泛使用，並傳播到歐洲，我們今天的生活中也能看到它們的痕跡。我們的計時方式，即一週分為七日，一小時分為六十分鐘，一分鐘分為六十秒，這並不是因為任何數學或天文學上的需要，而是因為蘇美人就是這麼做的，而幾千年後我們還在繼續使用。圓周被劃分成三百六十度也是出於同樣的緣故。幾千年後我們大約還會延續這種做法，因為沒有什麼重要的理由需要去改變它。

真正讓我們認識到美索不達米亞文明龐大遺產的，還屬考古出土的文學作品。可以毫不誇張地說，在地中海周圍各民族中發現的每一個神話和傳說，都能在蘇美神話或阿卡德神話中找到某種對應，比如此前在《大洪水演化史》中提到過的阿特拉－哈西斯神話對希臘琉克里翁洪水神話、印度摩奴洪水神話和挪亞方舟故事的影響；《吉爾伽美什進化記》中提到的吉爾伽美什史詩對希臘英雄傳奇，如奧菲斯下冥府、奧德修斯海上漫遊、海克力斯的許多功績的影響；而吉爾伽美什之父盧伽爾班達在深山中遇到的安祖鳥，與波斯神話《列王紀》中紮爾王子遇到的西木爾鳥，以及《天方夜譚》中的大鵬都有許多相似之處。甚至克里特島崇拜的公牛可能也與美索不達米亞神牛有千絲萬縷的聯繫。

更有意思的是，雖然希伯來人的典籍對美索不達米亞人極盡污蔑之能事，但其本身卻有不少內容來自美索不達米亞世界。美索不達米亞的多神信仰對亞伯拉罕一神教的形成也有影響，儘管前者肯定會讓以色列的先知們大驚失色。比如《先知書》中「以我們的形象造人」；《詩篇》82．亞薩的詩：「神站在有權力者的會中，在諸神中行審判……我曾說：『你們是神，都是至高者的兒子。』」《詩篇》110中「神對我主說：『你坐在我的右邊，等我使你的仇敵作你的腳凳』」等，一般都被視作多神教的殘留。《創世紀》開篇中「……淵面黑暗。神的靈運行在水面上。神說，要有光……」，這與美索不達米亞宇宙觀中太陽從月亮中產生，白天從黑夜中出現，光明從黑暗中誕生的概念相似。黑暗的淵面水域也可能與至高天之外的原初水域，即女神南穆有關。

此外，雅威——Yahweh（舊譯作耶和華，近年來的語言考古學研究發音更接近雅威）也顯現出美索不達米亞眾神之父天神安努個性的一些特徵，恩利爾與雅威更是有許多共同之處。《舊約》與蘇美和巴比倫宗教之間一個比較大的共通點，就是神或眾神會經常利用災難懲罰不敬者。雅威多次用非利士人或巴比倫人的入侵和屠殺來折磨以色列人。恩利爾也時常用這種方式懲罰人類，比如他曾安排一支游牧部落入侵偉大城市亞加底，燒殺搶掠，把亞加底夷為平地。

亞述帝國的宗教觀也對亞伯拉罕一神教的形成產生了影響。亞述人崇拜的主神阿舒爾，意為微風或氣息，實質上取了瑪律杜克的職能，但同時又採用了天神安努的地位。亞述帝國的神學認為，他國的一切神祇都是亞述主神阿舒爾的化身，阿舒爾是至尊神，亞述帝國境內其他各民族的神都是他的化身，可以被直接視為阿舒爾崇拜的本土化。在亞述帝國把版圖擴展到迦南之地後，迦南主神厄勒（El）被視為巴勒斯坦地區的阿舒爾崇拜變體，因此厄勒的神妻天后——阿瑟拉（Asherah）被亞述人視為阿舒爾的配偶。雅威起先在迦南一代的神職和地位更近似當地的風暴之神巴力哈達德，而巴力（Baal）在迦南神系中是主神厄勒之子，因此無論從輩分還是地位上都不能匹配天后阿瑟拉。後來，由於雅威是以色列人的主神，亞述人逐漸把雅威當成主神阿舒爾在巴勒斯坦地區的變體。也因為這個緣故，他們認為雅威神廟裡有權供奉天后阿瑟拉。古猶太國後來有一段時間甚至把雅威直接描繪為阿舒爾的樣子，出土的錢幣顯示，大致是「坐著帶車輪的寶座，手中持著鷹的王」的造型。

西方一些常用的宗教符號中也有古代美索不達米亞留存下來的元素，比如「希臘十字架」或「聖殿騎士十字架」被一些學者認為是巴比倫太陽神沙瑪什的象徵，或者是巴比倫書寫之神納布的象徵。一些出土的古代兩河國王的雕像顯示，他們的脖子上就戴著這種形狀的十字架。

從曆法、計時和經久不衰的神話傳說，從國王制、行政官僚體系到舒適的城市建築，兩河流域的古代文明留下了令人目眩的遺產。雖然今日的美索不達米亞荒涼得好像阿拉伯沙漠，但在古代這些土地曾經很肥沃，並被頻繁地耕種過，這裡的人生產了足夠的糧食養活了村落和城鎮中成千上萬的居民。如今考古學家們已發掘出六千多個城鎮土丘遺址，這些土丘被稱為Tell。考古學家推測這一地區古代曾遍地窪地沼澤，水草肥美，人口曾一度達數百萬人。這些遺址中只有一小部分被勘察過，可能還會有更多令人驚異的文化寶藏在等著我們進一步發掘。

附錄

附錄Ⅰ　古代美索不達米亞年代簡表

文明的源頭：蘇美	
西元前四三〇〇－前三五〇〇	歐貝德文化時期。它是兩河流域遠古時代的原住民文化。
西元前三五〇〇－前三一〇〇	烏魯克時期，兩河流域的上古文明時期。
西元前三一〇〇－前二九〇〇	捷姆迭特－那色文明，語言為蘇美語系。
西元前二九〇〇－前二七五〇	早王朝時期，蘇美傳說中的洪水時代。
西元前二七五〇－前二六五〇	中早王朝時期。烏魯克發展成新的文化中心。
後繼者：阿卡德與烏爾時期	
西元前二六五〇－前二三四七	後早王朝時期，阿卡德國王薩爾貢統一巴比倫尼亞，開創阿卡德王國。即烏爾第一王朝。
西元前二一九一	阿卡德王國滅亡。
西元前二一一三－前二〇〇六	烏爾第三王朝，又稱「新蘇美」或「蘇美復興時期」。
西元前二〇〇六	埃蘭人和阿摩利人滅亡烏爾第三王朝。
西元前二〇〇六－前一八九四	拉爾薩與以辛兩個城邦爭奪巴比倫尼亞霸權。

古巴比倫王國時期	
西元前一八九四－前一五九五	阿摩利人蘇穆阿布姆建立古巴比倫王國。
西元前一七九二－前一七五〇	漢摩拉比為巴比倫國王。
西元前一五九五	小亞細亞的西臺王國滅亡古巴比倫。
西元前一五三〇－前一一五五	來自札格羅斯山脈的加西特人進入巴比倫尼亞，建立加西特巴比倫王國。
西元前一一五七	埃蘭滅加西特巴比倫。
西元前一一五六－前十一世紀	巴比倫尼亞各地方王朝各自為政和爭奪霸權時期。
西元前十一－前八世紀	阿拉米人進入兩河流域，並在前八世紀中葉建立國家。
亞述帝國時期	
西元前七二九	亞述滅阿拉米國家，巴比倫被併入亞述帝國版圖。
西元前六一二	巴比倫、米底聯軍攻破亞述首都尼尼微。
西元前六〇五	巴比倫軍隊在王子尼布甲尼撒二世的指揮下與埃及、亞述聯軍決戰於卡爾克米什。這場戰爭以巴比倫人的勝利告終。亞述帝國滅亡。

新巴比倫王國時期	
西元前六〇四—前五六二	尼布甲尼撒二世為新巴比倫國王。巴比倫進入第二個顯赫時期，其間城內建成很多在世界文明史留名的建築物。西元前五八七的「巴比倫之囚」使巴比倫文明融入《聖經》。
西元前五六二—前五五六	尼布甲尼撒二世駕崩，王權開始日衰。
西元前五五六	那波尼杜被推舉為新巴比倫國王。
西元前五五〇	波斯王居魯士滅米底，新巴比倫王國後院不保。
西元前五四九—前五三九	居魯士先後滅埃蘭、亞美尼亞、小亞細亞、一些希臘城邦，平定中亞部分地區，對新巴比倫形成三面包抄之勢。
巴比倫併入波斯帝國版圖，結束作為獨立文明的歷史	
西元前五三九—前三三〇	居魯士進軍巴比倫，毫不費力地占領了巴比倫城。新巴比倫王國滅亡，結束了兩河流域作為獨立國家和文明的歷史。

附錄Ⅱ　蘇美與阿卡德神祇名稱對照簡表

美索不達米亞的宗教綿延數千年，期間經歷蘇美人、阿卡德人、阿摩利人、巴比倫人、加西特人、亞述人等許多民族的統治。各個民族崇拜的神祇相互影響與融合，使得這裡的神明數量之多、譜系之混亂，為其他國家和地區所罕見。國有國神、城有城神、家有家神、門有門神、灶有灶神，總之，凡是人們想像所能及者，都有神祇可供崇拜，連空氣中都住滿神。

眾多神祇中，有不少神祇因為與人們生活密切相關而廣受尊敬，人們為他們修建神廟，不時進行供奉祭祀活動，有些神還成為全國性的主神。這些主神源於蘇美神話，後又為阿卡德人繼承。鑑於諸神在各個時代的身世、真名、神職等說法不一，在參考的各種歷史文獻後，本書予以綜合概括，簡介常見神靈如下：

地位與神職	蘇美名	阿卡德名	簡介
原初之水女神	南穆	—	蘇美人把天界想像成由三層圓形天穹構成的穹頂，最高一層是天神安居住的至高天，至高天之外是原始水域南穆。據說安與南穆生下智慧水神恩基。
	—	提亞瑪特	世界之母，在丈夫阿普蘇被殺死後，復仇心切的提亞瑪特化身巨龍，率領怪物軍團和長子欽古向以安努為首的眾神發動進攻，但被瑪律杜克殺死。
地下甜水（一說是海中淡水）	阿布祖	阿普蘇	世界之父，與提亞瑪特結合孕育了世界和眾神，但他厭惡眾神創造的世界的紛擾，決定消滅所有和自己有宿怨的神靈，但偷襲前消息洩露，阿普蘇反被殺死。
天神與眾神之父。三大主神之一	安	安努	與基／安圖共同育有眾多神祇與魔鬼，因而被奉為眾神之父。
大地女神與神后	基	安圖	蘇美神話中基是大地女神，與天神安結合生下風神恩利爾。阿卡德神話中安努的配偶為安圖，她可能是安努的女性化身，雨是她用雲化成的天空的乳汁。
風神。三大主神之一	恩利爾	厄勒利爾	恩（En）或厄勒（El）都是主的意思。他是個脾氣暴躁的神，給人類帶來災難和瘟疫，他因為嫌棄人類太吵，曾命令雨神降下滔天洪水，以徹底消滅人類。

風、穀物女神	寧莉爾	姆莉塔（Mullitu）	恩利爾之妻。與恩利爾不同，寧莉爾同情不幸者。她後來逐漸與伊什塔爾同化。希臘人把她等同於愛神阿芙蘿黛蒂。
地下淡水、智慧和工藝之神。三大主神之一	恩基	埃阿	在蘇美時代，恩基一度取代恩利爾成為神王。他頒布宇宙律法，創造人類，掌管灌溉技能，傳授人類各種工藝。在巴比倫神話中，埃阿在殺死阿普蘇後用其身軀創造了自己的宮殿。他同情人類，在恩利爾釋放大洪水前偷偷吩咐人類始祖製造方舟，從滅絕邊緣拯救了人類。
母神、群山女王	寧胡爾薩格，寧瑪赫，瑪米	達姆基娜	蘇美神話中的大母神之一，和恩基保持一種同事、情人與競爭關係，曾與恩基攜手創造許多女神、人類，還有八種植物。在巴比倫神話中，她的地位下降，僅提及她與埃阿生下瑪律杜克。
新生代神王	—	瑪律杜克	巴比倫神王、水神埃阿之子。在迎戰提亞瑪特的戰爭中獲得神王地位，接受諸神授予的五十個神名，成為宇宙、光明和命運的主人，同時也是巴比倫神話中人類的創造者。
書寫、測量、計算之神	女神尼薩巴	—	起初是穀物女神，後逐漸成了掌管書寫、計算、建築和天文等學問的女神。巴比倫王國時期被男神納布取代。
	—	男神納布	抄寫、魔法和文職人員的守護神，也是巴比倫占星術中的水星之神。
月神	南那，蘇恩	辛	恩利爾和寧莉爾之子，與配偶寧伽爾生下太陽和金星。南那是蘇美古城烏爾的主神，一度是蘇美神系中的主神，主持曆法和審判，後因烏爾城毀滅，在神系中的地位下降。

地位與神職	蘇美名	阿卡德名	簡介
太陽神	烏圖	沙瑪什	月神之子，也是公正、律法和契約之神，後來還發展出在冥府主持亡靈審判的功能。故《漢摩拉比法典》請他代言，他向漢摩拉比授予法律。
金星、愛神、豐饒與戰爭女神	伊南娜	伊什塔爾	美索不達米亞最重要的女神，關於她的父親有很多說法，如天神安、月神辛或水神恩基。沒有她，大地將寸草不生，寸草不長。人們認為得到她的青睞可以造就一個王國，因為她能使軍隊戰無不勝，使穀物豐饒，使人間充滿情愛，因此人們舉行各種典禮讚美她。不過後期由於女性地位下降，女神的戰鬥力和名譽都有所下滑，在史詩《吉爾伽美什》中，她就受到了吉爾伽美什的嘲弄和數落，這在更早以前是很難想像的。
牧神	杜牧茲	塔穆茲	伊南娜／伊什塔爾的配偶。他們的故事在本書太陽神烏圖、任性女神伊南娜和註定半死的牧神杜牧茲的故事中均有提及。
農神	恩基木都	—	伊南娜的求婚者之一，一度是杜牧茲的情敵。
戰神	尼努爾塔		起初神職繁多，掌管農業、灌溉、狩獵、律法、抄寫和戰爭等多方面事物，後來戰神的面貌逐漸被強化，也被稱作武士國王，常被描繪為一位身負弓箭的英武勇士。
醫療女神	芭烏，芭芭	谷拉	最古老的治療和醫藥女神，突出特徵是身邊總是帶著一隻狗。狗既是她的起源，也是她的聖獸。

冥府女王	艾莉什基伽勒	伊南娜／伊什塔爾的姐姐，統治地下世界的女王。當原本是天神的納戈爾來到冥府時，二神墜入愛河，但納戈爾必須返回天界，於是艾莉什基伽勒威脅要釋放所有的亡靈，讓他們吞吃生者，以此要脅天神們將納戈爾留在地下。最後她得償所願。
冥王、死神	納戈爾 厄拉	艾莉什基伽勒的丈夫，也是戰神和死神，統治地下的亡靈世界，但有時也會給人間帶來戰爭和死亡。

附錄Ⅲ　蘇美與阿卡德部分神祇譜系圖

美索不達米亞歷史悠久，城邦眾多，不同歷史時期或不同地區對神祇身世、配偶、子女等關係說法不一，例如女神伊南娜的父親就有多種說法，有人說她的父親是天神安，有人說是風神恩利爾，也有人說是水神恩基，還有人說是月神南那。因此下表僅列出較為常見的說法。

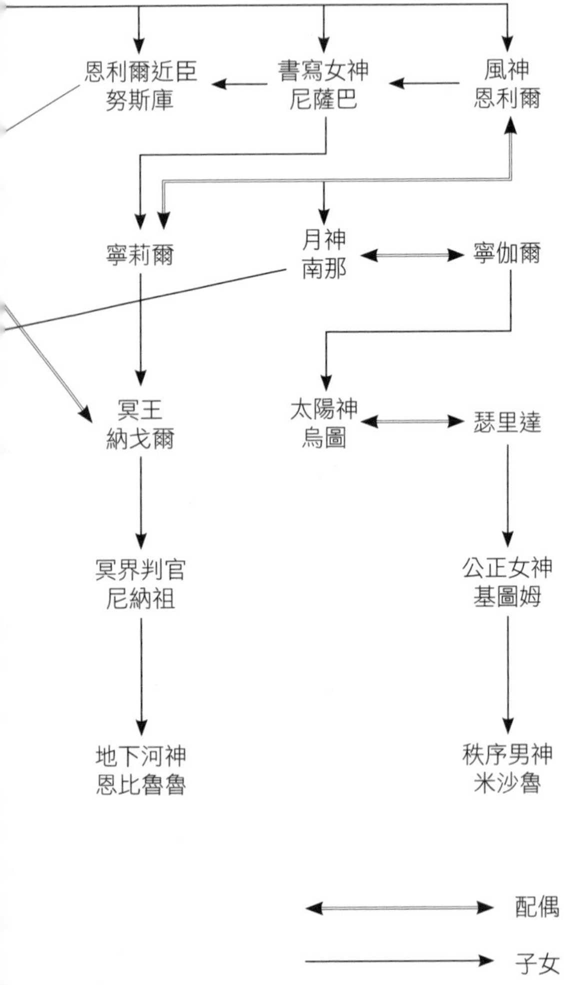

蘇美神話中的神族譜系圖

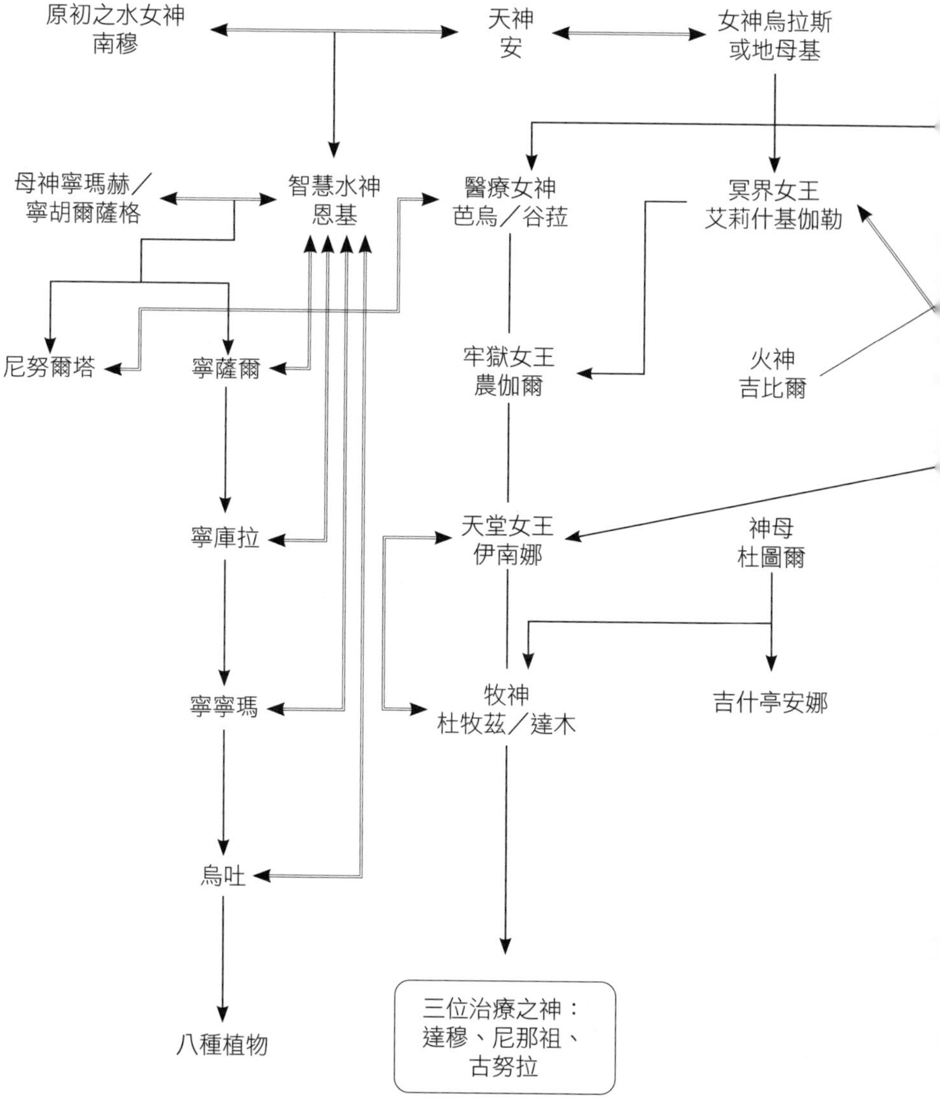

巴比倫創世神話中的神族譜系

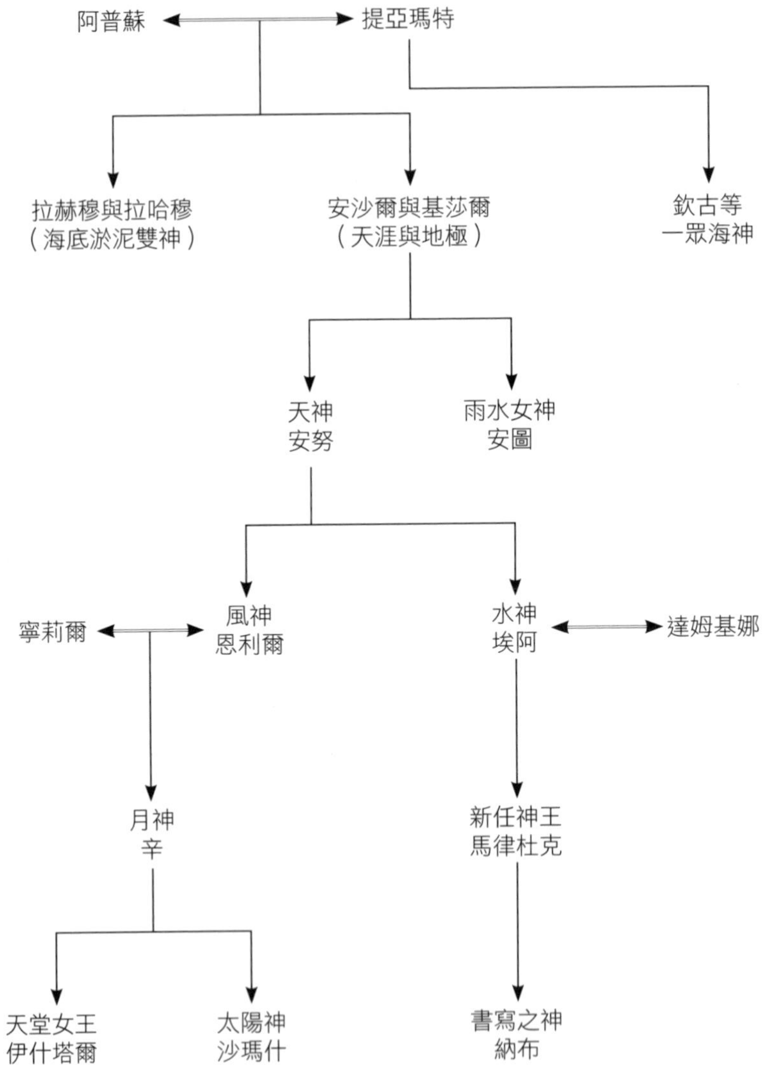

附錄IV　美索不達米亞的十二星座神話

夜正試圖將天空籠絡到她的懷抱中，在她深藍色衣襟的縫隙裡可以看到一顆顆星星可愛地閃耀著。成群的占星師守候在觀星臺上，屏息靜氣地準備觀察星象。亞述和巴比倫的王們都曾派占星師徹夜觀天，記錄並彙報他們看到的天象徵兆。當殘月完全消失在陰影之中時，占星師們也在焦急地等待著它再次變成新月，因為新月的出現代表一個月的開始，對曆法和時間至關重要。如果因為能見度差或疏忽而錯過了它的出現，占星師們就會受到國王責難，甚至可能失去自己的飯碗，因為他們的職責不僅僅是解讀天象，更重要的是管理國家的曆法。

古代美索不達米亞的占星學是以國家大事為預測對象的。在古人眼中，天象與人間的關係密不可分，冥冥之中，那股支配季節更替與群星運行的力量，同時也支配著塵世間的各種事件。世事是星空在人間的投影。王朝更迭，國運興衰，蒼生禍福，皆可從星象中看出徵兆與預警。

然而，夜空如此廣袤，星海如此浩瀚，既要觀天，便需對星空加以劃分，對星區加以命名。巴比倫人把天穹分成三部分：北方的天空是恩利爾之路，南方的天空是埃阿之路，赤道和黃道帶則是安努之路。

我們今天熟知的黃道十二宮及對應的符號也來自巴比倫人：這種對黃道－赤道附近環天一周的星群進行劃分的方式，最早起源於西元前一千年左右的迦勒底巴比倫。大約在西元前五世紀末，巴比倫的占星師們將黃道分為十二個大致相同的等分，每一等分約相當於一個月（三十天），由十二個符號代表，從而創造了第一個已知的天體坐標系。不過與那時相比，由於地球自轉方向的改變，一年中太陽所經過星座位置的時間也發生了變化。以下是美索不達米亞與希臘羅馬神話及其他文明中十二星座傳說的對照比較，或許我們能從中找到一些古老傳說的影響。

白羊座

Aries

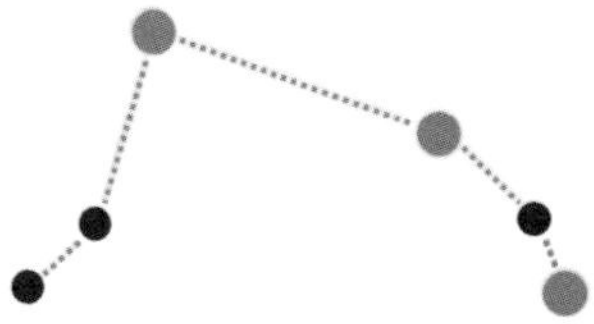

• 美索不達米亞

古巴比倫人將白羊座視作十二宮中的最後一個星座，這是因為兩千多年前太陽在白羊座從南向北穿過天球赤道。在古巴比倫占星術中，白羊座被稱為MULLÚ. UN.GÁ，意為「農人」或「雇農」。不過在一塊西元前一三五〇～西元前一千年間雕成的石盤上，白羊座以公羊的符號表現，這是白羊座被識別為一個獨立星座的標誌。從農人到公羊的轉變很可能發生在巴比倫後期，因為其形象與牧羊神杜牧茲的關聯越來越密切。到西元前一千年左右，迦勒底巴比倫人同時將白羊座視作杜牧茲的公羊與農人，但公羊的形象更普遍一些。

• 希臘羅馬

希臘神話中，白羊座的由來與金羊毛的神話有關。普羅米修斯的後裔、希臘東南波俄提亞某城的國王阿塔瑪斯（Athamas）娶雲彩仙女涅斐勒（Nephele）為第一任妻子。他們生有一對兒女，男孩佛里克索斯（Phrixus）和女孩赫勒（Helle）。但後來阿塔瑪斯愛上並娶了卡德摩斯的女兒伊諾（Ino）。涅斐勒忿而離去，波俄提亞因此遍地乾旱。

伊諾嫉妒她的繼子女，密謀殺害他們。在某些神話中，她告訴阿塔瑪斯，若用佛里克索斯做為祭品便能結束乾旱。危急之下，涅斐勒為孩子們派來了一隻長有翅膀的金毛羊，讓他們乘坐金毛羊逃走。孩子們乘坐金毛羊從海上逃了出來，但途中赫勒昏了過去，從羊背上摔下，淹死在歐洲和亞洲之間的海峽中。後來人們用她的名字命名海峽為——赫勒斯彭（Hellespont）海峽，也就是今天土耳其的達達尼爾海峽（Dardanelles）。

佛里克索斯一路逃到科爾基斯，在那裡將公羊獻給了宙斯，宙斯把金羊送上星空，成為白羊座。科爾基斯國王，太陽神赫利俄斯（Helios）的兒子埃厄忒斯（Aeetes）收留了佛里克索斯，還把女兒卡爾契俄珀（Chalciope）嫁給了他。為了表示謝意，佛里克索斯將獻祭剝下的金羊毛送給了國王。埃厄忒斯把金羊毛掛在阿瑞斯聖林中的一棵樹上，由一頭晝夜不眠的巨龍看守，直到後來伊阿宋（Easun）與阿爾戈號上的眾英雄來到科爾基斯，在美蒂亞（Medea）的幫助下奪取了金羊毛。

• 其他文明

在古埃及占星術中，因為太陽進入白羊座的時間在春分前後，所以白羊座常與太陽神阿蒙－拉（Amun-Ra）聯繫在一起，被稱為「重生太陽的象徵」，而阿蒙－拉被描繪成有著公羊頭的男人形象，代表著豐產與創造。

金牛座
Taurus

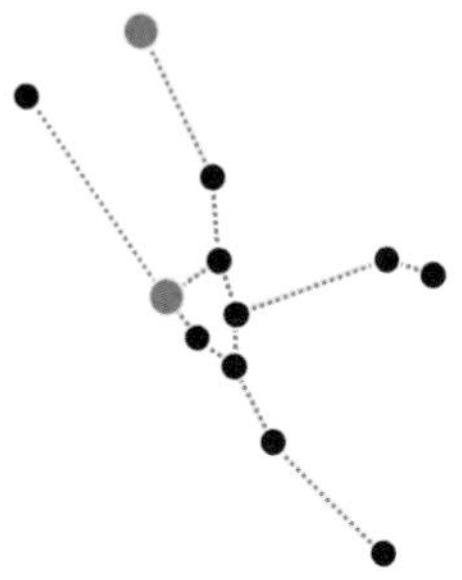

• 美索不達米亞

金牛座和公牛的關係非常古老，甚至可以追溯到舊石器時代晚期。古代巴比倫人把它視作十二宮中的第一個星座，因為在大約西元前四千年到西元前一千七百年間，它標誌著銅器時代和青銅時代早期的春分點。之後春分點變更到了鄰近的白羊座。在早期美索不達米亞繪畫中，天界公牛與女神伊南娜關係密切，最古老的一幅畫描繪顯示公牛站在伊南娜的標幟前。在史詩《吉爾伽美什》中，女神伊什塔爾派遣金牛——天界公牛去殺死吉爾伽美什，因為他不僅拒絕她的求愛，還狠狠地羞辱了她。但恩基杜殺死了公牛，把牛臀扔向天空，形成了後來我們所知的大熊座和小熊座。據說吉爾伽美什就是臨近的獵戶座，面向金牛準備戰鬥。

• 希臘羅馬

希臘神話中，宙斯化身一頭漂亮的小公牛，把腓尼基國王阿革諾耳之女歐羅芭（Europa）劫持到克里特島為所欲為。宙斯送給歐羅巴一條由工匠之神赫菲斯托斯打造的精美項鍊和另外三件精美禮物。據說阿芙蘿黛蒂和厄洛斯（Eros）都出現在歐羅巴身邊說服她接受自己的命運。歐羅巴屈服了，與宙斯生下米諾斯（Minos）、瑞達曼托斯（Rhadamanthus）和薩耳珀冬（Sarpedon）。為了表彰公牛誘美有功，宙斯把它升上夜空成為金牛座。

• 其他文明

金牛座的主星畢宿五在中國古代天文學中屬於西宮白虎的畢宿，它的英文名Aldebaran，源於阿拉伯語Al Dabaran，意為「跟隨者」；或Na'ir al Dabaran，意為「跟隨者中的亮者」，因為它總是在天空中跟隨著昴宿星團，即構成獵戶座軀幹的七顆亮星。

雙子座 *Gemini*

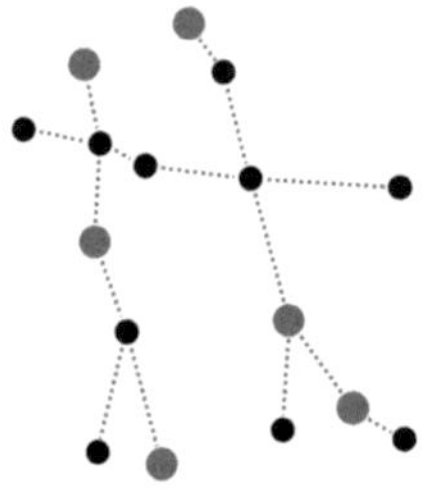

• 美索不達米亞

在古代巴比倫天文學中，雙子座α星北河二和β星北河三被稱作「雙子神」，分別代表梅斯朗泰阿（Meshlamtaea，意為「從冥府中崛起者」）和盧伽利拉（Lugalirra，意為強大國王）兩位神祇，這兩個名字也是巴比倫冥王納戈爾的稱號。

• 希臘羅馬

希臘神話中，雙子座與神聖雙子卡斯托（Castor）和波魯克斯（Pollux）有關。宙斯化身天鵝與斯巴達王廷達瑞俄斯（Tyndareus）之妻麗妲（Leda）幽會，之後麗妲生下兩對雙胞胎，其中宙斯的後代即波魯克斯及美貌絕倫引發特洛伊之戰的海倫（Helen）；廷達瑞俄斯的孩子則是卡斯托耳和特洛伊戰爭中希臘聯軍首領阿格門農（Agamemnon）之妻克萊婷（Clytemnestra）。

卡斯托死後，波魯克斯請求父親宙斯讓他與卡斯托分享永生。宙斯同意了他的請求，使他們永遠在一起。後來他們成為冥府的引路神，負責把靈魂帶往冥府。在約旦玫瑰古城佩特拉的卡茲涅神廟基座上能看到他倆的雕像的痕跡。

巨蟹座 *Cancer*

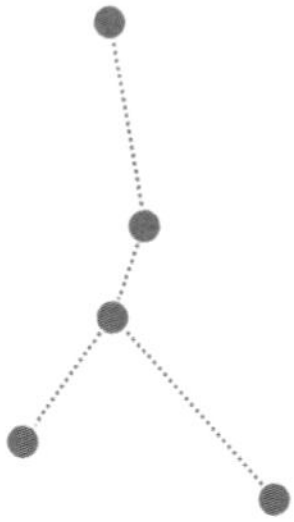

• 美索不達米亞

在古代，巨蟹座星域是太陽在天空能到達的最北位置，代表著夏至的來臨——儘管現在由於歲差的關係，這一位置已變更到金牛座，此時太陽抵達北緯二十三．五度並折返，因此北迴歸線也被稱作巨蟹座迴歸線（Tropic of Cancer）。儘管具體細節不清楚，但巴比倫人把也巨蟹座視為螃蟹。

• 希臘羅馬

希臘神話中，大力神海克力斯在與九頭蛇海德拉（Hydra）殊死搏鬥時，嫉恨他的神后赫拉（Hera）派出一隻大螃蟹卡基諾斯（Karkinos）去干擾海克力斯的注意力，企圖使他在戰鬥中處於不利地位。但海克力斯迅速地用腳踢死了螃蟹並把它踢到了空中。也有人說卡基諾斯用蟹鉗夾住海克力斯的腳趾，但海克力斯用腳踩碎了螃蟹。為了感謝卡基諾斯的犧牲，赫拉讓它在天空中有了一席之地。

獅子座
Leo

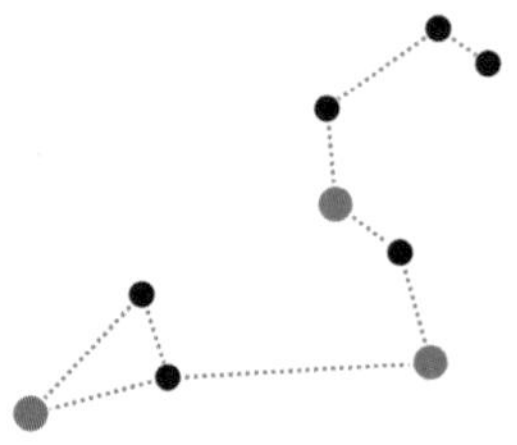

• 美索不達米亞

獅子座是已知最早的星座之一。早在西元前四千年前，美索不達米亞人就有一個類似名稱的星座。有些神話學者認為，它代表被吉爾伽美什殺死的風神恩利爾指派的森林守護者——怪獸胡瓦瓦。

• 希臘羅馬

希臘神話中，獅子座是由被大力神海克力斯殺死的尼米亞獅（Nemean Lion）所變，這是海克力斯完成的十二項功績中的第一項。

這頭獅子出沒於尼米亞城附近的鄉村森林，毀壞林木，傷害村民，肆虐鄉里，人們紛紛離家逃走。海克力斯找到獅子後，向它連發三箭，但發現獅子的皮毛刀槍不入，十分難對付。同時獅子迎面向他撲過來，他舉起手中的大棒，往獅頭上打去，獅子應聲倒下。海克力斯把獅子勒死後試圖用自己帶來的匕首剝皮，但無論他怎麼打磨匕首都無法完成這項工作。最後還是雅典娜指點，讓海克力斯以獅爪為工具剝皮。為了紀念兒子單槍匹馬殺死一頭獅子的壯舉，宙斯將獅子升上夜空，成為獅子座。

• 其他文明

古代波斯人稱它為Leo Ser或Shi；土耳其人稱它為Artan；敘利亞人稱它為Aryo；猶太人稱它為Arye；印度人稱它為Simha，總之意思都是指「獅子」。

處女座

Virgo

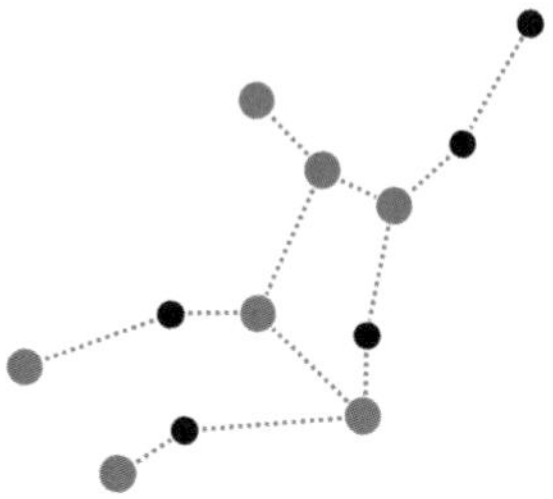

● 美索不達米亞

從很久遠的年代起，人們就把處女座與穀物女神與穀穗處女座聯繫在一起。在蘇美，這個星座的一部分被稱作「犁溝」，代表女神夏菈（Shala）與她的穀穗。夏菈是蘇美的穀物與慈悲女神。穀物和慈悲的象徵結合在一起，反映了農業對蘇美人的重要性。蘇美人認為豐收是神靈慈悲的賜予。

● 希臘羅馬

希臘神話中，將處女座與黛美特（Demeter）聯繫在一起，也有人認為，處女座與手持天秤的正義女神有關。後來的希臘神話中，女神波瑟芬妮也被認為與處女座有關。波瑟芬妮是宙斯和黛美特的女兒，後被冥王黑帝斯（Hades）劫持。為了尋找失蹤的女兒，黛美特在人間四處苦苦搜索，大地因而荒蕪。最後經過宙斯調停，波瑟芬妮一年中有一半時間返回人間，另一半時間則住在冥府。羅馬人則認為處女座與女神克瑞斯（Ceres）有關，後者是黛美特的羅馬對等神。

● 其他文明

中世紀，人們有時把處女座與聖母瑪利亞聯繫在一起。

天秤座 *Libra*

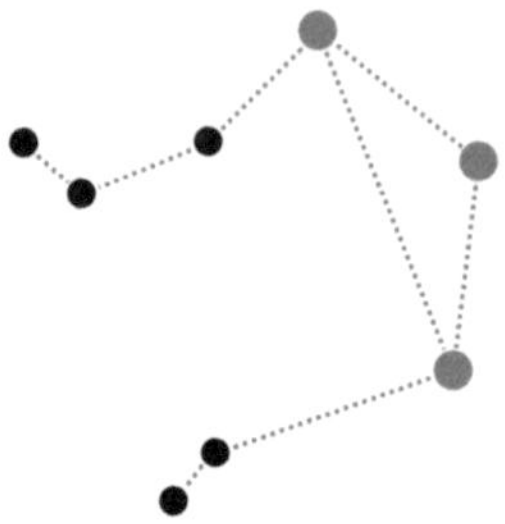

• 美索不達米亞

天秤座成為一個獨立黃道星座的時間比較晚。古代巴比倫觀星者們稱它為天秤或蠍螯，蠍螯被認為是巴比倫太陽神沙瑪什的聖物。由於沙瑪什也是真理和正義的守護神，所以自那時，天秤就與法律、公平和文明聯繫在一起。也有人認為，天秤座得名是因為在古代，太陽進入天秤座星域時正值秋分，晝夜相等的緣故。由於歲差的原因，早在西元七三〇年開始，秋分點已不再與天秤座重合了。

• 其他文明

埃及觀星者也提到天秤座的三顆亮星，但直到古羅馬時期，天秤座才成為一個獨立的星座，開始代表正義女神所持的天秤。

天蠍座 *Scorpio*

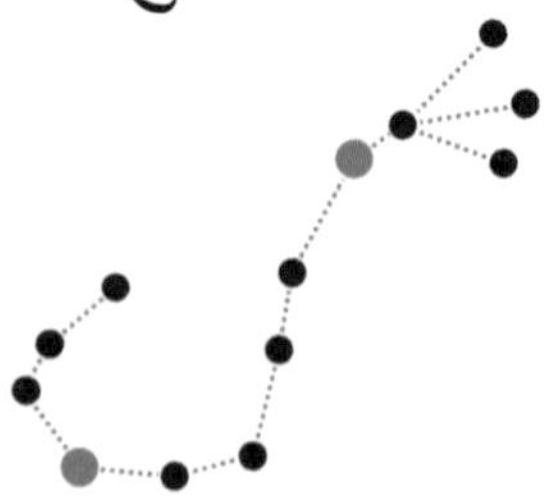

• 希臘羅馬

希臘神話中，天蠍座的神話大多與獵人俄里翁（Orion）有關。一則神話提到，俄里翁向阿特蜜斯（Artemis）和她的母親勒托誇口說，他是最出色的獵手，要殺光地球上所有的動物。雖然阿特密斯也是一位出色的獵手，但她同時也是保護野生動物、森林山丘與神聖樹枝的女神。為了懲罰俄里翁的傲慢，阿特蜜斯和母親派出一隻毒蠍攻擊並殺死了俄里翁。這場鬥爭引起宙斯的注意，後來宙斯把蠍子提到天上，成為天蠍座。並在阿特蜜斯的要求下把俄里翁也升上夜空，成了獵戶座，提醒世人要克制驕傲。

另一則神話稱，俄里翁是比阿特蜜斯更出色的獵手，因此阿特蜜斯愛上了他。這引起了她的兄弟阿波羅（Apollo）的嫉妒，阿波羅派一隻蠍子攻擊了俄里翁。俄里翁死後，悲痛的阿特蜜斯立下了獨身誓言，還請求宙斯把俄里翁提升為獵戶座。每年冬天，獵戶座都會在夜空中狩獵，但當夏季蠍子也爬上星空時，俄里翁便會退下天幕，避開蠍子的毒刺。

還有一則希臘神話把天蠍座和費伊登（Phaethon）之死扯上了關係。費伊登是太陽神赫利俄斯（Helios）與海洋女神克里夢尼（Clymene）的孩子。在長大得知自己的身世後，費伊登來到太陽神的宮殿尋找父親。赫利俄斯答應給他任何他想要的東西，而費伊登堅持要代替父親駕駛太陽戰車。一些神話稱，赫利俄斯試圖阻止費伊登，因為即使強大如宙斯也沒有力量駕馭這些馬。但由於之前他曾對著冥河斯提克斯（Styx）發誓，會給兒子任何他想要的東西，所以最後赫利俄斯還是答應了費伊登的要求。

當那天來臨時，費伊登在攀升天空的途中驚慌失措，失去了對駕車駿馬的控制。白馬開始在天空亂跑，飛得超出了尋常高度，碰到了天上的蠍子。蠍子舉起致命的毒刺準備攻擊，恐懼萬分之下費伊登急速降低太陽車的高度，不小心把非洲大部分地區變成了沙漠，還把衣索比亞人的皮膚烤成了黑色。大地上的草木在太陽的威力下熊熊燃燒，情況眼看變得不可收拾，宙斯不得不出手干預，用閃電擊中太陽車，制止了狂暴的駿馬，而費伊登墜入厄里達諾斯河（River Eridanos）淹死了。赫利俄斯一家悲痛萬分，費伊登的姐妹們痛哭不已，她們的身體都化成了河邊的白楊樹，眼淚都變成了琥珀。宙斯為了安撫赫利俄斯，便把厄里達諾斯河移到天界，成了波江座[2]（Eridanus）。

• 美索不達米亞

許多世紀以來，天蠍座一直吸引著人們，因為它不僅形狀獨特，同時也是夜空中最亮的星座之一。Scorpio這個字源於拉丁文，字面意思是「長著燃燒毒刺的生物」。巴比倫人稱這個星座為MUL.GIR.TAB，從字面上理解為「有燃燒刺的（生物）」，也就是「蠍子」。

• 其他文明

並不是所有國度都把天蠍座看作蠍子，如印尼的爪哇人把它稱作「Banyakangrem」，意味「沉思的天鵝」，或Kalapa Doyong，意為「傾斜的椰子樹」。在夏威夷它被視作半神毛伊（Maui）的魚鉤。在古代中國，天蠍座是東方青龍的一部分。

2 編按：波江座是現代八十八星座，也是托勒密四十八星座之一。

射手座

Sagittarius

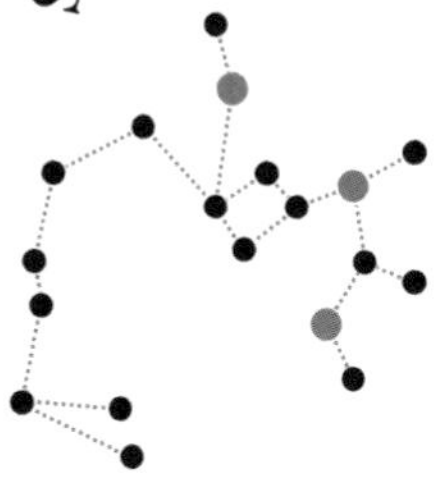

美索不達米亞

早在巴比倫時期它已出現在星盤上，當時的人們把它視為冥神納戈爾或冥府判官帕比爾薩。在星圖中它的形象是一種半人半馬的怪物，有翼雙頭，一頭為人首，一頭為豹頭，本來長馬尾的地方長有蠍尾，正拉弓射箭瞄準目標。

希臘羅馬

星空中有兩個和人馬有關的星座：射手座和半人馬座（Centaurus），這使得人們有時會混淆兩個星座的射手。一些人認為射手座是人馬凱龍（Chiron）所變，他是二代神王克洛諾斯（Cronus）化身為牡馬與海洋女神菲呂拉（Philyra）所生，因此他與凡人國王伊克西翁（Ixion）和雲彩仙女涅斐勒所生的那群粗野夥伴不同——為考驗伊克西翁，宙斯把涅斐勒化作赫拉的形象，而控制不住欲望的伊克西翁與雲彩交歡，生下了一群半人半馬的怪物。

凱龍被視為人馬族中最高貴、最有智慧的一位。在希臘神話中，阿波羅向凱龍傳授了醫藥、音律、射箭、狩獵與預言的智慧，而後凱龍又向伊阿宋、海克力斯、阿伊尼斯（Aeneas）、阿基里斯、翟修斯等眾多人類英雄傳授了各種技藝。有些神話稱，出於對盜火者普羅米修斯的尊敬，凱龍與宙斯達成協議，用自己代替普羅米修斯承受巨鷹每日啄肝的痛苦。與他同父異母的兄弟宙斯很可憐他，就把他放在天上的群星之中，成了射手座或半人馬座。

另一些神話稱，射手座是薩提爾克洛托斯（satyr Crotus）所化。克洛托斯（Crotus）是潘神（Pan）與繆斯（Muse）的保姆——讚美女神歐斐墨（Eupheme）所生，與繆斯們一起住在赫利孔山上。克洛托斯經常騎馬去打獵，也經常幫繆斯幹活。為了感謝他的勤奮，繆斯們請求宙斯把克洛托斯升上星空。為了展現他的射箭才能，宙斯應繆斯的要求為克洛托斯增加了一副弓箭，箭頭指向「天蠍座的心臟」心宿二，以便隨時阻止天蠍攻擊附近的武仙座海克力斯，或是在天蠍試圖殺死俄里翁時發起復仇一擊。

摩羯座 *Capricorn*

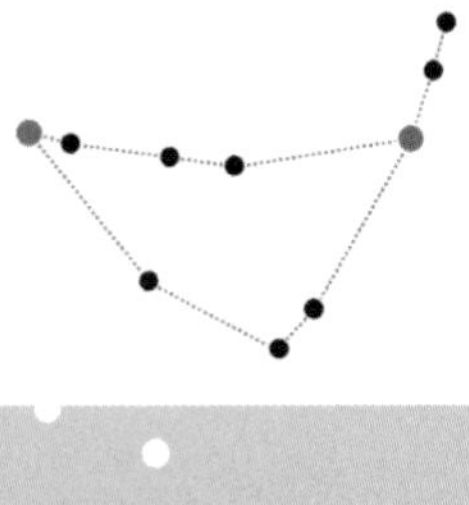

● 希臘羅馬

希臘神話中，關於摩羯座有幾個不同的神話。有些人說它來自宙斯的乳母、山羊女神阿摩笛亞（Amalthea）。瑞亞（Rhea）將宙斯從吞噬子女的克洛諾斯那裡拯救出來後隱藏起來，祕密託付給阿摩笛亞撫養。阿摩笛亞用山羊奶養大了宙斯。為了感謝她的養育之恩，宙斯把她變成了星座，後來折斷的山羊角變成了希臘神話中宙斯的「豐饒之角」，它能按持有者的意願裝滿任何他想要的美酒佳餚。另一些希臘神話裡，摩羯座起源於海羊神普里庫斯（Pricus），克洛諾斯創造了他，因而他們都擁有操縱時間的能力。

普里庫斯也是半羊半魚的海羊的祖先。海羊非常聰明，善於思考，但他們一旦踏足陸地便喪失思考和說話的能力，變成普通山羊。普里庫斯一次又一次地逆轉時間試圖挽回局面，但陸地的召喚實在無法抗拒。由於明白自己無法控制小海羊們的命運，而他又不想成為唯一一隻海羊，普里庫斯請求克洛諾斯讓他死去。但由於他是不死的，於是他變成了摩羯座在夜空閃耀，直到時間的盡頭。

後來摩羯座被認為是潘所變。有一回眾神正在聚會，怪獸提豐（Typhoeus）突然殺到，畏懼他威力的眾神四處逃散。潘也試圖變成一條魚跳進河裡逃走，但恐慌之下他忘了變上半身，結果就變成了半羊半魚的可笑形象。脫離危險後的眾神看到這一幕哈哈大笑，宙斯還把他拎上天空向大家展示。

在古代，摩羯座星域是太陽能在天空達到的最南位置，代表著冬至的來臨——儘管冬至點自西元前一三〇年後便由於歲差的關係變更到射手座，此時太陽抵達南緯二十三．五度並折返，因此南迴歸線也被稱作摩羯座迴歸線（Tropic of Capricorn）。

• 美索不達米亞

摩羯座是最古老的星座之一，自青銅時代以來便被描繪成山羊和魚的混合體，這一點可在出土的西元前二十一世紀巴比倫滾筒印章中得到證實。在西元前一千年的巴比倫，人們把這個星群稱作山羊－魚，視它為智慧水神埃阿的象徵。

• 其他文明

印度神話中恒河女神的坐騎摩羯羅（Makara）也與摩羯座有很深的淵源。

水瓶座 *Aquarius*

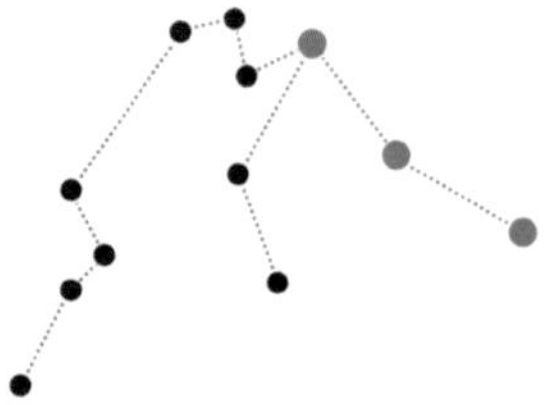

• 美索不達米亞

在巴比倫星圖中，這個星群被視作手持滿溢水壺的智慧水神埃阿，對應冬至前後四十五天這一時間週期，有時被稱作「埃阿之路」，與巴比倫人經常經歷的洪水有關。

• 希臘羅馬

希臘神話中，水瓶座常被認為與美少年蓋尼米德（Ganymedes）有關。據說，在青春女神赫柏（Hebe）嫁給死後封神的海克力斯後，眾神的酒桌前少了個倒酒的侍者。於是宙斯某天外出時捉走了俊美的特洛伊王子蓋尼米德回奧林匹斯當侍酒童子。宙斯對他十分寵愛，還把他的形象放上天空，成為水瓶座。

這個神話還有情節更曲折八卦的版本，稱蓋尼米德先是被愛慕其美色的黎明女神厄俄斯（Eos）綁架，之後才被宙斯從厄俄斯處偷運到奧林匹斯山上當酒童。不過另一個不那麼八卦的神話版稱那個酒童並不是什麼美少年，而是曾被宙斯傳喚上天，在雅典娜與波塞冬爭奪雅典統治權的比賽中當裁判的雅典國王凱克洛普斯一世（Cecrops Ⅰ），他向眾神獻祭也不是酒，而是水。

• 其他文明

在古埃及，水瓶座被認為與尼羅河每年春季的洪水有關，每當水瓶座的瓶子浸到河裡時，尼羅河便會開始週期性的氾濫。

雙魚座 *Pisces*

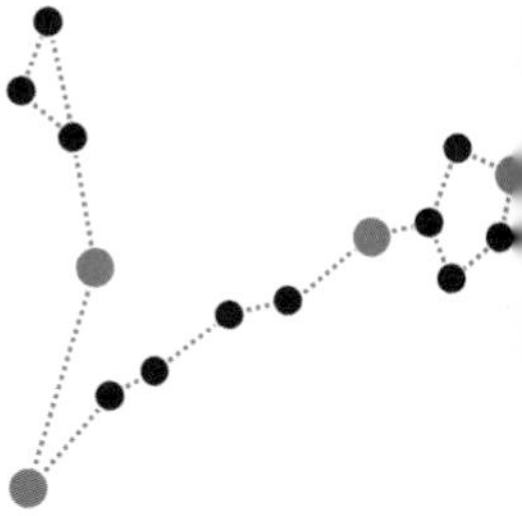

• **美索不達米亞**

根據留存至今的古代巴比倫天文學文獻記載，構成今日雙魚座的部分星群在古代巴比倫被稱為「大燕」與「魚繩」，另一部分（主要是雙魚中的北魚）則被稱作女天神，即女神伊什塔爾。

• **希臘羅馬**

希臘神話中，雙魚座的由來與阿芙蘿黛蒂和愛神厄洛斯有關，同樣是因為提豐突然闖入眾神聚會。在這個神話裡，兩位神祇是母子關係，為了逃離可怕的提豐，母子倆變成魚跳入水中，但為了避免失散，他們用繩子把尾巴捆在了一起。羅馬人沿襲了這個傳說，把主角換成了羅馬對等神維納斯和丘比特。

• **其他文明**

北半球夜空中還有一個南魚座（Piscis Austrinus）。雙魚座兩條較小的魚有時被說成是南魚座這條大魚的後代。南魚座有一顆著名的亮星——北落師門（Fomalhaut），在中國古代天文學中屬於北宮玄武中的室宿。

Chalciope　卡爾契俄珀
Chaos　卡俄斯
Chiron　凱龍
Cinyras　辛尼拉斯
Clymene　克里夢尼
Clytemnestra　克萊婷
Cronos　克羅諾斯
Crotus　克洛托斯
Cyrus　居魯士

D

Dagan　達甘
Damkina　達姆基娜
Damu　達木
Damu　達穆
Dardanelles　達達尼爾海峽
Demeter　黛美特
Deucalion　琉克里翁
Dilmun　迪勒蒙
Diomedes　狄俄墨德斯
Dione　狄俄涅
Dumuzid　杜牧茲
Duttur　杜圖爾

E

Ésagila　埃薩吉拉
Ea　埃阿
Easun　伊阿宋
E'ina　埃伊娜
El　厄勒
Ellil　厄勒利爾
Emshag　恩沙迦格
En　恩
Enbilulu　恩比魯魯
Enki　恩基
Enkidu　恩基杜
Enkimdu　恩基木都
Enlil　恩利爾
Enmerkar　恩麥卡爾
En-suhgir-ana　恩蘇赫吉安納
Enuma Erish　埃努瑪・埃利什
Eos　厄俄斯
Epic of Gilgamesh　吉爾伽美什史詩
Epimetheus　伊比米修斯
Ereshkigal　艾莉什基伽勒
Eridanus　波江座
Eridu　埃利都
Eros　厄洛斯
Erra　厄拉
Etna　埃塔納
Eupheme　歐斐墨
Euphrates　幼發拉底河
Europa　歐羅芭

附錄V　主要名詞對照表

A

Abraham　亞伯拉罕
Abu　阿布
Abzu　阿布祖
Achilles　阿基里斯
Adad　阿達德
Adon　阿多恩
Adonis　阿多尼斯
Aeetes　埃厄忒斯
Aeneas　阿伊尼斯
Agamemnon　阿格門農
Akka　阿伽
Alalu　阿拉魯
Amalthea　阿摩笛亞
Ammi-Saduqa　阿米－薩杜卡
Amun-Ra　阿蒙－拉
An　安
Anat　亞娜特
Anu　安努
Anunnaki　阿努納奇
Anzud　安祖鳥
Aphrodite　阿芙蘿黛蒂
Apollo　阿波羅
Apsu　阿普蘇
Aquarius　水瓶座
Aratta　阿拉塔
Ardat Lili　阿爾達特－莉莉
Ares　阿瑞斯
Aries　白羊座
Artemis　阿特蜜斯
Aruru　阿露露
Asclepius　阿斯克勒庇俄斯
Ashenan　阿什南
Athirat（Asherah）　阿瑟拉
Ashur　阿舒爾
Athamas　阿塔瑪斯
Atra-hasis　阿特拉－哈西斯
Aya　阿雅
Azag（Asag）　阿紮格
Azimua　阿茲瑪

B

Baal　巴力
Baba　芭芭
Balih　巴力赫
Bau　芭烏
Belet-ili　貝勒特－伊莉

C

Cancer　巨蟹座
Capricorn　摩羯座
Castor　卡斯托
Cecrops I　凱克洛普斯一世
Centaurus　半人馬座
Ceres　克瑞斯

L

Lahamu　拉哈穆
Lahar　拉哈爾
Lahmu　拉赫穆
Lamashtu　拉瑪什圖
Lamga　拉姆伽
Leda　儷妲
Leo　獅子座
Libra　天秤座
Lilitu　莉莉圖
Lilu　利路
Lugalbanda　盧伽爾班達
Lugal-e　盧伽爾-埃
Lugalirra　盧伽利拉

M

Maui　毛伊
Magan　瑪甘
Makara　摩羯羅
Mami　瑪米
Manu　摩奴
Marduk　瑪律杜克
Medea　美蒂亞
Meshlamtaea　梅斯朗泰阿
Mesopotamia　美索不達米亞
Minos　米諾斯
Misharu　米沙魯
Mount　Athos　阿陀斯山
Mount　Etna　埃特納山
Mount　Mashu　瑪舒山
Mount　Othrys　俄特律斯山
Mount　Parnassus　帕耳那索斯山
Mulliltu　姆莉塔
Mummu　穆穆
Muse　繆斯
Mushdamma　穆什達馬
Myrrha　密耳拉

N

Nabu　納布
Nammu　南穆
Namtar　尼穆塔
Nanna　南那
Nanshe　南舍
Nemean Lion　尼米亞獅
Nephele　涅斐勒
Nergal　納戈爾
Nigina　尼吉娜
Nimrud　尼姆魯德
Ninazu　尼那祖
Ninda　寧達
Nin-E'igara　寧埃伊的伽拉
Nineveh　尼尼微
Ningal　寧伽爾
Ningishida　寧基什茲達
Ninhursag（Ninhursaja）　寧胡爾薩格
Ninimma　寧寧瑪
Ninisinna　寧以辛亞
Ninkarrak　寧卡拉克
Ninkasi　寧凱西
Ninkurra　寧庫拉
Ninlil　寧莉爾

G

Galla　伽拉魔鬼
Ganymedes　蓋尼米德
Gemini　雙子座
Geshtinanna　吉什亭安娜
Gibil　吉比爾
Gidim　吉丁
Gilgamesh　吉爾伽美什
Gilgamos　吉爾伽毛斯
Girsu　吉爾蘇
Gishzida　吉什茲達
Gula　谷菈
Gunurra　古努拉

H

Hades　黑帝斯
Hammurabi　漢摩拉比
Hanba　漢巴
Hanbi　漢比
Hatra　哈特拉古城
Hebe　赫柏
Heka　赫卡
Helen　海倫
Helios　赫利俄斯
Helle　赫勒
Hellespont　赫勒斯彭海峽
Hephaestus　赫菲斯托斯
Hera　赫拉
Hercules　海克力斯
Herodotus　希羅多德
Hesiod　赫西奧德
Hippocrates　希波克拉底
Hubaba　胡巴巴
Hulupu　胡盧普
Huwawa　胡瓦瓦
Hydra　九頭蛇海德拉

I

Igigi　伊吉吉
Ilawela　伊拉威－伊拉
Inanna　伊南娜
Ino　伊諾
Ipiq-Aya　伊皮克－阿雅
Ishtar　伊什塔爾
Ishum　以舜
Ixion　伊克西翁

J

Jean Botero　讓．波特羅

K

Kabta　喀巴塔
Kalhu　卡爾胡
Karkinos　卡基諾斯
Khorsabad　豪爾薩巴德
Ki　基
Kish　基什城
Kittum　基圖姆
Kothar-wa-hasis　科塔－瓦－哈西斯
Kumarbi　庫馬爾比
Kur　庫爾
Kurnugi　庫爾努基
Kutu　庫圖

T

Tammuz　塔穆茲
Taurus　金牛座
Tell Bazi　巴齊丘
Tell el-Far'a　法拉丘
Themis　泰美斯
Theogony of Dunnu　杜恩努神譜
Theseus　翟修斯
Thessalia　色撒利
Tiamat　提亞瑪特
Tigris　底格里斯河
Tower of Babel　巴別塔
Tyndareus　廷達瑞俄斯
Typhoeus　提豐

U

undug　翁杜格
Uranus　烏拉諾斯
Ur-Namma　烏吉努納
Uruk　烏魯克
Utnapishtim　烏特納皮什提姆
Uttu　烏吐
Utu　烏圖

V

Virgo　處女座
Visnu　毗濕奴

X

Xerxes　薛西斯

Y

Yahweh　雅威

Z

Zeus　宙斯
Ziusudra　祖蘇德拉

Ninmah　寧瑪赫
Ninsar　寧薩爾
Ninshubur　寧舒布
Ninsitu　寧西圖
Ninti　寧提
Nintu　寧圖
Nintulla　寧圖拉
Ninurta　尼努爾塔
Nippur　尼普爾
Nisaba　尼薩巴
Noah　挪亞
Nunamnir　努南尼爾
Nungal　農伽爾

O

Odysseus　奧德修斯
Orion　俄里翁
Oudeis　歐得斯

P

Pabilsag　帕比爾薩
Pan　潘
Pandora　潘朵拉
Patroclus　派特羅克洛斯
Pazuzu　帕祖祖
Persephone　波瑟芬妮
Phaethon　費伊登
Philyra　菲呂拉
Phrixus　佛里克索斯
Pirithous　庇里托俄斯
Pisces　雙魚座
Pollux　波魯克斯
Polyphemus　波利菲穆斯
Pricus　普里庫斯
Prometheus　普羅米修斯

Q

Qingu　欽古

R

Rhadamanthus　瑞達曼托斯
Rhea　瑞亞
River Eridanos　厄里達諾斯河

S

Sagburru　薩格巴魯
Sagittarius　射手座
Samana　薩馬納
Sarpedon　薩耳珀冬
Scorpio　天蠍座
Shala　夏菈
Shamash　沙瑪什
Shamhat　珊赫
Shara　舍拉
Sharur　沙魯爾
Sherida　瑟里達
Shuruppag　舒魯派克城
Siduri　西杜莉
Sina　辛
Sin-lege-unini　辛－勒格－溫尼尼
Sippar　西帕爾城
Siraš　西拉什
Styx　斯提克斯
Suen　蘇恩

參考書目

[1] 佚名，吉爾伽美什：巴比倫史詩與神話 [M] 趙樂甡譯，南京：譯林出版社，1999

[2] [日] 矢島文夫，世界上最古老的神話：美索不達米亞和埃及的神話 [M] 張朝柯編譯，上海：東方出版社，2006

[3] Stephanie Dalley：Myths from Mesopotamia:Creation, the Flood, Gilgamesh, and Others [M] New York: Oxford University Press, 2009

[4] [英] 查理斯・彭格雷斯，希臘神話與美索不達米亞：荷馬頌歌與赫西俄德詩作中的類同和影響 [M] 張旭、祖曉偉譯，西安：陝西師範大學出版社，2019

[5] Charles Penglase：Greek Myths and Mesopotamia: Parallels and Infl uence in the Homeric Hymns and Hesiod [M] London: Routledge, 1997

[6] Dominique Charpin La vie méconnue des temples mésopotamiens [M] Paris: Les Belles Lettres,2017

[7] Thomas Römer L'invention de dieu [M] Paris: edition Seuil, 2014

[8] Jeremy Black：Anthony Green and Tessa Rickards Gods, demons, and symbols of ancient Mesopotamia [M] Austin: Univ of Texas Press, 2014

[9] Gwendo Leick：A Dictionary of Ancient Near Eastern Mythology [M] London: Routledge, 1998

[10] Michael Baigent：Astrology in Ancient Mesopotamia: The Science of Omens and the Knowledge of the Heavens

[M] Chicago: Bear & Company, 2016
[11] Don Nardo‥Life in Ancient Mesopotamia [M] San Diego: Referencepoint Press, 2013
[12] Matthew Rutz‥Bodies of Knowledge in Ancient Mesopotamia [M] Leiden: Brill Academic Publishers 2013
[13] Stephen Bertman Handbook to Life in Ancient Mesopotamia [M] New York: Oxford University Press, 2005
[14] JoAnn Scurlock Magico-Medical Means of Treating Ghost-Induced Illness in Ancient Mesopotamia [M] Leiden: Brill Academic Publishers, 2006
[15] 于殿利，古代美索不達米亞文明 [M] 北京‥北京師範大學出版社，2018
[16] Allan Lothian Epics of Early Civilization: Myths of the Ancient Near East [M] Time Life Education, 2000

美索不達米亞神話
西方諸神的原鄉，大洪水、挪亞方舟、伊甸園的創世源頭

作　　者　席路德
美術設計　白日設計
內頁排版　高巧怡
行銷企劃　蕭浩仰、江紫涓
行銷統籌　駱漢琦
業務發行　邱紹溢
營運顧問　郭其彬
責任編輯　李世翎
總 編 輯　李亞南
出　　版　漫遊者文化事業股份有限公司
地　　址　台北市松山區復興北路331號4樓
電　　話　(02) 2715-2022
傳　　真　(02) 2715-2021
服務信箱　service@azothbooks.com
網路書店　www.azothbooks.com
臉　　書　www.facebook.com/azothbooks.read
營運統籌　大雁文化事業股份有限公司
地　　址　台北市松山區復興北路333號11樓之4
劃撥帳號　50022001
戶　　名　漫遊者文化事業股份有限公司
初版一刷　2023年8月
定　　價　台幣390元

ISBN　978-986-489-816-9

國家圖書館出版品預行編目 (CIP) 資料

美索不達米亞神話：西方諸神的原鄉，大洪水、挪亞方舟、伊甸園的創世源頭/ 席路德著. -- 初版. -- 臺北市：漫遊者文化事業股份有限公司, 2023.08
304 面 ;14.8×21 公分
ISBN 978-986-489-816-9(平裝)
1.CST: 兩河流域 2.CST: 神話 3.CST: 文明史
735.521　　112008618